KB160844

독립규제위원회의 처분과 사법심사

유제민

서울대학교 법학부 졸업(법학사)
서울대학교 대학원 법학과 졸업(법학석사)
서울대학교 대학원 법학과 졸업(법학박사)
제47회 사법시험 합격
제37기 사법연수원 수료
서울중앙지방법원, 서울남부지방법원, 대전지방법원 판사 등 역임
법원행정처 사법정책심의관(판사), 사법지원심의관(판사) 등 역임
現 서울고등법원 고법판사

독립규제위원회의 처분과 사법심사

초판 인쇄   2023년 08월 04일
초판 발행   2023년 08월 11일

저 자   유제민
펴낸이   한정희
펴낸곳   경인문화사
등 록   제406-1973-000003호
주 소   경기도 파주시 회동길 445-1 경인빌딩 B동 4층
전 화   (031) 955-9300   팩 스   (031) 955-9310
홈페이지   www.kyunginp.co.kr
이메일   kyungin@kyunginp.com

ISBN   978-89-499-6703-5 93360
값 28,000원

독립규제위원회의 처분과 사법심사

유제민 지음

경인문화사

머리말

　이 책은 필자의 서울대학교 법학박사 학위논문인 "독립규제위원회의 판단에 대한 사법심사 기준 및 강도에 관한 연구"를 바탕으로 그 일부를 수정 및 보완하여 출간하는 것이다.

　공정거래위원회, 금융위원회, 방송통신위원회로 대표되는 독립규제위원회는 최근 들어 그 역할이 더욱 강조되고 있다. 독립규제위원회는 자율성, 독립성, 전문성의 측면에서 일반행정기관과 큰 차이가 있음에도 불구하고, 그동안 행정조직법 및 행정작용법의 관점에서 독립규제위원회에 대한 깊이 있는 연구가 이루어지지 못하였던 것이 사실이다. 독립규제위원회의 역할과 위상 및 권한이 점차 커지고 있는 우리의 현실을 바탕으로 하여, 본 연구는 독립규제위원회의 본질, 성격, 기능 및 권한 등을 우선 고찰하고, 이를 토대로 독립규제위원회가 한 처분의 사법심사에 대하여 다룬다.

　특히 본 연구는 독립규제위원회의 처분에 대한 사법심사 시 법원이 취해야 하는 사법심사의 '기준과 강도'에 중점을 두었다. 그동안 행정기관의 처분에 대한 사법심사에 관하여는, 그 주된 논의의 대상이 대상적격, 원고적격, 소의 이익 등 적법요건이나 본안 전 판단에 관한 쟁점에 집중되어 있었다. 그런데 그에 못지않게, 또는 그보다 실제로 더 중요한 것으로서 소송의 승패를 좌우하는 것이 바로 사법심사의 '기준과 강도' 문제이다. 독립규제위원회의 처분에 대한 행정소송이 제기되었을 때 그에 대한 사법심사의 기준과 강도가 일반행정기관의 처분에 대한 사법심사에서와는 다를 필요가 있을지 고찰하고 그에 대한 결론을 제시하는 것이 이 연구의 핵심이다.

　이 책이 다루는 연구와 제시한 결론이, 독립규제위원회가 그 설립 목적과 취지에 부합하게 자율성, 독립성, 전문성을 가지고 기능하는 데에 기여할 수 있기를 바란다. 나아가 독립규제위원회가 적법하고 적정하게 기능하는 것을 전제로 하여, 본 연구가 그 결론으로 제시하고 있는 것처럼 독립규제위원회의 특수성이 법원의 사법심사 과정에서도 충분히 반영될 수 있게 되기를 있기를 희망한다.

　이 책이 발간될 수 있었던 것은 부족한 필자를 이끌어 주시고 지도해 주신 훌륭한 교수님들이 계셨기 때문이다. 우선 학부 시절부터 지금까지 오랜 기간 언제나 마음을 다하여 지도해 주신 이원우 교수님께 특히 감사의 말씀을 드리고 싶다. 판사로서 10년 넘게 근무하면서도 그동안 행정법 공부에 대한 끈을 놓지 않고 박사학위까지 취득할 수 있게 된 것은 이원우 교수님께서 이끌어 주셨기 때문에 가능한 것이었다.

　그리고 박사학위 논문의 심사위원장으로서 행정법 및 법학, 더 나아가 학문에 대하여 가져야 할 올바른 자세에 관한 가르침을 주시고 귀감이 되어 주신 박정훈 교수님, 깊이 있는 통찰력을 바탕으로 논문을 한 단계 발전할 수 있는 여러 깨우침을 주시고 행정법을 바라보는 시야를 넓혀 주신 김종보 교수님, 논문 작성 과정에서 고민이 되었던 여러 쟁점에 관하여 매번 명쾌한 가르침을 주시고 따뜻하게 격려해 주신 최계영 교수님께도 깊이 감사드린다. 그리고 한국법학교수회장을 맡아 바쁘신 와중에도 논문 심사위원으로서 세심하게 논문을 지도해 주시면서 논문에 대해서는 물론 행정법 전반에 대한 깊이 있는 가르침을 주신 박균성 교수님께도 깊은 감사의 말씀을 드린다.

마지막으로 언제나 아들을 응원해 주시고 지원해 주시는 부모님께 감사의 마음을 전하고, 존경하는 인생의 동반자인 사랑하는 아내 이혜민 판사와 언제나 나의 힘과 자랑이 되어 주는 사랑하는 아이들 (딸 지원, 아들 지호)에게 마음 깊은 고마움을 전한다.

2023. 7

차 례

제 1 장 서 론 _ 1

제 2 장 독립규제위원회의 의의와 특징 _ 13

제 3 장 미국의 행정판단 존중원리 _ 67

제 4 장 미국의 독립규제위원회 판단에 대한 사법심사 기준 및 강도 _ 141

〈표 차례〉

〈그림 차례〉

제 1 장 서 론

제1절 연구의 목적

본 연구는 우리나라의 공정거래위원회, 금융위원회, 방송통신위원회로 대표되는 독립규제위원회의 판단[본 연구에서의 '판단'은 우리나라에서의 항고소송 대상이 되는 '처분등'이나 '부작위'(「행정소송법」 제2조 제1항 참조)를 포함하여, 법해석, 법적용, 사실관계 판단 등 사법심사의 직접적 대상 또는 그 직접적 대상의 일부나 전제적 결정까지를 포함하는 의미로 사용한다]에 대한 사법심사 기준과 강도에 관하여 다룬다. 종래 우리나라에는 ① 독립규제위원회에 관한 조직법적 연구1)나 ② 사법심사 강도 일반론에 관한 연구,2) ③ 불확정개념의 해석·적용 등에 대한 사법심사에 관한 연구3) 등이 진행된

---

1) 대표적으로 이원우, "행정조직의 구성 및 운영절차에 관한 법원리: 방송통신위원회의 조직성격에 따른 운영 및 집행절차의 쟁점을 중심으로", 경제규제와 법 제2권 제2호, 2009, 108-109면; 서승환, 「합의제 독립규제기관의 민주적 정당성에 관한 연구」, 서울대학교 박사학위 논문, 2014, 195-197면; 김소연, 「독립행정기관에 관한 헌법학적 연구」, 서울대학교 박사학위 논문, 2013, 167-204면; 황의관, "미국 독립규제행정청 개념 및 법적 위상에 관한 연구", 토지공법연구 제65집, 2014, 255-292면; 이성엽, "한국의 ICT 거버넌스 재설계 방안에 관한 시론적 연구: 단일행정부 이론과 독립규제위원회 이론을 중심으로", 행정법연구 제34호, 2012, 229-254면; 이광윤, "독립행정청의 법적 성격: 금융감독위원회를 중심으로", 행정법연구 제9호, 2003, 193-206면 등이 있다.

2) 대표적으로 박정훈, 「행정소송의 구조와 기능」, 박영사, 2008, 51-55면; 박균성, "미국 행정입법제도의 시사점: 사법적 통제를 중심으로", 행정법연구 제46호, 2016, 75-103면, 사법정책연구원, 「규제개혁과 사법심사에 관한 연구」, 2017, 185-219면; 김현준, "행정계획에 대한 사법심사: 도시계획소송에 대한 한·독 비교검토를 중심으로", 공법학연구 제16권 제3호, 2015, 308-318면 등이 있다.

3) 대표적으로 임성훈, 「불확정개념의 해석·적용에 대한 사법심사에 관한 연

바 있었다. 그러나 전통적 행정작용은 물론 준입법기능과 준사법기능을 동시에 수행하는 독립규제위원회의 조직상·기능상의 특수성을 고려한 사법심사 기준과 강도를 본격적으로 다룬 연구는 찾아보기 어렵다. 본 연구는 기존의 연구를 검토하여 그 성과는 계승하고 발전시키되, 기존에 연구가 없었던 부분, 특히 독립규제위원회의 판단에 적용이 가능한 특수한 사법심사 기준과 강도의 문제를 심층적으로 고찰하고, 체계적으로 발전시키는 것을 주된 목적으로 한다.

독립규제위원회에 대한 특수한 사법심사 기준과 강도에 관한 연구가 필요한 이유는 다음과 같다. 첫째, 독립규제위원회는 일반행정기관과 다른 조직상·기능상의 특수성이 있는데, 지금까지의 사법심사에 있어서는 그러한 특수성이 사실상 전혀 고려되지 못하였다. 둘째, 사회가 복잡해지고 각종 산업이 발달함에 따라 독립규제위원회의 역할이 점차 증대되고 있고, 독립규제위원회의 판단을 직접 또는 간접적으로 다투는 사건 역시 증가하고 있는바, 그 기준과 강도가 확립될 경우 법원의 입장에서 유용한 도구가 될 수 있다. 셋째, 사법심사 기준과 강도가 일응 설정되면, 법원은 물론 독립규제위원회도 이를 기초로 하여 해당 기관에 부여된 책무와 규제적 기능을 적정하고 합리적으로 이해하고 행사할 수 있게 될 것으로 기대된다.

본 연구는 독립규제위원회의 판단 전반을 다루는 것이지만, 특히 규제 과정에서의 재량적 판단 및 법적용을 중점적으로 다룬다. 종래 국가의 행정활동이 주로 국방, 치안, 외교, 과세 등을 중심으로 이루어졌다면, 다양한 가치를 조화시키고 복지국가를 지향하는 현재의 국가행정은 앞서 본 전통적인 기능을 넘어서서 각종 경제 및 사회

구: 한국·미국·독일법의 비교를 중심으로」, 서울대학교 박사학위 논문, 2012, 159-196면; 조원경, 「행정소송에서의 불확정개념에 대한 사법심사강도: 독일법·프랑스법·영국법·미국법의 비교법적 고찰을 통한 우리나라 판례의 검토」, 서울대학교 석사학위 논문, 2003, 89-98면 등이 있다.

문제의 해결을 시도하고 있다. 이로 인하여 행정작용의 유형도 다양해지고 그 분야도 확대되고 있는데, 그러한 대표적인 분야가 바로 규제 영역이다.

규제 영역은, 전문성을 바탕으로 사회 환경의 변화에 신속히 대응하면서도 첨예하게 대립되는 다양한 이해관계를 조화롭게 조정하여야 하고, 그 과정에서 부당한 외부의 영향력을 차단할 필요성이 큰 영역이다. 이러한 목적을 달성하기 위하여 설립된 것이 바로 독립규제위원회이다. 독립규제위원회는 그 규제 목적을 충실히 이행하기 위하여 전문성을 갖춘 위원들 사이의 심의와 의결을 통하여 각종 재량 판단과 법해석·법적용을 하고 있다.

한편, 행정기관의 판단을 어떠한 기준과 강도로 심사할 것인지는 행정기관의 권한 범위와 밀접한 상관관계가 있다. 사법부가 행정기관의 처분이나 법해석에 대한 심사강도를 높이고 심사의 범위를 넓히면, 행정기관의 자유와 재량권 범위가 축소되고, 결국 이는 행정부의 권한까지 작아지는 결과로 이어진다. 반면, 사법부가 심사강도를 낮추고 더불어 심사의 범위를 좁히면, 법원의 사법심사는 형식적이 될 가능성이 크고 행정기관의 판단이 결국 최종적인 결론이 될 가능성이 커지게 될 것이며, 이는 곧 행정부 권한의 증대로 이어지게 된다.

행정기관 판단에 대한 일반적인 사법심사 기준과 강도의 문제는, 행정구제법의 전통적 논의 주제 중 하나였기는 하나 이는 주로 재량통제의 기준 위주의 논의였고, 공정거래위원회, 금융위원회, 방송통신위원회와 같은 독립규제위원회의 판단에 대한 사법심사가 갖추어야 할 특수성에 관하여는 그동안 우리나라에 본격적 연구가 없었다. 우리나라 독립규제위원회의 역사가 그리 오래되지 않았고, 그 때문인지 독립규제위원회를 달리 취급할 필요 없이 일반행정기관에 대한 재량통제 법리와 동일한 기준을 적용하면 된다고 보는 시각도 있다. 그러나 빠른 시대의 변화와 그에 발맞추면서 전문성, 독립성에

기반을 두고 준입법기능·준사법기능까지 담당하는 독립규제위원회
의 지위와 성격을 고려할 때, 독립규제위원회의 판단에 대한 사법심
사 기준과 강도는 일반행정기관에 대한 논의와 구별되어 이루어질
필요성이 있다.

특히 최근 독립규제위원회가 담당하는 각종 경제규제는, 경제활
동이 사회에 미치는 영향을 예측하고 부작용을 최소화하기 위한 행
정작용으로서, 그 성질상 다수의 사람들과 이해관계를 맺는다. 경제
규제는 현재의 시장참여자는 물론 미래 사회와 미래의 시장참여자에
대하여도 영향을 미치는 경우도 많다. 공정거래위원회, 금융위원회,
방송통신위원회가 주로 담당하는 그와 같은 경제규제의 특수성도 법
원에 의한 사법심사 과정에서 충분히 고려되어야 할 필요가 있다.

본 연구에서는, 우선 독립규제위원회의 판단에 대한 사법심사 기
준과 강도에 대한 고찰을 위하여 독립규제위원회의 처분과 법해석
에 대한 각종 사례가 축적되어 있는 미국의 논의를 비교법적으로 폭
넓게 다룬다. 우리가 말하는 독립규제위원회라는 형태의 조직이 생
겨나고 발전되어 온 곳이 미국이고, 현재도 여러 독립규제위원회가
설치되어 활발하게 운영되고 있으므로 미국 논의를 통하여 시사점
을 얻을 수 있다.

미국에서는 행정기관의 판단에 대한 사법심사에 있어, ① ‘연방행
정절차법’(Administrative Procedure Act) 제706조 명시된 사법심사 기
준과 ② 판례에 의하여 형성된 사법심사 기준이 함께 기능하고 있는
데, 결국 행정기관의 판단에 어느 정도의 ‘사법적 존중’(judicial
deference)이 부여되어야 하는지가 가장 핵심이다. 즉 연방행정절차
법 제706조에 적시된 여러 사법심사 기준 중 가장 중요하다고 할 수
있는 이른바 ‘자의금지 기준’이나, 1984년에 연방대법원에서 선고된
쉐브론(Chevron) 판결을 비롯한 판례에 의하여 형성된 사법심사 기
준 모두 결국은 행정기관이 한 일차적 판단을 사법부가 얼마나 존중

할지에 관한 논의라고 할 수 있다.

미국 독립규제위원회의 처분과 법해석에 관하여도 일응 위에서 본 두 가지 기준이 출발점이 될 수 있는 것은 마찬가지이다. 미국 연방법원이 독립규제위원회의 판단에 대한 사법심사를 하면서 그 심사 기준과 강도에 관하여 판단을 한 다수의 판결을 살펴보면, 자의금지 기준이나 쉐브론 기준을 일응의 기준으로 삼으면서도 각종 독립규제위원회의 특수성을 반영하여 그 기준을 수정하고 보완하고 있음을 확인할 수 있다. 본 연구에서는 그러한 미국 연방법원의 판결 중 의미 있는 사건을 분석하고 그로부터 얻을 수 있는 시사점을 확인하기로 한다.

다음으로 우리나라에서 활용되고 논의되어 온 전통적인 사법심사 기준과 강도의 법리가 가진 특징과 장점을 살펴봄으로써 다른 측면에서의 시사점을 얻을 수 있다. 우리나라의 사법심사 기준과 강도의 논의는, 구체적·개별적 사안에 적용되는 근거법령의 해석에 초점이 맞추어져 온 점, 재량 남용 등 재량 하자에 관한 이론 위주로 논의가 전개되어 온 점, 행정의 재량 판단이 폭넓게 존중되어야 하는 개별 영역이 법원에 의하여 단계적으로 확인되어 왔다는 점에 주된 특징이 있다. 독립규제위원회의 판단에 대하여는, 사법심사 과정에서 그 특수성을 고려하려는 시도가 없었던 것은 아니지만, 일반행정기관과 구별되는 사법심사 기준과 강도가 뚜렷하게 정립된 상태라고 말하기는 어렵다.

미국 논의와 우리나라의 논의를 통하여 시사점을 얻은 뒤, 우리나라의 사법심사 기준과 강도 이론이 가진 장점에다가 미국이 활용하고 있는 사법심사 기준과 강도의 이론을 적절히 혼합하여, 독립규제위원회의 판단에 대한 사법심사 기준과 강도의 바람직한 모델을 제시하기로 한다. 독립규제위원회가 전통적 행정기관의 한계를 극복하기 위하여 생겨난 만큼 사법심사에 있어서도 독립규제위원회의 특수성이 얼마나 고려될 필요가 있는지를 상세히 검토하고, 이와 관련하여 독립규제위원회의 가장 주요한 특징인 독립성, 전문성, 합의제성과 함께, 근본적으로는 권력분립과 권한배분의 문제가 중요하게 고려되어야 할 필요성이 있음을 확인한다.

이러한 논의를 바탕으로, 독립규제위원회가 설립 취지에 맞게 기능하면서도 적절한 사법적 통제를 받을 수 있는 사법심사 모델을 확인하고 제언하는 것이 이 연구의 목적이다.

제2절 연구의 방법과 범위

본 연구에서는 다음과 같은 내용을 순차로 다룰 예정이다.

우선 제2장에서는 독립규제위원회의 개념, 형성과정, 현황 및 특징에 관하여 다룬다. 본 연구가 독립규제위원회의 판단에 대한 사법심사를 다루는 만큼 독립규제위원회가 일반행정기관과 어떠한 측면에서 차이가 있는지, 그러한 차이는 어디에서부터 비롯된 것인지, 얼마나 차이가 있는지를 검토하는 것이 선행되어야 한다. 구체적으로 독립규제위원회의 의미가 논자에 따라 일치하는 것이 아니므로 본연구에서 사용하는 독립규제위원회의 의미가 무엇인지, 다른 유사개념(독립규제기관, 전문규제기관 등)과는 어떠한 차이가 있는지 살펴보고, 나아가 독립규제위원회가 가지고 있는 조직적·기능적 특징을 확인한다.

다음으로, 제3장에서는 우선 일반행정기관의 처분이나 법해석에 대한 사법심사의 기준과 관련한 미국의 사례를 살펴볼 것이다. 일반행정기관의 처분이나 법해석에 대한 사법심사 기준에 관한 논의는 독립규제위원회의 처분과 법해석에 대한 사법심사에도 여전히 유용하게 적용될 수 있다. 미국에서는 행정기관의 판단에 대한 사법심사에 있어, 연방행정절차법 제706조에 명시된 사법심사 기준과 판례에 의하여 형성된 사법심사 기준이 함께 기능하고 있는데 연방행정절차법상의 사법심사 기준에 관하여도 그 구체적인 의미와 적용 범위는 결국 판례에 의하여 형성되어 왔다는 점에서 사법심사 기준을 다룬 주요한 판결을 시대의 흐름에 따라 살펴보는 방식을 취하는 것이 유용하다. 이 주제에 관한 판결들은 다수 축적되어 있으나 그중에서도 가장 중요한 판결은 바로 1984년에 선고된 쉐브론(Chevron) 판결이라고 할 수 있다. 쉐브론 판결은 입법자가 행정기관에 일정한 권한을 위임한 것인지에 관하여 입법자의 의사가 명확한지를 우선 판단한 뒤, 입법자의 의사가 명확하다면 그 입법자의 의사에 따르고(쉐브론 1단계), 입법자의 의사가 명확하지 않고 모호한 경우에는 법원이 행정기관 판단의 합리성 여부를 따져, 그 해석이 비록 법원이 하는 해석과 반드시 일치하는 것은 아니라고 하더라도 허용될 수 있는 범위 안에 있다면 이를 존중해야 한다는 것이다(쉐브론 2단계).

쉐브론 판결이 등장한 이후, 행정기관의 판단에 대한 사법심사와 관련한 쟁점은, 우선 쉐브론 기준의 적용 여부를 검토하는 것으로부터 시작하게 되었다고 해도 과언이 아닐 만큼, 쉐브론 판결의 영향은 크다. 다만, 쉐브론 판결 이후에 나온 이른바 미드(Mead) 판결(2001)과 브랜드 엑스(Brand X) 판결(2005) 등에 의하여 쉐브론 기준 중 일부가 다소 수정되기도 하였다. 현재까지도 쉐브론 판결의 의미가 어떠한지 그 적용 범위와 한계가 어떠한지에 관하여는 여전히 끊임없는 연구의 대상이 되고 있으므로, 제3장에서는 이에 관하여도 검토하기로 한다.

제4장에서는, 본격적으로 미국 독립규제위원회의 판단에 대한 사법심사 기준과 강도의 논의를 다루기로 한다. 우선 독립규제위원회의 처분이나 법해석에 대하여 일반행정기관의 그것과 다른 특수성을 인정할 수 있는지에 관한 논의를 살펴본다. 그 후 미국 독립규제위원회의 대표적인 예로서 일반경쟁규제기관인 연방거래위원회(Federal Trade Commission, FTC)의 처분이나 법해석에 대한 사법심사에 관한 사례, 전문규제기관이라고 분류되는 증권거래위원회(Securities and Exchange Commission, SEC), 연방통신위원회(Federal Communications Commission, FCC)에 대한 사례, 그리고 비록 독립규제위원회는 아니지만 전문성을 보유한 규제기관으로 분류되는 미국 환경보호청(Environmental Protection Agency, EPA)의 처분과 법해석에 대한 사법

심사 사례를 소개하고 분석한다. 이를 통하여 미국 연방법원이 위와 같은 독립규제위원회 내지 독립행정기관 등의 처분과 법해석을 심사함에 있어 일반행정기관의 그것과 어떻게 달리 접근하고 있는지를 확인하고자 한다.

제5장에서는, 우리나라의 사법심사 기준·강도와 이에 관한 판결례를 분석해 보기로 한다. 우선 일반적인 행정처분과 재량판단에 대한 사법심사 기준과 강도의 흐름을 주요 판결례를 통하여 알아본다. 그 과정에서 우리나라 법원이 행정기관의 판단에 '폭넓은 재량'이 인정된다거나 그 판단을 '가급적 존중'해야 한다고 인정한 각종 사례들을 살펴보고 이를 유형별로 나누어 분석한다. 나아가 우리나라의 대표적인 독립규제위원회인 공정거래위원회, 금융위원회, 방송통신위원회 등 개별적 독립규제위원회의 처분 등에 대한 대표적인 사법심사 사례를 살펴본다. 그 사례들에서 일반행정기관과 다른 특별한 취급이 있었는지, 독립규제위원회의 특수성이 어떠한 방식으로 고려되었는지에 관하여 분석할 예정이다.

제6장에서는 제3, 4장에서 본 미국의 사례와 제5장에서 본 우리나라의 사례를 비교하면서, 우리나라의 행정소송에서 앞으로 독립규제위원회의 특수성에 대한 고려가 더 이루어져야 할 필요성이 있는지에 대하여 검토한다. 즉, 독립규제위원회의 조직상·기능상 독립성, 합의제라는 특수성 및 해당 분야에 관한 전문성 등을 고려할 때, 법원이 독립규제위원회의 판단을 심사대상으로 삼을 때에는 보다 넓은 폭넓은 재량의 여지가 있음을 인정하거나 그 판단에 더 두터운 존중을 할 필요가 있지 않은지에 대한 검토에 집중한다. 그 과정에서 독립규제위원회의 특수성에 대한 각종 징표(독립성의 강약, 전문성의 강약, 합의제 여부, 절차적 특수성 등)가 어떠한 방식으로 고려되어야 하는지를 살펴볼 것이다. 이러한 검토를 한 다음, 독립규제위원회와 구체적인 행정행위의 유형 및 다루는 분야의 성격에 따른 판

단 존중의 범위와 사법심사의 기준·강도를 가능한 한 세분화하여 유형화해 보기로 한다. 나아가 사법심사의 기준·강도가 필요한 경우 단계적으로 나뉠 수 있다는 가능성도 확인한다. 나아가 독립규제위원회에 대한 특별한 심사 기준과 강도가 적용되기 위한 전제로서, 독립규제위원회가 우선 그 설치 목적과 취지에 맞게 독립적·전문적으로 기능을 발휘하고 운영되어야 할 할 필요성이 있지 않은지도 살펴보기로 한다.

제7장에서는, 위에서 본 여러 논의를 종합하고, 이 연구가 가지는 의의를 확인한다.

제 2 장 독립규제위원회의 의의와 특징

제1절 개관

본 연구는 공정거래위원회, 금융위원회, 방송통신위원회로 대표되는 '독립규제위원회'의 처분이나 법해석(이하 처분이나 법해석 등을 통틀어 지칭하는 경우에는 '판단'이라고 표현한다)에 대한 사법심사를 다룬다. 이를 위해서는 독립규제위원회가 과연 어떠한 개념인지 살펴보는 것이 우선되어야 한다.

우리나라 현행 법령 중에서 '독립규제위원회'라는 용어의 정의를 담고 있는 법령은 물론, 본문에 '독립규제위원회'라는 용어가 사용된 법령조차 없는 것으로 확인된다.[1] 그렇다고 하여 '독립규제위원회'라는 개념이 법적 개념이 아니라거나 생소한 개념인 것은 아니다. 헌법재판소 결정 중에는 우리나라 공정거래위원회를 미국의 연방거래위원회와 비교하면서 이를 '독립규제위원회'라고 지칭한 것이 있고,[2] '독립규제위원회'를 직접적으로 다룬 학술 논문도 다수 찾아볼 수 있다.[3]

---

[1] 대한민국 법원 종합법률정보(glaw.scourt.go.kr), 국회 법률정보시스템(likms. assembly.go.kr/law), 법제처 국가법령정보센터(www.law.go.kr) 등 현행 법령을 검색할 수 있는 곳 어디를 통하여 검색해 보더라도 '독립규제위원회'라는 용어가 사용된 현행 법령을 찾을 수 없다.

[2] 헌법재판소 2002. 1. 31. 선고 2001헌바43 전원재판부 결정, 2003. 7. 24. 선고 2001헌가25 전원재판부 결정 등.

[3] 글의 제목에서 '독립규제위원회'라는 용어를 사용한 문헌만 하더라도 다수 발견할 수 있다. 예컨대, 김재선, "미국 연방 독립규제위원회 행정입법에 대한 입법평가 의무화 논의에 관한 연구", 한국법제연구원, 2018; 이성엽, "한국의 ICT 거버넌스 재설계 방안에 관한 시론적 연구: 단일행정부 이론과 독립규제위원회 이론을 중심으로", 행정법연구 제34호, 2012; 정하명, "미국 행정법상의 독립규제위원회의 법적 지위", 공법연구 제31집 제3호,

  이 장에서는 독립규제위원회의 의의와 다른 유사 개념과의 구별 기준(제2절), 독립규제위원회의 등장배경과 현재의 현황(제3절), 독립규제위원회의 주요 특징(제4절) 등을 순차로 다룬다. 본 연구는 일반 행정기관의 판단에 대한 사법심사를 다루는 것에 궁극적 목적이 있는 것이 아니라 독립규제위원회에 대한 그것을 다루는 것을 주된 목적으로 하고 있으므로 독립규제위원회에 대한 개념, 현황과 그 특징을 정확히 이해하는 것이 논의의 출발점이다. 본 연구의 실질적 결론에 해당하는 제6장에서 확인할 수 있듯이, 독립규제위원회에 대한 사법심사 기준·강도의 특수성은 결국 독립규제위원회라는 기관의 특수성과 그대로 연결되기 때문에 제2장의 논의가 중요한 의미를 갖는다.

  2003; 강승식, "미국에서의 독립규제위원회와 권력분립", 한양법학 제13집, 2002; 이회창, "미국에 있어서의 독립규제위원회의 쟁송재결기능", 서울대 법학 특별호 제1권, 1971 등이 대표적이다.

제2절 독립규제위원회의 의의

1. 용어의 혼재

앞서 언급한 바와 같이, 우리나라 현행 법령에서 '독립규제위원회'라는 용어를 발견할 수는 없지만, 학문적·이론적으로는 이 용어가 자주 사용되고 있다. 그런데 대체로 비슷한 내용을 지칭하는 개념에는 '독립규제위원회'만 있는 것이 아니라 '독립행정기관',[1] '독립규제기관',[2] '독립행정청',[3] '합의제 행정기관',[4] '합의제 독립규제기관'[5]

---

[1] 글의 제목에서 '독립행정기관'이라는 용어를 사용한 문헌으로는 대표적으로 김소연, 「독립행정기관에 관한 헌법학적 연구: 프랑스의 독립행정청을 중심으로」, 서울대학교 박사학위 논문, 2013; 서보국 외, 「독립행정기관의 설치관리에 관한 연구」, 한국법제연구원, 2012 등이 있다.

[2] 글의 제목에서 '독립규제기관'이라는 용어를 사용한 문헌으로는 대표적으로 조성국, "독립규제기관의 사건처리절차의 개선방안: 미국 FTC의 사건처리절차를 중심으로", 행정법연구 제16호, 2006; 서성아, "독립규제기관의 독립성이 조직성과에 미치는 영향: 공정거래위원회를 중심으로", 한국행정학보 제45권 제2호, 2011; 안정민, "미국 연방통신위원회의 설립과 운용과정: 독립규제기관의 성격과 그 통제수단을 중심으로", 언론과 법 제7권 제1호, 2008 등이 있다.

[3] 글의 제목에서 '독립행정청'이라는 용어를 사용한 문헌으로는 대표적으로 전훈, "독립행정청에 관한 소고: 프랑스 독립행정청(AAI) 이론을 중심으로", 토지공법연구 제49집, 2010; 김혜진, 「프랑스법상 독립행정청에 관한 연구: 개념과 조직, 권한을 중심으로」, 서울대학교 석사학위 논문, 2005; 이광윤, "독립행정청의 법적 성격", 행정법연구 제9호, 2003 등이 있다.

[4] 글의 제목에서 '합의제 행정기관'이라는 용어를 사용한 문헌으로는 대표적으로 장경원, "합의제행정기관의 설치와 조례제정권", 행정판례연구 제22-2집, 2017; 김수진, "합의제 행정기관의 설치에 관한 조례 제정의 허용 여부", 행정판례연구 제15-2집, 2010; 오준근, "처분기준을 설정·공표하지 아니한

등의 용어도 있다. 위 각 용어들은 뚜렷하게 그 개념적 구별 없이 사용되기도 한다. 예컨대, 공정거래위원회, 금융위원회, 방송통신위원회는 경우에 따라 독립규제위원회라고 지칭되기도 하고, 독립행정기관이라고 불리기도 하며, 합의제 행정기관이라고 분류되기도 한다. 이하에서는 독립규제위원회의 개념 정의를 시도하면서, 유사 개념과의 구별을 통하여 독립규제위원회의 의미를 보다 명확하게 확인하기로 한다. 그리고 본 연구에서 다른 유사 개념이 아닌 '독립규제위원회'라는 용어를 사용할 필요성에 관하여도 살펴보기로 한다.

2. 독립규제위원회의 개념

가. 기존의 논의

독립규제위원회에 대한 기존의 정의로는 "합의제 방식의 의사결정이 필요한 공공분야에 설치되는 행정관청의 일 유형으로서 행정적 기능뿐만 아니라 준입법적 기능과 준사법적 기능까지 아울러 가진 독립적 지위를 가진 기구,"[6] "입법부로부터 위원회 고유의 법집행에 필요한 규제를 할 수 있는 권한을 위임받고 그에 따라 행정부의 간섭 없이 독립적으로 정책을 결정·집행하고 규제할 수 있는 기구"[7] 등이 있다. 위 각 정의는 나름대로 독립규제위원회의 특성을

합의제 행정기관의 행정처분의 효력", 인권과 정의 제378호, 2008; 김남진, "합의제 행정기관 설치 조례와 승인유보", 법률신문 제2535호, 1996 등이 있다.
[5] 글의 제목에서 '합의제 독립규제기관'이라는 용어를 사용한 문헌으로는 대표적으로 서승환, 「합의제 독립규제기관의 민주적 정당성에 관한 연구: 금융규제기관을 중심으로」, 서울대학교 박사학위 논문, 2014 등이 있다.
[6] 권영성, "헌법과 방송위원회의 위상", 고시연구 제25권 제5호, 1998, 79면.
[7] 조소영, "독립규제위원회의 전문성 제고를 위한 시스템에 관한 연구: 방송

개념으로 표현한 것이기는 하나, 규제기관으로서의 의미가 충분히
드러나지 않거나, 합의제 행정기관의 개념징표를 제대로 포함시키
지 못하는 한계가 있다.

나. 새로운 개념 정의의 시도

개념 정의를 시도할 때 때로는 각 개념 징표를 분절하여 살펴보는
방법이 적절한 경우가 있는데, 독립규제위원회가 그러하다. 독립규
제위원회는, 직관적으로 확인할 수 있는 바와 같이 '독립'이라는 요
소와 '규제' 그리고 '위원회'라는 요소가 결합된 것이다. 일반행정기
관에서 '독립'이라는 요소를 포함한 행정기관은 '독립행정기관'이라
고 볼 수 있고, 여기에 '규제'라는 요소를 추가하면 '독립규제기관'이
며, 거기에 합의제를 의미하는 '위원회'를 가미하면 바로 '독립규제
위원회'가 된다. 이 세 가지 개념이 바로 독립규제위원회를 구성하는
각 핵심 징표이고 이 세부 개념징표를 살펴봄으로써 '독립규제위원
회'의 개념을 명확히 파악할 수 있다. 이하에서는 각 개념을 하나씩
살펴봄으로써 새로운 개념 정의를 시도해 보기로 한다.

1) 독립

우선 독립의 의미에 관하여 본다. 독립된 일반행정기관은 '독립행
정기관'인데, 이는 '계서제 행정기관'의 반대말로 볼 수 있다. 우리나
라 법률에서 '독립행정기관'이라는 용어가 사용된 것은 찾아보기 어
렵다. 국무총리훈령 중에는 '독립행정기관'이라는 용어를 사용한 것
이 있으나[「공공기관 비정규직 근로자 관리 등에 관한 규정」(국무총
리훈령) 제2조], 명확한 정의 규정을 두고 있지는 않다.[8] 결국, 독립

통신위원회의 기능과 역할을 중심으로", 공법학연구 제10권 제1호, 2009,
476면.

행정기관 역시 강학상으로 개념을 확인할 수밖에 없다.

　독립행정기관의 개념에 관하여는 이론적으로 다음과 같은 정의의 시도가 이루어져 왔다. "입법부로부터 고유한 기능을 수행하기 위하여 법령의 집행에 필요한 권한을 위임받고, 그에 따라 행정부로부터 독립되어 관료들에 의한 후견적 개입 없이 독립적으로 정책을 결정·집행하고 규제할 수 있도록 해 주는 제도"9)라고 본 견해도 있고, "정부조직법이 아닌 다른 법률에 의하여 설치와 독립성이 부여되고 있으나 법인격이 없으며 부처에 소속되지 않은 행정기관"10)이라고 정의하는 견해도 있으며, "입법부로부터 고유한 권한을 위임받고 행정부로부터 독립적인 제도"로 정의하는 견해도 있다.11)

　보다 구체적으로 독립행정기관의 개념징표를 제시한 견해도 있다.12) 이 견해에 따르면, 독립행정기관이란 ① 계층적으로나 후견적으로 감독기관이 없고, ② 정부조직법이 아닌 다른 법률에 의하여 독립성이 부여되기는 하지만 법인격이 없으며, ③ 부·처에 소속되지

---

8) 위 훈령은 '독립행정기관'에 관한 정의 규정을 두고 있지는 않지만 제2조 제1항 가목에서 '국가인권위원회 등 소속이 없는 독립행정기관'이라는 문언을 사용하고 있다. 위 규정을 문언적·논리적으로 해석하면, 국가행정기관 안에 '대통령 소속하의 행정기관'과 '국가인권위원회 등 소속이 없는 독립행정기관'이 포함된다고 보고 있고, 독립행정기관을 '소속이 없는 기관'으로 정의하고 있는 것으로 보인다. 따라서 이에 따르면 대통령이나 국무총리 소속의 기관은 '독립행정기관'이 아닌 것으로 분류하는 것으로 볼 수 있다.

9) 서보국 외, 「독립행정기관의 설치·관리에 관한 연구」, 한국법제연구원, 2012, 18면.

10) 전훈, "독립행정청에 관한 소고: 프랑스 독립행정청(AAI) 이론을 중심으로", 토지공법연구 제49집, 2010, 415면 참조.

11) 조소영, "독립규제위원회의 전문성 제고를 위한 시스템에 관한 연구: 방송통신위원회의 기능과 역할을 중심으로", 공법학연구 제10권 제1호, 2009, 476면 참조.

12) 이 견해는 '독립행정청'이라는 표현을 사용하고 있으나 '독립행정기관'과 표현상의 차이에 불과하고 지칭하는 것은 사실상 동일하다고 볼 수 있다.

않는 행정기관을 말한다.13) 이 견해는, 독립행정기관이 중앙의 국가
기관이기는 하나 계층적 감독을 받는 직접집행기관인 중앙행정기관
이나 후견적 감독을 받는 간접행정기관인 영조물법인과는 다르고, 헌
법 제66조 제4항("행정권은 대통령을 수반으로 하는 정부에 속한다")
에서 말하는 '정부'에는 속하지 않음을 전제로, 결국 우리나라 행정부
는 ① 대통령을 수반으로 하는 행정권을 행사하는 정부, ② 감사원, ③
중앙선거관리위원회, ④ 독립행정기관으로 구성된다고 설명한다.14)

그런데 위에서 소개한 여러 견해는, '독립'의 의미를 서로 다르게
보고 있는데, 즉 ① 입법부·행정부·사법부로부터 모두 독립된 기관
을 의미하는 견해, ② 행정부 안에 설치되어 있더라도 종래의 행정각
부에 소속되어 있지 않은 의미에서 독립된 기관을 의미하는 견해로
나누어 볼 수 있다. 앞의 견해에 의하면 우리나라에서는 사실상 중
앙선거관리위원회 이외에는15) 입법부·행정부·사법부로부터 독립한
기관을 상정하기 어려운 점[감사원 역시 헌법상 기관이기는 하나 대
통령 소속으로 규정되어 있다(「대한민국헌법」 제97조: "국가의 세입·
세출의 결산, 국가 및 법률이 정한 단체의 회계검사와 행정기관 및
공무원의 직무에 관한 감찰을 하기 위하여 대통령 소속하에 감사원
을 둔다.")], 독립을 입법부·행정부·사법부로부터 모두 독립된 것을
의미한다면 독립'행정'기관이라는 개념징표 자체가 성립할 수 없는

---

13) 이광윤, "독립행정청의 법적 성격: 금융감독위원회를 중심으로", 행정법연
   구 제9호, 2003, 196면.
14) 이광윤, "독립행정청의 법적 성격: 금융감독위원회를 중심으로", 행정법연
   구 제9호, 2003, 196-197면.
15) 국가인권위원회도 입법·행정·사법부 어디에도 소속되지 않은 국가기관이
   라고 보기도 하나, 헌법에 의하여 설치되는 중앙선거관리위원회에 비하여
   그 독립성의 의미가 완전하지는 않다. 예컨대, 행정부 조직도에 포함되어
   있는 점(https://www.korea.kr/introduce/deptIntroduce.do, 2022. 12. 27. 확인),
   대통령에 대한 업무보고를 하는 점(https://www.news1.kr/photos/view/?3584481,
   2022. 12. 27. 확인) 등에서 그러하다.

점 등을 고려할 때, '독립'은 일응 행정부 내에서의 '독립', 즉 계서제를 핵심으로 하는 행정각부에서의 독립을 의미한다고 보는 것이 적절하다[다만, 미국에서는 independent regulatory agency에서의 '독립'의 의미를 입법·행정·사법 모두로부터의 독립을 의미하는 것으로 보아, 독립규제위원회를 '제4부(府)'라고 지칭하기도 한다. 이에 대하여는 제3절에서 보다 상세히 언급한다]. 그렇다면 독립행정기관은, 행정부에는 속하되 종래의 행정각부에 포함되지 않는 기구로서 대통령을 중심으로 하는 계서제 행정조직으로부터 독립하여 정책을 결정하고 집행하는 기관을 말한다고 볼 수 있겠다.

2) 규제

독립규제위원회에서의 '규제'의 의미를 정의하는 방식에는 여러 가지가 있을 수 있으나 "행정주체가 사적활동에 대하여 공익이라는 목적달성을 위하여 개입하는 것"[16]으로 이해하는 것이 가장 적절하다. 이를 개념적으로 나누어 설명하는 것도 이해에 도움이 되는바, 즉 규제는 ① 다른 주체의 활동에 대하여 행하여지는 작용, 즉 개입이고, ② 개입의 주체는 행정법상의 행정주체이며, ③ 개입의 대상은 사적활동이고, ④ 규제로서의 정부개입은 일정한 목적성을 갖는다고 할 수 있다.[17]

규제를 담당하는 행정기관을 규제행정기관이라고 할 수 있는데, 현재 우리나라에 설치되어 있는 규제행정기관은 다음의 3가지 유형으로 분류할 수 있다. 우선 ① 전통적인 행정부처 형태의 규제행정기관으로서 사실상 모든 행정부처가 일정 부분에서 '규제' 기능을 수행하고 있다는 점을 고려할 때 가장 광의의 규제행정기관으로 볼 수

---

16) 이원우, 「경제규제법론」, 홍문사, 2010, 11면.
17) 이원우, 「경제규제법론」, 홍문사, 2010, 11-12면.

있는 유형이 있다. ② 다음으로 행정부처 산하의 기관(외청)으로서 특별히 전문적인 분야의 규제를 담당하는 행정기관이 있을 수 있다. 우리나라의 국세청(기획재정부 산하에 설치), 관세청(기획재정부 산하에 설치), 특허청(산업통상자원부 산하에 설치) 등이 이에 해당한다. ③ 마지막으로 대통령, 국무총리 산하에 설치되어 다른 행정각부로부터 독립한 형태를 가지고 있고 운영 역시 독립적으로 이루어지는 기관 유형이 있다. 우리나라의 공정거래위원회, 금융위원회, 방송통신위원회, 식품의약품안전처 등이 이에 해당한다(이 중 방송통신위원회는 대통령 소속, 공정거래위원회, 금융위원회, 식품의약품안전처는 국무총리 소속이다).

3) 위원회

'위원회'는 독임제가 아닌 합의제 행정기관을 의미한다. 이론상으로 볼 때 대체로 이견 없이 "다수의 위원에 의하여 행정기관의 의사가 집단적으로 결정되는 기관"으로 정의된다.[18]

다른 개념징표와 달리 '합의제 행정기관'은 법령에 규정이 있다. 우선 ① 「정부조직법」 제5조는 "합의제행정기관[19]의 설치"라는 제목으로 "행정기관에는 그 소관사무의 일부를 독립하여 수행할 필요가 있는 때에는 법률로 정하는 바에 따라 행정위원회 등 합의제행정기관을 둘 수 있다."고 규정하고, ② 「행정기관 소속 위원회의 설치·운영에 관한 법률」 제5조 제1항은 "「정부조직법」 제5조에 따라 합의제 행정기관을 설치할 경우에는 다음의 요건을 갖추어야 한다."고 규정하면서 각호로 "업무의 내용이 전문적인 지식이나 경험이 있는 사람

---

[18] 장경원, "합의제행정기관의 설치와 조례제정권", 행정판례연구 제22-2집, 2017, 252면; 김수진, "합의제 행정기관의 설치에 관한 조례 제정의 허용 여부", 행정판례연구 제15-2집, 2010, 363면 참조.
[19] 법령상은 띄어쓰기 없이 '합의제행정기관'이라고 지칭하고 있다.

의 의견을 들어 결정할 필요가 있을 것", "업무의 성질상 특히 신중한 절차를 거쳐 처리할 필요가 있을 것", "기존 행정기관의 업무와 중복되지 아니하고 독자성이 있을 것", "업무가 계속성·상시성이 있을 것"을 규정하고 있으며, ③「지방자치법」제116조에도 "지방자치단체는 그 소관 사무의 일부를 독립하여 수행할 필요가 있으면 법령이나 그 지방자치단체의 조례로 정하는 바에 따라 합의제행정기관을 설치할 수 있다."고 규정하여 합의제 행정기관의 설치 근거를 규정하고 있다.

합의제는 의사결정 방식의 측면에서 독임제의 단점을 보완하기 위하여 고안되었다고 할 수 있다. 독임제는 해당 기관의 장이 혼자 결정하고 이에 대하여 책임을 지는 것으로서 신속하고 효율적이며 책임소재가 분명하다. 반면, 합의제는 최소한 3인 이상의 다수 구성원이 참여하여 논의한 뒤 결정하는 것으로서, 신속성이나 효율성, 책임소재의 명확성 측면에서는 독임제에 비하여 떨어진다. 다만, 보다 신중하게 결정을 할 수 있고, 행정기관의 장이 단독으로 결정하는 것에 비하여 정치적 영향력에서 비교적 자유롭다는 장점이 있다. 또한, 전문적 영역에서 다수의 전문가의 참여를 보장할 수 있다는 점 역시 장점으로 꼽을 수 있다.

4) 소결

그렇다면, 이 글에서 주된 연구 대상으로 삼는 '독립규제위원회'란 결국 위에서 든 주요한 개념징표를 종합하면 완성된다. 즉, '① 행정부에는 속하나 대통령을 정점으로 하는 계서제의 행정각부에는 포함되지 않은 채 조직상·기능상 독립성을 가지고('독립' 부분), ② 규제에 관한 결정과 집행을 담당하는('규제' 부분) ③ 합의제 행정기관('위원회' 부분)을 말한다고 봄이 상당하다.

3. 유사 개념과의 구별

가. 일반(경쟁)규제기관, 전문규제기관과의 구별

독립규제위원회는 일반(경쟁)규제기관이나 전문규제기관과 구별
되는 개념이다. 이하에서 그 차이에 관하여 본다.[20]

우선 개념 설명의 편의를 위해 전문규제기관에 관하여 먼저 본다.
고도의 전문적 지식이 필요한 특정한 산업영역만을 특별히 그 규제
의 대상으로 삼는 기관이 있는데, 이를 전문규제기관이라고 한다. 대
표적으로 우리나라의 금융위원회, 방송통신위원회, 미국의 증권거래
위원회(SEC), 연방통신위원회(FCC) 등이 그것이다. 반면, 일반규제기
관 또는 일반경쟁규제기관이라는 용어는 전문규제기관이라는 용어
에 대비하여 사용되는 용어로서, 규제 일반, 특히 경쟁 규제 일반을
담당하는 기관을 지칭한다. 우리나라의 공정거래위원회, 미국의 연
방거래위원회(FTC) 등을 일반규제기관 또는 일반경쟁규제기관이라
고 부른다.

전문규제기관이나 일반(경쟁)규제기관에서 말하는 '전문'(sector-
specific)은 상대적인 개념이다. 일반(경쟁)규제기관이라고 할 수 있는
우리나라의 공정거래위원회나 미국의 연방거래위원회 역시 규제 전
체 관점에서 볼 때 경쟁규제를 전문으로 하는 기관으로서 전문성이
있다. 공정거래에 관련한 규제라면 산업 분야에 관계없이 그 관할권
이 미친다는 점에서 일반(경쟁)규제기관이라고 하는 것이다.

결국, 일반(경쟁)규제기관이나 전문규제기관이라는 용어가 기관의
기능과 역할에 방점을 둔 것이라면, 독립규제위원회라는 용어는 행

---

20) 이 둘을 합쳐 '시장규제기관'이라고 표현하기도 한다(임성훈, 「불확정개념
   의 해석·적용에 대한 사법심사에 관한 연구: 한국·미국·독일법의 비교를
   중심으로」, 서울대학교 박사학위 논문, 2012, 2면 참조).

정조직법상의 관점을 중시한 것이라고 볼 수 있다. 다만, 대표적인 일반(경쟁)규제기관인 공정거래위원회나 대표적인 전문규제기관인 금융위원회, 방송통신위원회가 모두 독립규제위원회에 포함된다는 점에서 지칭에 있어 다소 혼용이 있어 온 측면이 있으나, 개념상은 양자가 분명히 구별된다.

나. 독립규제기관과의 구별

실제적으로나 이론적으로 자주 사용되는 또 하나의 개념은 '독립규제기관'이라는 용어이다. 독립규제위원회는 '합의제 독립규제기관'이라는 의미이므로 독립규제기관이 독립규제위원회를 포함하는 더 광범위한, 그리고 상위의 개념이다. 즉, 독립규제기관에는 합의제 독립규제기관뿐 아니라 독임제 독립규제기관이 포함된다.

우리나라나 미국의 주요한 독립규제기관이 위원회 형태가 많아서[우리나라의 공정거래위원회, 금융위원회, 방송통신위원회, 미국의 연방거래위원회(FTC), 증권거래위원회(SEC), 연방통신위원회(FCC) 등이 모두 위원회 형태이다], 종종 독립규제기관과 독립규제위원회가 완전히 동일한 개념인 것처럼 혼동되기도 하나 두 개념은 강학상은 구별된다. 다만, 공정거래위원회, 금융위원회, 방송통신위원회는 독립규제위원회이지만 더 큰 의미에서 독립규제기관이기도 하므로, 이 기관들을 독립규제기관이라고 지칭하거나 분류한다고 하여 틀린 것은 아니다.

합의제 독립규제기관이 아닌 독임제 독립규제기관으로는 우리나라에는 대표적으로 국무총리 소속의 식품의약품안전처 등이 있고, 미국에는 대표적으로 연방주택금융감독청(Federal Housing Finance Agency), 금융조사국(Office of Financial Research, OFR), 통화감독국(Office of the Comptroller of the Currency) 등이 있다.

4. 독립규제위원회 개념의 유용성

앞서 설명한 바와 같이, 이 연구는 독립규제위원회의 처분 등에 관하여 다룬다. 유사한 여러 개념에도 불구하고 '독립규제위원회'를 연구의 목적이자 대상으로 삼은 것은, 독립규제위원회가 특징적이고 중요한 3가지 요소인 '독립성', '규제기관', '합의제'를 교집합으로 가지고 있는 행정기관이기 때문이다. 즉, 일반행정기관과 다른 3가지 특징을 모두 가지고 있는 독립규제위원회는 다른 유사 기관에 비하여 특수한 취급을 받을 여지가 더 뚜렷할 것으로 예상되고, 이하에서는 그러한 전제가 맞는지를 확인하는 과정을 거칠 것이다[이와 유사한 시각은 미국에서도 발견할 수 있다. 미국의 연방거래위원회(FTC), 증권거래위원회(SEC), 연방통신위원회(FCC)의 판단 등에 대한 특수한 취급 여부를 논할 때 위 기관들을 주로 통칭하는 용어는 'independent regulatory agency'로서 일반 독립행정기관을 뜻하는 'independent agency'와 구별하고 있다. 물론 agency라는 용어는 합의제 기관이 아닌 독임제까지 포함하고 있는 개념이기는 하나 대부분의 'independent regulatory agency'는 위원회 형태로 운영되고 있다].

유사한 문제의식에서 시작하여 공정거래위원회, 금융위원회, 방송통신위원회를 포함하여 이들 기관을 '시장규제기관' 내지 '시장규제위원회'로 지칭하는 견해도 있는데,21) 이 견해에 따른 명칭은 위

---

21) 임성훈, 「불확정개념의 해석·적용에 대한 사법심사에 관한 연구: 한국·미국·독일법의 비교를 중심으로」, 서울대학교 박사학위 논문, 2012, 2면 참조. 이 견해는 시장규제의 임무를 부여받은 행정청을 '시장규제기관'으로 보고, 이러한 시장규제기관에는 시장경쟁질서에 대한 일반적인 규제를 담당하는 일반경쟁규제기관인 공정거래위원회와 개별적인 산업분야의 규제를 담당하는 전문규제기관이 포함되는 것으로 본다. 그리고 시장규제기관 중 준사법절차를 거친 합의제 의결을 통한 처분권한 행사라는 특징을 가지는 위원회를 '규제위원회'로 보면서 시장규제기관에 독임제 관청과 규제위원

각 기관이 시장규제의 임무를 부여받은 기관임을 명확히 밝힐 수 있다는 점에서 장점이 있으나, 조직법적으로 매우 의미가 큰 독립성의 요소가 개념징표에서 제외되는 단점이 있다. 따라서 이 연구에서는 '독립규제위원회'라는 개념을 기초 개념으로 삼고자 한다.

독립규제위원회의 개념과 더불어 그 유용성을 쉽게 파악할 수 있고, 유사개념과의 차이를 확인할 수 있도록, 앞에서 본 논의를 종합하여 이를 그림으로 표현해 보면 아래와 같다.

[그림 1] 독립규제위원회의 개념징표와 유사 기관 사이의 관계[22)

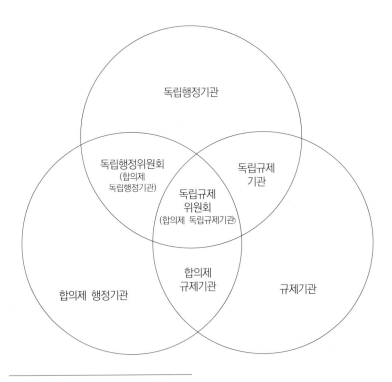

회가 있을 수 있다고 소개한다.
22) 유사 개념과의 차이 및 개념징표 사이의 관계를 쉽게 파악하기 위하여 필자가 그린 그림이다.

제3절 독립규제위원회의 등장 배경 및 현황

전통적인 법이론에 따르면, 행정기관은 계서제, 독임제가 원칙인 것으로 이해되어 왔다.[1] 그런데 최근 들어 많은 나라에서 독립규제위원회 등 계서제, 독임제가 아닌 형태의 행정기관이 다수 설립되고 있다. 이 절에서는, 이러한 배경을 살펴보기 위하여 가장 먼저 독립규제위원회가 등장한 미국의 사례를 검토하고, 이어 우리나라에서의 독립규제위원회 등장 배경 및 현황을 확인한다.

1. 등장 배경

가. 미국

미국은 독립규제위원회가 가장 먼저 생겨난 국가로서 현재도 가장 활발하고 적극적으로 그 역할을 수행하고 있는 국가이다. 미국에서는 'independent regulatory agency'라는 용어를 주로 사용하는데[미국은 강학상 용어로 '독립규제기관'(independent regulatory agency)이라는 용어를 '독립규제위원회'(independent regulatory commission)라는 용어보다 더 자주 사용하는 것으로 보인다] 여기서의 'agency'에는 위원회 형태의 기관도 포함되지만 독임제 행정기관도 포함된다. 그러나 미국에서도 실제로 대부분의 'independent regulatory agency'는 위원회 형태이다. 합의제이든 독임제 기관이든 independent

---

[1] 최계영, "행정부에서의 이익충돌", 저스티스 제159호, 2017, 312면 참조.

regulatory agency의 핵심적 징표는 대통령을 수반으로 하는 행정부 내각(president's cabinet)에 포함되지 아니하고 행정부 내각으로부터 독립성과 자율성을 가진다는 점이다.

미국의 독립규제위원회 내지 독립규제기관은 보통 법령에 의하여 그 설치 근거와 권한의 범위가 정해져 있다. 그러나 미국 헌법에는 명시적인 근거 규정을 두고 있지 않다. 다만 통상적으로 미국 헌법의 의회 부분에 있는 '필요 적절 조항'(necessary and proper clause)에서 그 근거를 찾을 수 있다고 보는 것이 일반적인 견해이다.[2]

현재 설치되어 운영되고 있는 미국의 독립규제위원회는 연방거래위원회(FTC), 증권거래위원회(SEC), 연방통신위원회(FCC)로 대표된다. 이 기관과 일반행정기관은 미국에서도 분명하게 구별된다. 미국에서도 독립규제위원회는 일반행정기관과 달리 조직상·기능상의 독립성을 인정받고 있으며, 그러한 독립성을 바탕으로 대통령과 그 밖의 행정부 및 의회의 영향력으로부터 비교적 자유롭게 규제행정을 할 수 있다[양 기관의 조직법상의 차이와 그 지위의 차이를 보여주는 두 가지 판례가 있다. 하나는 소위 '마이어스(Myers) 판결'이라고 불리는 것으로서 행정부서의 관리(Executive Officers, 구체적으로 이 사건에서는 체신청장(post master))를 대통령이 상원의 승인 없이 일방적으로 해임한 사건에서, 미국 연방대법원이 대통령의 행위가 적법하다고 판시한 사건이 그것이고(272 U.S. 52 (1926)), 또 다른 사건은 이른바 '험프리(Humphrey) 판결'이라고 불리는 것으로서 연방거래위원회 위원의 해임과 관련하여 연방거래위원회법에서 정한 사유 이외의 사유로 해임시킬 수 없다고 판시한 사건이다(295 U.S. 602 (1935)). 이 사건에서 연방대법원은, 연방거래위원회는 준입법적, 준사법적 기능을 수행하기 위해 행정부로부터 독립성이 보장되어 있

---

2) 안정민, "미국 연방통신위원회의 설립과 운용과정: 독립규제기관의 성격과 그 통제수단을 중심으로", 언론과 법 제7권 제1호, 2008, 274면 참조.

어서, 대통령이라고 하더라도 법에 정한 사유가 없이는 위원을 임의로 해임할 수 없다고 판시하였다.[3]

---

3) 참고로 독일, 프랑스 및 영국에도, 미국과 같이 독립규제위원회가 뚜렷하게 발달한 것은 아니지만 독립된 행정기관이 설치되어 있다.

　독일에는 유사 기관으로서 Unabhängige Behörden이 설치되어 있다. 대표적으로 연방회계검사원, 연방카르텔청, 연방망규제청, 연방환경청, 차량연방사무국, 독일특허상표청, 연방정보보안청 등이 이에 속하는데, 각 기관은 그 독립성, 설치 근거 등이 일률적이지 않고 다양하다. 연방회계검사원은 법률에 의하여 조직과 기능의 측면 모두 독립성이 인정되는 독립행정기관임이 비교적 분명하나, 다른 기관들은 실질적으로 활동의 독립을 인정받기는 하나 조직구성에 있어 독립성을 뚜렷하게 인정받지 못하는 등의 문제로 혼합적인 특징을 보인다. 다만, 독일에서는 위원회 형식의 합의제 행정기관 형태가 발달되어 있는 것으로 보이지는 않는다(서보국 외, 「독립행정기관의 설치·관리에 관한 연구」, 한국법제연구원, 2012, 24면 이하 참조).

　프랑스도 독립된 각종 행정기관이 설치되어 있는데 '국가정보자유위원회'가 1978년 독립된 기관으로 설립된 이래 지금은 약 40개 내외의 독립행정기관이 존재한다. 프랑스의 독립규제기관에는, 경쟁청, 은행·보험통제청, 금융시장청, 전자통신·우편규제청, 철도규제청, 온라인게임규제청, 원자력안전청, 에너지 규제위원회 등이 있는데, 그 구성과 기능방식 및 권한이 일률적이지 않고 매우 다양한 것은 독일과 마찬가지이다. 프랑스의 독립규제기관은 정부에 종속되지 않으면서 국가의 이름으로 행동을 하고, 그 업무의 원활한 수행을 위하여 상당한 자율성을 향유하고 있으며, 권한의 측면에서 법규명령권, 허가권, 통제권, 명령권, 심지어 임명권도 향유하는 경우가 있는가 하면, 어떤 경우에는 단순한 영향력만을 가지는 경우도 있는 등 각 기관마다 권한의 편차가 상당히 크다는 점이 특징적이다(서보국 외, 「독립행정기관의 설치·관리에 관한 연구」, 한국법제연구원, 2012, 119면 이하 참조).

　영국의 행정기관은 정부(Crown)에 속하는 협의의 행정기관(executive agencies)과 정부부처 비소속 공공기관(NDPB, Non-Departmental Public Bodies)으로 구별할 수 있는데, 비소속 공공기관 중 법률에 의하여 설립된 '집행 NDPB'가 그 실질상 독립행정기관에 해당한다고 볼 수 있다. 영국의 행정기관은 약 120개가 설치되어 있고, 비소속 공공기관은 약 300개가 설치되어 있다고 알려져 있다. 미국처럼 위원회 형태가 발달하고 있지 않고 규제를 담당하는 행정기관의 대부분은 독임제로 기능하고 있다(전훈, "독

　미국에는 독립규제기관(independent regulatory agency)의 종류가 규정되어 있는 현행 법령이 있다. 그 규정에는 연방거래위원회(FTC), 증권거래위원회(SEC), 연방통신위원회(FCC)를 비롯하여 19개가 열거되어 있는데[44 U.S. Code §3502(5). 이 조문에는, independent regulatory agency라 함은 Board of Governors of the Federal Reserve System, the Commodity Futures Trading Commission, the Consumer Product Safety Commission, the Federal Communications Commission, the Federal Deposit Insurance Corporation, the Federal Energy Regulatory Commission, the Federal Housing Finance Agency, the Federal Maritime Commission, the Federal Trade Commission, the Interstate Commerce Commission, the Mine Enforcement Safety and Health Review Commission, the National Labor Relations Board, the Nuclear Regulatory Commission, the Occupational Safety and Health Review Commission, the Postal Regulatory Commission, the Securities and Exchange Commission, the Bureau of Consumer Financial Protection, the Office of Financial Research, Office of the Comptroller of the Currency와 그 밖에 이와 유사한 기구를 의미한다고 규정하고 있다. 이 19개 기관은 한정적으로 열거된 것이 아니라 예시적인 것으로 이해되고 있다.

　미국의 독립규제기관은 입법·행정·사법 중에 분류하자면 행정부에 속하기는 하지만, 대통령으로부터의 독립성이 어느 정도 인정되고 국민의 권리의무에 영향을 주는 규칙 등을 제정할 수 있는 준입법권을 가지고 있으며 그와 관련된 불복이 있을 경우 스스로 이를 재결할 수 있는 준사법적 기능도 가지고 있다는 점에서 다른 행정기

　립행정청에 관한 소고: 프랑스 독립행정청(AAI) 이론을 중심으로", 토지공법연구 제49집, 2010, 419면, 서보국 외, 「독립행정기관의 설치, 관리에 관한 연구」, 한국법제연구원, 2012, 52면 이하 참조].

관과 구별된다. 그러한 점에서 이를 입법·행정·사법과 구별되는 제4
부라고 칭하는 경우도 있다는 것은 앞서 본 바와 같다.

　미국의 독립규제위원회는 19세기 후반에 처음으로 설치되었다.
미국에서는 19세기 후반부터 산업이 점차 발달하고 거대화되면서
산업 사이의 마찰이 발생하고, 기업이 국민의 이익을 침해하는 등
다양하고 복잡한 이해관계 충돌과 분쟁의 양상이 두드러지기 시작
하였다. 빠르고 복잡하게 변화해 가는 사회와 시장 상황에서 종전과
같은 행정이나 분쟁해결방식으로는 문제 해결에 한계가 발생하였고,
그 과정에서 정부에 기대하는 역할이 점차 커졌다. 정부에 기대하는
역할의 범위는 증대되었지만 종래와 같이 의회가 스스로 개입하거
나 대통령을 중심으로 하는 행정부가 적극적 기능을 하는 것이 충분
히 효과적이지 않은 상황에 이르자, 입법부와 행정부로부터 각종 영
향을 받는 것을 방지함과 동시에, 규제업무의 연속성과 계속성 그리
고 전문성을 확보하기 위하여 탄생한 것이 바로 미국의 독립규제위
원회이다.

　역사적으로 가장 먼저 설치된 독립규제위원회는 1887년에 설치된
주간통상위원회(Interstate Commerce Commission: ICC)이다. 주간통상
위원회는 처음에 주의 범위를 넘는 주간(州間) 교통 규제 업무 등을
담당하게 되었는데, 위 위원회는 입법권·사법권에 준하는 권한과 함
께 집행권까지 행사하였지만, 입법·행정·사법부 어디에도 속하지 않
는 독립적 조직으로 운영되었다. 이를 독립규제위원회의 시초로 볼
수 있다.

　복잡한 이해관계 충돌을 방지하고 규제업무를 독립적으로 담당하
기 위하여 처음으로 설치된 주간통상위원회가 비교적 소기의 성과
를 거두자, 그 이후 독립규제위원회 또는 독립규제기관이라는 새로
운 형태의 정부조직이 미국 내에서 점차 늘어나게 되었다. 특히 1930
년대 대공황을 극복하기 위한 뉴딜(New Deal) 정책의 실시와 함께 미

국 의회는 수많은 규제기관을 설립하였고, 이 기관들로 하여금 특별한 법규적 지침(statutory guidance) 없이 자율적이고 자치적인 권한을 행사하도록 허용하였다. 이는 삼권분립에 의한 '견제와 균형 시스템'(check and balance system)이 불가피하게 가질 수밖에 없는 비능률에 대응하기 위한 것이었는데, 이로 인하여 독립규제위원회는 권력분립의 이념 하에 분리되었던 정부의 기능을 다시 통합적으로 가지게 되었다.4)

이렇듯 미국에서의 독립규제위원회는 산업의 발달로 인한 시장실패에 적절히 대응하면서도, 전통적 의미의 입법부와 행정부의 개입을 방지하기 위한 방안으로 인정받아 왔다. 독립규제위원회를 설치함으로써, 입법부와 행정부 스스로 첨예하게 대립하는 이해관계 분쟁에 깊게 개입하는 것을 방지함과 동시에, 규제와 산업 문제에 있어 정치적 영향력을 행사하는 것을 예방하는 데에 주된 목적이 있었던 것이다. 이에 더하여 의회나 행정부가 빠른 속도로 변화하는 산업에 충분히 실효적으로 대응할 만큼의 전문성을 보유하고 있지 못하였으므로 그러한 전문성을 갖춘 기구에 대한 필요성도 독립규제위원회의 탄생에 있어 중요한 계기가 되었다. 요컨대, 미국의 독립규제위원회는 다양한 이해관계 충돌을 방지하고 이에 관한 규제 업무를 담당하기 위하여 정치적 영향력 등으로부터 독립적으로 운영되면서도 해당 분야에 대한 전문성을 갖추기 위하여 설치되어 현재에 이르고 있다고 볼 수 있다.

나. 우리나라

다음으로 우리나라에서 독립규제위원회의 등장 배경에 관하여 살

---

4) 정하명, "미국 행정법상의 독립규제위원회의 법적 지위", 공법연구 제31집 제3호, 2003, 145-146면 참조.

펴본다.

우리나라의 행정기관은 대통령과 국무총리의 행정의 통할권 내지 감독권(「대한민국헌법」 제66조 제4항, 제86조 제2항, 「정부조직법」 제11조, 제18조)에 토대한 위계적 질서를 갖추고 있고 이는 헌법과 정부조직법이 제정된 이래도 일관되게 유지되어 오는 대원칙이다.[5] 다만, 행정기관에 그 소관사무의 일부를 독립하여 수행할 필요가 있을 때, 법률로 정하는 바에 따라 행정위원회 등 합의제 행정기관을 둘 수 있음을 정하였다든지(「정부조직법」 제5조), 팀제의 가능성을 열어두는 등(「정부조직법」 제2조 제3항) 기존의 전통적 행정조직에 새로운 조직유형을 도입할 수 있는 가능성이 있는 정도에 불과하였다.[6] 현재도 행정조직의 기본원칙의 관점에서는 여전히 계서제, 독임제가 원칙이라고 할 수 있다.

우리나라에서도 미국의 독립규제위원회의 영향을 받아, 보다 독립적이고 전문적으로, 또한 정치적 영향력으로부터 차단된 채 규제나 정책 기능을 수행할 필요성이 있는 분야가 있다는 점을 인식하게 되면서 독립규제위원회의 시초가 되는 각종 위원회들이 등장하기 시작하였다. 그 시점은 1980년대 초라고 할 수 있다.

우리나라의 독립규제위원회의 시초로 볼 수 있는 것은 1980년 제정된 「언론기본법」에 의하여 1981년에 설립된 방송위원회로 볼 수 있다. 제34조에 규정된 방송위원회는 방송운영에 관한 기본적 사항을 심의하며(제1항), 9인의 위원 중 3명씩을 각기 국회의장과 대법원

---

[5] 이현수, "합의제 중앙행정관청의 조직법적 쟁점: 민주적 책임성의 관점에서", 공법연구 제41집 제3호, 2013, 53-54면 참조.

[6] 실제로 1948년에 대한민국 정부를 수립할 당시 11부 4처 이외에 고시위원회, 감찰위원회, 경제위원회의 세 위원회가 존재하였다. 그 이후 위상 및 기능이 분명치 않은 다양한 합의제 행정기관이 신설되었다가 사라지기를 반복했다(김소연, 「독립행정기관에 관한 헌법학적 연구: 프랑스의 독립행정청을 중심으로」, 서울대학교 박사학위 논문, 2013, 162면 참조).

장의 추천을 받아 대통령이 임명하고(제2항), 위원은 직무상 어떠한 지시도 받지 않으며(제5항), 문화공보부장관은 위원회에서 통보된 사항을 특별한 사유가 없는 한 시행할 의무를 부담하였다(제6항).[7] 위 방송위원회는 이후 뒤에서 보는 바와 같이 통신 규제와 정책 기능을 통합하여 2008년 「방송통신위원회의 설치 및 운영에 관한 법률」을 제정하면서[위 법률 제1조(목적)는 "이 법은 방송과 통신의 융합환경에 능동적으로 대응하여 방송의 자유와 공공성 및 공익성을 높이고 방송통신위원회의 독립적 운영을 보장함으로써 국민의 권익보호와 공공복리의 증진에 이바지함을 목적으로 한다."고 규정하고 있다] 대통령 직속의 방송통신위원회로 확대개편 되었는데, 그 과정에서 방송통신위원회와 방송통신심의위원회로 나뉘어 현재까지 두 기관이 존속하고 있다.

또 하나의 대표적인 독립규제위원회인 공정거래위원회는 1980년 「독점규제및공정거래에관한법률」에 의하여 설립되었다. 당시에는 현재와 같은 중앙행정기관으로서의 독립규제위원회는 아니었고, 경제기획원 장관 하의 심의·의결기관이었다.[8] 그 후 1990년 개정된 「독점규제및공정거래에관한법률」은 공정거래위원회를 경제기획원 장관 소속의 독자적인 처분권한을 가진 기관으로 설치하도록 하였다.[9] 1994년 법 개정을 통해 공정거래위원회가 국무총리 소속의 독립된

---

7) 김소연, 「독립행정기관에 관한 헌법학적 연구: 프랑스의 독립행정청을 중심으로」, 서울대학교 박사학위 논문, 2013, 162면 참조.

8) 제정 당시 「독점규제및공정거래에관한법률」의 공정거래위원회 설치 근거 규정은 다음과 같다.
   "제26조(공정거래위원회의 설치) 경제기획원장관이 이 법에 규정된 중요 사항과 이 법에 위반되는 사항에 대한 결정·처분을 하기에 앞서, 이를 심의·의결하기 위하여 경제기획원에 공정거래위원회를 둔다."

9) 1990년 개정된 「독점규제및공정거래에관한법률」 제35조는 다음과 같다.
   "제35조 (공정거래위원회의 설치) 이 법의 목적을 달성하기 위하여 경제기획원장관 소속하에 공정거래위원회를 둔다."

중앙행정기관이 되었는데, 당시 법률은 공정거래위원회가 독립적으로 사무를 수행한다는 점을 법률에 분명하게 명시하였다.[10]

금융 분야의 규제를 담당하는 금융위원회의 전신인 금융감독위원회와 금융감독원은 1997년 제정되어 1998년부터 시행된 「금융감독기구설치등에관한법률」에 의해 설립되었다.[11] 그러던 중 2008년 「금융위원회의 설치 등에 관한 법률」로 법률 명칭을 개정하고 이 법률로써 재경부의 금융정책국과 금융감독위원회를 통합하여 국무총리소속으로 금융위원회가 설립되었다.[12]

2. 독립규제위원회의 효용

독립규제위원회가 최근 들어 주목받고 널리 활용되고 있는 것은

---

[10] 1994년 개정된 「독점규제및공정거래에관한법률」 제35조는 다음과 같다.
　"제35조 (공정거래위원회의 설치) ① 이 법에 의한 사무를 독립적으로 수행하기 위하여 국무총리소속하에 공정거래위원회를 둔다. ② 제1항의 규정에 의한 공정거래위원회는 예산·인사·교육훈련 기타 행정사무에 관한 법령을 적용함에 있어서는 정부조직법 제2조제2항의 규정에 의한 중앙행정기관으로 본다."

[11] 1997년 제정된 「금융감독기구의설치등에관한법률」의 설치 근거와 독립성을 규정한 제1조와 제2조는 다음과 같다.
　"제1조 (목적) 이 법은 금융감독위원회와 금융감독원을 설치하여 건전한 신용질서와 공정한 금융거래관행을 확립하고 예금자 및 투자자등 금융수요자를 보호함으로써 국민경제의 발전에 기여함을 목적으로 한다."
　"제2조 (공정성의 유지 등) 금융감독위원회와 금융감독원은 그 업무를 수행함에 있어 공정성을 유지하고 투명성을 확보하며 금융기관의 자율성을 저해하지 아니하도록 노력하여야 한다."

[12] 2008년 개정된 「금융위원회의 설치 등에 관한 법률」 제3조는 다음과 같다.
　"제3조 (금융위원회의 설치 및 지위) ① 금융정책, 외국환업무취급기관의 건전성 감독 및 금융감독에 관한 업무를 수행하게 하기 위하여 국무총리소속하에 금융위원회를 둔다. ② 금융위원회는 「정부조직법」 제2조에 따른 중앙행정기관으로서 그 권한에 속하는 사무를 독립적으로 수행한다."

여러 가지 장점이 있기 때문이다. 그 대표적인 장점으로 꼽을 수 있는 것은 다음과 같다.

첫째, 시시각각 변하는 고도의 전문성이 필요한 영역(대표적으로 금융이나 방송통신 분야 등)의 규제업무를 담당하기 위하여서는 사회의 변화에 신속하게 발맞추어야 하고, 시장 상황의 변화에 관하여도 전문성을 가지고 적절하게 대응하고 규제해야 하는데, 다수의 전문가 위원에 의하여 의사결정이 이루어지는 독립규제위원회는 그러한 전문성을 발휘하기에 보다 적합하다.

둘째, 다양한 의견을 청취하는 데에 보다 용이하다. 현대사회의 다양한 요구에 행정기관이 적절하게 대응하기 위하여는 신속하고 획일적인 결정 이외에도 민주적 정당성과 절차적 정당성을 갖춘 결정이 요구된다. 따라서 규제나 정책의 입안에 있어 다양한 의견을 청취하는 것이 필수적이다. 독립규제위원회는 위원의 구성이 다양하고, 그 위원 구성 과정에서 정당의 추천을 받거나 유관기관의 의견을 수렴하는 경우가 대부분이므로, 독립규제위원회는 그러한 위원들을 통하여 다양한 의견을 공식적으로 청취하여 이를 규제나 정책입안에 반영할 수 있게 된다.

셋째, 적극적인 법집행이 가능하다는 점도 장점으로 꼽을 수 있다. 일반 독임제 행정기관은 전통적으로 담당해 오던 본연의 업무 영역이 있으므로 산업의 발달과 사회 변화에 따라 새로이 요구되는 규제 업무나 정책 입안 업무가 후순위로 취급될 우려가 있는 반면, 특정 분야의 규제를 위하여 새로이 설치된 독립규제위원회는 해당 규제와 관련한 업무를 보다 적극적이고 집중적으로 수행할 수 있게 된다.[13]

---

13) 조성국, "경쟁당국 조직 및 사건처리절차에 관한 법률적 쟁점: 미국 연방거래위원회를 중심으로", 경쟁법연구 제15권, 한국경쟁법학회, 2007, 110-111면 참조.

넷째, 독립규제위원회는 준입법권과 준사법권을 보유하고 있어서 보다 명확하고 분명한 기준을 이해관계인들에게 제시해 줄 수 있다. 준입법권의 행사는 입법부가 하는 법률의 범위 내에서 이루어지고 준사법권의 행사와 관련하여 최종적인 판단은 법원이 담당한다는 다소의 한계에도 불구하고, 준입법권을 가지고 있는 독립규제위원회가 스스로 가이드라인을 정해서 공표하고 이를 독립규제위원회가 담당하는 준사법절차인 재결절차에서는 그대로 적용할 것이므로, 시장참여자에게는 보다 분명하고 명확한 기준을 제시해 주는 효과가 있다.

3. 독립규제위원회의 현황

가. 개관

지금까지 독립규제위원회의 개념, 등장배경, 효용 등을 검토하였다. 이하에서는 독립규제위원회의 현황을 살펴보기로 한다. 이하에서는 대표적인 독립규제위원회로서 미국의 연방거래위원회(FTC), 증권거래위원회(SEC), 연방통신위원회(FCC)와 우리나라의 공정거래위원회, 금융위원회, 방송통신위원회의 현황을 살펴볼 것이다.

한편, 구체적으로 각 기관의 현황을 살펴보기에 앞서 독립규제위원회와 구별되는 독립행정기관, 일반행정기관[14]의 현황도 간략히 살펴봄으로써 그 구별을 명확히 할 수 있다. 비교의 편의를 위하여

---

14) '독립규제위원회', '독립행정기관', '일반행정기관'과 완전하게 대응되는 것은 아니나 미국에서도 'independent regulatory agency', 'independent agency', 'executive agency'를 개념상 구별하여 사용하고 있으므로 비교의 편의를 위하여 각 개념을 대응하여 살펴보기로 한다.

표로써 각 현황을 개괄적으로 제시해 보자면 아래와 같다.

[표 1] 우리나라와 미국의 독립규제위원회 및 그 밖의 행정기관 현황

	독립규제위원회 / Independent Regulatory Agency	독립행정기관 / Independent Agency	일반행정기관 / Executive Agency
한국	공정거래위원회, 금융위원회, 방송통신위원회 등	국민권익위원회,[15] 원자력안전위원회[16] 등	각종 행정부처 (기획재정부, 교육부, 외교부, 법무부, 국방부 등)
미국	연방거래위원회(FTC), 증권거래위원회(SEC), 연방통신위원회(FCC) 등	연방환경보호청 (Environmental Protection Agency, EPA), 소비자보호청 (Consumer Financial Protection Bureau, CFPB) 등	각종 행정부처 [국무부(Department of State), 재무부(Department of the Treasury), 국방부(Department of Defense), 법무부(Department of Justice), 교육부(Department of Education) 등]

나. 대표적인 독립규제위원회의 현황

1) 미국

가) 연방거래위원회(FTC)

미국 연방거래위원회는 1914년에 설치되었다. 미국 최초의 독점 규제법은 셔먼(Sherman)법이라고 할 수 있는데, 셔먼법의 집행은 행정각부 중 하나인 통상노동부(Department of Commerce and Labor) 산

---

15) 설치 근거는 「부패방지 및 국민권익위원회의 설치와 운영에 관한 법률」이다.
  "제11조(국민권익위원회의 설치) 고충민원의 처리와 이에 관련된 불합리한 행정제도를 개선하고, 부패의 발생을 예방하며 부패행위를 효율적으로 규제하도록 하기 위하여 국무총리 소속으로 국민권익위원회를 둔다."
16) 설치 근거는 「원자력안전위원회의 설치 및 운영에 관한 법률」이다.
  "제3조(위원회의 설치) ① 원자력안전에 관한 업무를 수행하기 위하여 국무총리 소속으로 원자력안전위원회를 둔다."

하의 기업국(Bureau of Corporation)이 담당하여 왔다. 시장과 산업구조의 변화에 따라 셔먼법의 적극적 법집행 필요성이 대두되고, 종래의 기업국의 법집행이 전문적이지 않고 소극적이라는 지적이 대두되자 통상노동부의 기업국 대신 독점규제법의 집행을 담당할 독립규제위원회인 연방거래위원회가 설치된 것이 연방거래위원회의 등장배경이다. 당시 통상노동부의 기업국에 소속되어 있던 직원이나 계류되어 있던 각종 사건은 연방거래위원회로 그대로 승계되어 현재에 이르고 있다.

당시 독점규제업무를 담당할 기관을 어떠한 조직으로 설립할 것인지에 관하여 여러 논의가 있었으나, 독립규제위원회로 설치하게 된 것은 기존에 설치되어 있던 독립규제위원회인 주간통상위원회(ICC)가 성공적으로 업무를 수행하고 있다는 평가에 따른 것으로 알려져 있다.[17] 이러한 논의 끝에 설립된 연방거래위원회는 1887년에 설립된 주간통상위원회(ICC), 1913년에 설립된 연방준비제도이사회(Board of Governors of the Federal Reserve System)에 이어 연방 단계에서 설치된 세 번째 독립규제위원회이다.

미국 연방거래위원회의 위원은 5명으로 구성되는데, 그 임명에 있어 상원의 동의를 얻어야 한다(미국 연방거래위원회법 제1조). 정치적으로 편향되지 않도록 하기 위하여 5명의 위원 중 3명을 초과하여서는 동일 정당 소속의 위원을 임명할 수 없다. 위원의 임기는 7년이다.[18] 처음에는 위원장을 위원들 사이에 호선하도록 하였으나 1950

---

[17] 조성국, "경쟁당국 조직 및 사건처리절차에 관한 법률적 쟁점: 미국 연방거래위원회를 중심으로", 경쟁법연구 제15권, 한국경쟁법학회, 2007, 110면 참조.

[18] 임기가 7년이기는 하지만 연방거래위원회의 각 위원을 최초로 임명할 때에는 각 위원의 임기를 3, 4, 5, 6, 7년으로 차등화하였다(staggering system). 이는 모든 위원이 동시에 교체됨으로써 업무가 단절되는 것을 피하기 위함이었다.

년부터 대통령이 임명하는 것으로 개정되었다.

나) 증권거래위원회(SEC)

미국 증권거래위원회는 1934년 증권거래법에 따라 1934년 6월에 설립된 기구로서 증권거래와 관련한 포괄적인 규제권한을 보유하고 있는 독립규제기관이다. 구체적으로는 1933년 증권법(Securities Act of 1933), 1934년 증권거래법(Securities Exchange Act of 1934), 1940년 투자회사법(Investment Company Act of 1940), 1940년 투자 자문사법(Investment Advisers Act of 1940), 2002년 사베인스-옥슬리법(Sarbanes-Oxley Act of 2002) 등의 집행을 담당하고 있다.[19]

원래 증권거래위원회가 설립되기 전에는 소위 '블루스카이법'(blue sky law)이 있어 위 법이 증권거래 관련 규제를 담당하고 있었다. 그런데 위 법은 연방 단위의 규제가 아닌 주 단위의 규제여서 규제가 비효율적이었던 데다가 주간(州間) 증권거래의 경우 주법의 적용을 받지 않으므로 규제를 회피하려는 시도가 많아지자, 연방 단위에서 증권거래에 관한 신뢰성을 확보하고 이를 규제하기 위하여 1933년 증권법을 제정하였고, 이어서 1934년 증권거래법을 제정하면서 연방 단위의 증권거래를 규율하게 되었다.

증권거래위원회의 위원은 5명으로 구성되고, 대통령이 임명한다. 정치적 중립성을 보장하기 위하여 연방거래위원회와 연방통신위원회와 마찬가지로 같은 정당 소속 위원이 3명을 초과할 수 없다고 규정하고 있다. 임기는 5년인데 업무의 연속성을 위하여 매년 1명씩만 임기가 만료되고 새로운 위원으로 교체되고 있다. 위원장 역시 대통령이 임명한다. 독립규제위원회인 만큼 대통령이 임의로 위원장을

---

19) 미국 증권거래위원회 홈페이지(https://www.sec.gov/Article/whatwedo.html, 2022. 12. 27. 확인) 참조.

경질할 수 없다. 내부 조직으로는 회사금융부(Corporate Finance Division), 거래시장부(Trading and Markets Division), 투자관리부(Investment Management Division), 집행부(Enforcement Division), 경제 및 리스크 분석부(Economic and Risk Analysis Division) 등이 설치되어 있다.[20]

다) 연방통신위원회(FCC)

미국 연방통신위원회는 1934년 통신법(Communication Act of 1934) 에 의하여 설치되었다. 이 법은 당시 유선 통신을 관할하던 주간통 상위원회(ICC)와 무선 통신을 관할하던 연방라디오위원회(Federal Radio Commission: FRC)의 업무를 통합하여 새롭게 창설하는 연방통 신위원회에 유무선 방송통신 업무를 담당하게 한 것이었다.[21]

위원회의 조직과 권한에 관하여는 미국 연방규칙(Unites States Code) 제47장에 명문화되어 있다. 즉, 연방통신위원회는 5인의 위원 으로 구성되는데, 대통령이 상원의 승인을 받아 위원을 임명한다. 동 일 정당에서 3인을 초과하여 임명할 수 없는 것은 연방거래위원회 등과 동일하다. 대통령은 5인의 위원 중에서 위원장을 임명하고 위 원장은 연방거래위원회의 기본운영방침을 정하는 책임을 지며[47 U.S. Code §155(a)], 모든 회의를 주재하고, 관련 입법사항에 있어 위 원회를 대표한다. 위원장과 의견을 달리하는 위원이 개진하는 소수 의견은 법으로 보장되어 있다(47 CFR §0.3). 위원회는 과반수의 찬성 으로 의결하지만 위원장이 업무와 관련된 사항에 대해 위원회를 대 표하고 있기 때문에 실제로 위원장에 따라 미국 방송통신 분야의 정 책방침이 좌우된다고도 할 수 있다. 위원은 대체로 커뮤니케이션이

---

20) 미국 증권거래위원회 홈페이지(https://www.sec.gov/Article/whatwedo.html, 2022. 12. 27. 확인) 참조.

21) 안정민, "미국 연방통신위원회의 설립과 운용과정", 언론과 법 제7권 제1호, 2008, 272면 이하 참조.

나 반독점 분야의 변호사 또는 행정부 경험의 소유자들로 임명되어
왔다.

2) 우리나라

우리나라의 대표적인 독립규제위원회를 꼽자면 공정거래위원회,
금융위원회, 방송통신위원회이다. 위 각 기관들의 설치 근거는 앞서
간략히 살펴본 바와 같이 개별 법률에 있고 세 기관 모두 중앙행정
기관으로 취급된다(「공공감사에 관한 법률」 제2조 제2호 참조.).

위 각 독립규제위원회의 설치 근거가 되는 개별법은 위 각 기관이
모두 독립적으로 그 사무를 수행하거나 이를 독립적으로 운영한다
는 내용을 담고 있기는 하지만,[22] 이 규정만으로는 독립규제위원회

---

[22] 공정거래위원회의 근거법인 「독점규제 및 공정거래에 관한 법률」 제35조
제1항은 "이 법에 의한 사무를 '독립적으로' 수행하기 위하여 국무총리소
속하에 공정거래위원회를 둔다."라고 규정하고, 같은 조 제2항은 "공정거
래위원회는 정부조직법 제2조(중앙행정기관의 설치와 조직)의 규정에 의한
중앙행정기관으로서 그 소관사무를 수행한다."고 규정한다.
　　나아가 금융위원회의 근거법인 「금융위원회의 설치 등에 관한 법률」 제
3조 제1항은 "금융정책, 외국환업무 취급기관의 건전성 감독 및 금융감독
에 관한 업무를 수행하게 하기 위하여 국무총리 소속으로 금융위원회를
둔다."라고 규정하고, 같은 조 제2항은 "금융위원회는 정부조직법 제2조에
따라 설치된 중앙행정기관으로서 그 권한에 속하는 사무를 '독립적으로'
수행한다."라고 규정한다.
　　방송통신위원회 역시 근거법에 유사한 규정이 있다. 즉 「방송통신위원
회의 설치 및 운영에 관한 법률」 제1조는 "이 법은 방송과 통신의 융합환
경에 능동적으로 대응하여 방송의 자유와 공공성 및 공익성을 높이고 방
송통신위원회의 '독립적 운영'을 보장함으로써 국민의 권익보호와 공공복
리의 증진에 이바지함을 목적으로 한다."라고 규정하고, 제3조 제1항은 "방
송과 통신에 관한 규제와 이용자보호 등의 업무를 수행하기 위하여 대통
령 소속으로 방송통신위원회를 둔다."라고 규정한다. 특히 위 법 제3조 제2
항은 방송통신위원회의 업무 중 상당 부분에 관하여 국무총리의 행정감독
권의 적용을 배제하여 그 독립성을 철저히 보장하고 있다. 그 구체적인 내

의 개념을 분명히 확인할 수 있는 것은 아니다. 미국의 연방거래위
원회(FTC), 증권거래위원회(SEC), 연방통신위원회(FCC)를 살펴본 것과
대응하여 우리나라에서도 공정거래위원회, 금융위원회, 방송통신위
원회의 설치 근거와 현황 등을 본 연구에 필요한 목적 범위 내에서
확인하기로 한다.

가) 공정거래위원회

공정거래위원회는 「독점규제 및 공정거래에 관한 법률」에 의한
사무를 독립적으로 수행하기 위하여 국무총리 소속 하에 설치된 「정
부조직법」 제2조의 규정에 의한 중앙행정기관으로서, 독립규제위원
회로 분류되는 대표적 기관이다. 시장에서의 경쟁질서 유지를 위한
광범위한 권한을 가지고, 법 위반행위에 대하여 그 사실관계를 조사
하여 행정처분으로서의 시정조치를 내리고 과징금을 부과하는 역할
을 한다. 공정거래위원회는 「독점규제 및 공정거래에 관한 법률」의
시행에 필요한 규칙과 고시를 제정하고, 공정거래법상 금지되는 행
위에 대한 예외를 인정하는 준입법적 권한을 가지고 있으며, 아울러
법 위반행위에 대한 조사와 심결을 통한 의사결정을 하는 준사법적
권한도 가지고 있다.[23]

「독점규제 및 공정거래에 관한 법률」 제55조에 따른 공정거래위
원회의 소관사무로는 "시장지배적지위의 남용행위 규제에 관한 사
항(제1호)", "기업결합의 제한 및 경제력집중의 억제에 관한 사항(제2
호)", "부당한 공동행위 및 사업자단체의 경쟁제한행위 규제에 관한
사항(제3호)", "불공정거래행위, 재판매가격유지행위 및 특수관계인
에 대한 부당한 이익제공의 금지행위 규제에 관한 사항(제4호)", "경

용은 아래 '다) 방송통신위원회' 부분에서 다룬다.
[23] 공정거래위원회, 「공정거래위원회 30년사」, 2010, 6면 참조.

쟁제한적인 법령 및 행정처분의 협의·조정 등 경쟁촉진정책에 관한 사항(제5호)", "다른 법령에서 공정거래위원회의 소관으로 규정한 사항(제6호)" 등이 있다.

공정거래위원회는 9인의 위원으로 구성되는데 구체적으로는 위원장 1인과 부위원장 1인, 위원 7인으로 구성된다. 위원 7인 중 4인은 비상임위원이다(「독점규제 및 공정거래에 관한 법률」 제57조 제1항). 공정거래위원회의 위원은 독점규제 및 공정거래 또는 소비자분야에 경험이나 전문지식이 있는 사람으로서 일정한 자격이 있는 사람 중, 위원장과 부위원장은 국무총리의 제청으로 대통령이 임명하고, 그 밖의 위원은 위원장의 제청으로 대통령이 임명 또는 위촉한다(위 법률 제57조 제2항). 공정거래위원회는 위원 전원으로 구성하는 전원회의와 상임위원 1인을 포함한 위원 3인으로 구성하는 소회의로 구분되어 있다(위 법률 제58조). 전원회의와 소회의의 관장사항은 법률로 정해져 있다.[24]

2022년 12월 기준으로 사무처 아래에 경쟁정책국, 기업집단국, 소비자정책국, 시장감시국, 카르텔조사국, 기업거래정책국 등이 설치되어 있다.[25]

---

[24] 「독점규제 및 공정거래에 관한 법률」 제59조(전원회의 및 소회의 관장사항)
　① 전원회의는 다음 각 호의 사항을 심의·의결한다.
　　1. 공정거래위원회 소관의 법령이나 규칙·고시 등의 해석 적용에 관한 사항
　　2. 제96조에 따른 이의신청
　　3. 소회의에서 의결되지 아니하거나 소회의가 전원회의에서 처리하도록 결정한 사항
　　4. 규칙 또는 고시의 제정 또는 변경
　　5. 경제적 파급효과가 중대한 사항
　　6. 그 밖에 전원회의에서 스스로 처리하는 것이 필요하다고 인정하는 사항
　② 소회의는 제1항 각 호의 사항 외의 사항을 심의·의결한다.

나) 금융위원회

2008년 2월 29일 개정된 「금융위원회의 설치 등에 관한 법률」에 의하여 과거 재정경제부의 금융정책국과 금융감독위원회를 통합하여 국무총리 소속으로 금융위원회가 설립되었다. 위 법률 제17조에 의한 금융위원회의 소관 사무는 금융에 관한 정책 및 제도, 금융기관 감독·검사·제재, 금융기관의 인허가 등이다.[26]

한편, 위 법률은 금융위원회를 설치하면서 금융감독원을 금융위원회와 분리하였는바, 법률상 금융감독원의 역할로는 금융회사 검사 및 제재, 분쟁조정업무, 금융위원회 및 소속기관의 업무지원 등이 있다.[27] 결국 금융위원회는 금융정책 및 금융감독에 관한 포괄적이

---

[25] 공정거래위원회 홈페이지(http://www.ftc.go.kr/www/contents.do?key=347, 2022. 12. 27. 확인) 참조.

[26] 제17조(금융위원회의 소관 사무) 금융위원회의 소관 사무는 다음 각 호와 같다.
　　1. 금융에 관한 정책 및 제도에 관한 사항
　　2. 금융기관 감독 및 검사·제재(制裁)에 관한 사항
　　3. 금융기관의 설립, 합병, 전환, 영업의 양수·양도 및 경영 등의 인가·허가에 관한 사항
　　4. 자본시장의 관리·감독 및 감시 등에 관한 사항
　　5. 금융소비자의 보호와 배상 등 피해구제에 관한 사항
　　6. 금융중심지의 조성 및 발전에 관한 사항
　　7. 제1호부터 제6호까지의 사항에 관련된 법령 및 규정의 제정·개정 및 폐지에 관한 사항
　　8. 금융 및 외국환업무 취급기관의 건전성 감독에 관한 양자 간 협상, 다자 간 협상 및 국제협력에 관한 사항
　　9. 외국환업무 취급기관의 건전성 감독에 관한 사항
　　10. 그 밖에 다른 법령에서 금융위원회의 소관으로 규정한 사항

[27] 제37조(업무) 금융감독원은 이 법 또는 다른 법령에 따라 다음 각 호의 업무를 수행한다.
　　1. 제38조 각 호의 기관의 업무 및 재산상황에 대한 검사
　　2. 제1호의 검사 결과와 관련하여 이 법과 또는 다른 법령에 따른 제재
　　3. 금융위원회와 이 법 또는 다른 법령에 따라 금융위원회 소속으로 두

고 일반적인 권한을 보유하고, 금융감독원은 구체적인 검사 및 감독 업무의 집행 역할과 금융위원회에 대한 지원 업무를 수행하게 된 것으로 볼 수 있다.

금융위원회 역시 공정거래위원회와 마찬가지로 9인으로 구성되는데, 위원장 1인, 부위원장 1인과 위원 7인으로 구성된다(「금융위원회의 설치 등에 관한 법률」 제4조 제1항). 공정거래위원회와 달리 위원 7인의 구성에 관하여 법률이 매우 상세하게 정하고 있다.[28] 금융위원회 위원장은 국무총리 제청으로 대통령이 임명하고, 부위원장은 위원장의 제청으로 대통령이 임명하며, 위원은 해당 기관의 추천을 받아 대통령이 임명한다(위 법률 제4조 제2항).

2022년 12월 기준으로 금융위원회에는 사무처가 설치되어 있고, 사무처 내에 금융소비자국, 금융정책국, 금융산업국 등이 있으며, 산하 기관으로 금융정보분석원(FIS)이 설치되어 있다.[29]

다) 방송통신위원회

방송통신위원회는 방송과 통신의 융합과 빠른 발전 속도라는 시대적 흐름에 대응하기 위하여 대통령 소속으로 설치된 독립된 방송·

는 기관에 대한 업무지원
    4. 그 밖에 이 법 또는 다른 법령에서 금융감독원이 수행하도록 하는 업무
[28] 제4조(금융위원회의 구성) ① 금융위원회는 9명의 위원으로 구성하며, 위원장·부위원장 각 1명과 다음 각 호의 위원으로 구성한다.
    1. 기획재정부차관
    2. 금융감독원 원장
    3. 예금보험공사 사장
    4. 한국은행 부총재
    5. 금융위원회 위원장이 추천하는 금융 전문가 2명
    6. 대한상공회의소 회장이 추천하는 경제계대표 1명
[29] 금융위원회 홈페이지(https://www.fsc.go.kr/fsc040101, 2022. 12. 27. 확인) 참조.

통신 규제기구로서(「방송통신위원회의 설치 및 운영에 관한 법률」 제3조 제1호) 미국 연방통신위원회의 지위와 역할을 모델로 삼은 것으로 알려져 있다. 방송통신위원회가 정치권력을 비롯한 사회 각 분야로부터 특히 더 독립적이어야 하는 이유는 방송통신위원회의 권한 중 '방송의 독립성 보장'이 언론과 표현의 자유와 직결되기 때문이다. '방송'은 언론으로서의 속성을 근간으로 하므로 특수한 취급의 필요성이 있어, 종래 설치되어 있던 공보처를 폐지하면서 방송에 대한 정책기능을 독립기관인 방송위원회가 관장하게 함으로써 방송의 독립성 및 방송의 민주화를 실현하고자 독립기구로 설치한 것이다.[30]

방송통신위원회는 국무총리 소속인 공정거래위원회나 금융위원회와 달리 대통령 소속이고(「방송통신위원회의 설치 및 운영에 관한 법률」 제3조 제1항), 각 9인의 위원으로 구성되는 공정거래위원회, 금융위원회와 달리 5인으로 구성되고 5인 모두 상임위원이다(위 법률 제4조). 또한 국무총리, 위원장의 제청 등을 통하여 대통령이 위원을 임명하는 공정거래위원회, 금융위원회와 달리, 방송통신위원회는 위원장을 포함한 2인은 대통령이 지명하고, 3인은 국회의 추천을 받아 임명을 하며, 국회의 추천 시 대통령이 소속되거나 소속되었던 정당의 교섭단체가 1인을 추천하고 그 외 교섭단체가 2인을 추천하도록 법률로 규정하고 있다.[31]

한편 「방송통신위원회의 설치 및 운영에 관한 법률」은 제1조에서

---

30) 계경문, "방송통신위원회의 법적 지위와 권한", 외법논집 제33집 제2호, 2009, 348-349면 참조.
31) 「방송통신위원회의 설치 및 운영에 관한 법률」 제5조 제2항. 위원 전부가 상임위원인 점, 위원 임명에 있어 국회의 추천을 받도록 하고 추천권도 정당에 배분하고 있는 점을 고려할 때 공정거래위원회나 금융위원회에 비하여 위원의 독립성이 더 두텁게 보장된다고 볼 수 있다. 이는 방송통신위원회가 규율하는 '방송'이 특히 공정하고 중립적이어야 하며 언론의 자유와 깊은 관련을 맺고 있기 때문으로 볼 수 있다.

부터 명시적으로 방송통신위원회의 '독립적 운영'을 보장하고 있고,32) 위 법률 제3조는 방송통신위원회를 중앙행정기관으로 보면서도 그 독립성을 보장하기 위하여 일정 영역에 있어서는 「정부조직법」 제18조33)에 규정된 국무총리의 행정감독권을 명시적으로 배제한다고 정하고 있다.34)35)

---

32) 제1조(목적) 이 법은 방송과 통신의 융합환경에 능동적으로 대응하여 방송의 자유와 공공성 및 공익성을 높이고 방송통신위원회의 독립적 운영을 보장함으로써 국민의 권익보호와 공공복리의 증진에 이바지함을 목적으로 한다.

33) 제18조(국무총리의 행정감독권) ① 국무총리는 대통령의 명을 받아 각 중앙행정기관의 장을 지휘·감독한다.
　② 국무총리는 중앙행정기관의 장의 명령이나 처분이 위법 또는 부당하다고 인정될 경우에는 대통령의 승인을 받아 이를 중지 또는 취소할 수 있다.

34) 제3조(위원회의 설치) ② 위원회는 「정부조직법」 제2조에 따른 중앙행정기관으로 보되, 다음 각 호의 사항에 대하여는 「정부조직법」 제18조를 적용하지 아니한다.
　　1. 제12조제1호(통신규제의 기본계획에 관한 사항은 제외한다)부터 제15호까지, 제17호부터 제21호까지 및 제25호의 사항
　　2. 그 밖에 방송의 독립성 보장을 위하여 필요한 사항으로서 대통령령으로 정하는 사항

35) 결국 방송통신위원회의 소관업무 중 국무총리의 행정감독이 적용되는 업무와 그렇지 않은 업무는 아래와 같이 구분할 수 있다. 국무총리의 행정감독을 받지 않는 업무는 주로 종래 '방송위원회'가 가지고 있던 권한인바, 언론, 미디어, 방송과 관련한 정책사항으로 특히 독립성이 보장되어야 하는 업무적 성격을 가지는 것들이다.
　○ 국무총리 행정감독 대상: 통신규제의 기본계획에 관한 사항, 시청자미디어재단의 운영에 관한 사항, 방송·통신 규제 관련 연구 조사 및 지원에 관한 사항, 방송·통신 규제 관련 국제협력에 관한 사항, 방송용 주파수 관리에 관한 사항, 방송·통신 관련 기금의 조성 및 관리·운용에 관한 사항, 소관 법령 및 위원회 규칙의 제정·개정 및 폐지에 관한 사항, 위원회의 예산 및 편성에 관한 사항
　○ 국무총리 행정감독 제외 대상: 방송 기본계획에 관한 사항, 한국방송공사의 이사 추천 및 감사 임명에 관한 사항, 방송문화진흥회의 이사 및 감사 임명에 관한 사항, 한국교육방송공사의 사장·이사 및 감사의 임명에 관

2022년 12월 현재 방송통신위원회에는 사무처 내에 방송정책국, 이용자정책국, 방송기반국 등이 설치되어 있다.[36)]

한 사항, 미디어다양성 조사·산정에 관한 사항, 지상파방송사업자·공동체라디오방송사업자의 허가·재허가에 관한 사항, 종합편성이나 보도에 관한 전문편성을 하는 방송채널사용사업자의 승인에 관한 사항, 위성방송사업자·종합유선방송사업자·중계유선방송사업자의 허가·재허가·변경허가 및 관련 법령의 제정·개정·폐지에 대한 동의에 관한 사항, 「방송광고판매대행등에 관한 법률」에 따른 방송광고판매대행사업자의 허가·취소·승인 등에 관한 사항, 방송사업자의 금지행위에 대한 조사·제재에 관한 사항, 방송광고판매대행사업자의 금지행위에 대한 조사·제재에 관한 사항, 전기통신사업자의 금지행위에 대한 조사·제재에 관한 사항, 방송사업자·전기통신사업자 상호간의 분쟁 조정 또는 사업자와 이용자 간의 분쟁 조정 등에 관한 사항, 방송광고판매대행사업자 상호간의 분쟁 조정 등에 관한 사항, 시청자 불만사항 처리 및 방송통신 이용자 보호에 관한 사항, 보편적시청권 보장에 관한 사항, 방송평가위원회의 구성·운영에 관한 사항, 방송사업자의 시청점유율 제한 등에 관한 사항, 방송통신심의위원회의 심의·의결에 따른 제재 등에 관한 사항, 지역방송발전위원회의 구성·운영에 관한 사항, 방송프로그램 및 방송광고의 운용·편성·판매 등에 관한 사항

36) 방송통신위원회 홈페이지(https://www.kcc.go.kr/user/organoHR.do?page=A04060100&dc=K06050100, 2022. 12. 27. 확인) 참조.

제4절 독립규제위원회의 특징

　제4절에서는, 독립규제위원회가 행정조직법상 일반행정기관과 어떠한 차이점을 지니고 있는지를 살펴본다. 독립규제위원회가 가지는 특징으로부터, 어떤 행정기관이 일반행정기관인지 독립규제위원회인지를 구별할 수 있다. 나아가 그 특징을 기초로 하여, 독립규제위원회를 행정조직법의 관점에서, 그리고 행정구제법의 관점에서 일반행정기관과 같게 취급할 수 있을 것인지 달리 취급해야 하는 것인지를 확인할 수 있다.

　앞서 본 바와 같이 '독립규제위원회'라는 명칭이 포함하고 있는 그 자체의 개념요소를 통해서, 독립규제위원회의 가장 중요한 특징 세 가지를 도출할 수 있다. 이는 '독립성', '합의제', '전문성'이다. 이 세 가지 특징은 독립규제위원회의 판단에 대한 존중과 사법심사를 논하는 이 연구의 주제 전반을 관통(貫通)하는 것이라고 할 수 있다. 이하에서는 본격적인 논의의 시작으로서 독립규제위원회의 세 가지 특징이자 개념징표로서의 독립성, 전문성, 합의제의 의미를 살펴본다.

1. 독립성

　독립규제위원회의 가장 중요한 특징이자 그 본질적 개념 징표라고도 할 수 있는 것이 바로 독립성이다. 독립성의 의미에 관하여 이를 행정부로부터의 독립을 뜻하는 것인지, 다른 府(입법부·사법부 등)로부터의 독립까지를 포함하는 것인지에 관하여는 견해가 나뉘고 있으나, 행정부 내에서 대통령을 정점으로 하는 계서제 구조로부터의 독립을 의미한다고 보는 것이 타당하다는 점은 앞서 본 바와 같다.

독립성의 내용과 개념 징표를 설명하는 견해에는 여러 가지가 있지만, 행정조직법상으로는 '조직상 독립성'과 '기능상 독립성'으로 구분하여 설명하는 것이 적절하다. '조직상 독립성'의 내용으로는 조직 형태, 구성원의 선임 방식, 위원 겸직, 임기보장, 예산의 독립성 등을 들 수 있다. 조직적 독립성이라는 요소의 핵심은, 조직을 구성하고 운영하는 방식에 있어서 어떻게 하면 다른 국가권력의 영향력을 차단할 수 있는가에 있다. 즉, 대통령을 중심으로 하는 내각으로부터 벗어나 별도의 조직을 구성하고, 구성원의 임명방식을 다소 달리 정하며, 임명권자의 해임권한을 제한하는 등 조직의 실체를 형성하고 설계함에 있어 외부의 영향을 최소화하는 데에 초점이 맞추어져 있다.[1] 특히 조직적 독립성에서 핵심적 요소는 대통령의 해임권이 제한적이라는 것을 들기도 한다.[2]

'기능상 독립성'의 내용을 구성하는 요소로는 계서제적 통제권으로부터 독립된 행정권, 직무상의 자율성을 들 수 있다. 특히 계서제적 통제권의 본질적 요소는 상급관청의 지시권으로서, 같은 맥락에서 기능적 독립성의 핵심적인 내용은 상급기관의 '지시로부터의 자유'라고 볼 수 있다.[3] 기능적 독립성의 측면만 본다면 상급관청의 지

---

[1] 서승환, 「합의제 독립규제기관의 민주적 정당성에 관한 연구」, 서울대학교 박사학위 논문, 2014, 94-95면 참조.

[2] 이성엽, "한국의 ICT 거버넌스 재설계 방안에 관한 시론적 연구: 단일행정부 이론과 독립규제위원회 이론을 중심으로", 행정법연구 제34호, 2012, 236면. 앞서 언급한 미국의 '험프리(Humphrey) 사건'[295 U.S. 602 (1935)](독립규제위원회에서 대통령의 해임권을 제한한 판결)이 독립규제위원회의 특징을 설명하면서 자주 언급되는 것도 같은 이유이다.

[3] 서승환, 「합의제 독립규제기관의 민주적 정당성에 관한 연구」, 서울대학교

시 없이 자율적으로 행정권을 행사한다면 독립성을 갖추었다고 볼수 있지만, 실제로 조직적 독립성 없이 기능적 독립성이 구현되는 것은 사실상 어렵다.

한편, 독립성이라는 개념은 대통령의 지시와 통제를 받는 계서제 일반행정기관에 대한 관계에서의 상대적인 개념이다. 대부분의 독립규제위원회의 경우 대통령이 위원장을 임명하고 위원 임명에 있어서도 중요한 영향력을 행사하는데, 이러한 점에서 볼 때 독립규제 위원회가 가지는 대통령에 대한 독립성이 절대적인 것은 아니고, 행정기관의 조직원리에 따르더라도 완전한 독립성이 언제나 바람직한 것도 아니다. 따라서 독립성이라는 개념은 상대적인 개념으로 파악하고 이해하는 것이 적절하다. 그러한 상대적 개념으로 볼 때, 사법부의 독립성에 비하여는 낮은 독립성으로 볼 수 있다.

독립성은 행정조직 원리로서는 다른 원리들에 비하여 부수적이고 수단적인 원리이다.4) 즉 독립규제위원회의 목적은 적절한 경제규제에 있는바, 그 목적을 원활하고 효율적으로 달성하기 위하여 독립성을 강조하는 것이지 어떤 행정기관이 독립적이라는 것이 주된 목적이 될 수는 없다. 그러한 의미에서 부수적이고 수단적인 원리이기는 하지만, 독립규제위원회의 목적과 기능에 비추어 볼 때 독립규제위원회의 핵심적 특징이라고 말할 수 있다.

2. 합의제

독임제 구조는 각각의 임무를 각각의 담당자에게 귀속시키고 각

박사학위 논문, 2014, 94-95면 참조.
4) 이원우, "행정조직의 구성 및 운영절차에 관한 법원리", 경제규제와 법 제2권 제2호, 2009, 102면 참조.

공직자는 자신의 업무범위를 가지면서 그에 대한 결정권을 가진다. 행정단위 내부에는 보통 여러 개의 계층적 구조 내지 계서제적 구조가 형성되어 전체적으로 하나의 피라미드 구조를 이루게 된다. 반면, 합의제 행정조직은 수평적 조정형태라는 특징으로 인해 독임제 행정조직과 구별된다. 서열이 분명한 독임제 및 계서제 행정조직과 달리, 합의제 조직의 구성원은 원칙적으로 서로 동등하다. 독립규제기관과 합의제가 논리필연적으로 결합되어야 하는 것은 아니지만 많은 경우에 있어 독립규제기관의 조직형태는 합의제 기관인 만큼 독립성과 합의제는 깊은 관련성을 맺고 있다.

합의제 행정조직의 개념적 징표로는 (1) 다수의 구성원(최소한 3인 이상의 구성원으로 이루어져야 함), (2) 의결권한(당해 조직이 법적으로 의미 있는 의결을 내릴 수 있도록 하는 것이 제도화되어 있어야 함), (3) 수평적 구조(평등한 구성원이 다른 구성원과 함께 다수결을 통해 결정을 내리는 구조임) 등이 있다.[5] 합의제로 기관을 구성하게 되면 정치적으로 편중되지 않도록 위원 명수를 제한하거나, 업무의 연속성 보장을 위하여 시차 조절 시스템(staggering system)을 두는 경우가 많다.

합의제는 고도의 전문적 지식이 요구되고 이해관계에 따라 다른 입장이 존재하는 사안에 있어서 의사결정의 합리성을 보장하기 위하여 다수의 전문가의 의견을 반영할 필요가 있는 경우에 매우 효과적으로 작용하게 된다.[6] 실제로 합의제라는 성질은 복잡하고 광범위한 업무에 경험과 집단적 의사 결정으로 합리성을 도모할 수 있도록 하고 임기제와 신분 보장으로 정책의 연속성 확보가 가능하다는 장

---

[5] 서승환, 「합의제 독립규제기관의 민주적 정당성에 관한 연구」, 서울대학교 박사학위 논문, 2014, 116-126면 참조.
[6] 이원우, "행정조직의 구성 및 운영절차에 관한 법원리", 경제규제와 법 제2권 제2호, 2009, 109면.

점이 있다는 점이 큰 이론 없이 받아들여 진다.

현대사회에서 각종 규제기관을 합의제 행정기관으로 구성하려는 경향이 있는 것은, 합의제를 구성하는 위원들이 외부의 압력이나 영향력으로부터 그 독립을 지켜내는 것이 용이하기 때문이기도 하다. 한편, 최근에 독임제 관청 내부에 특정 사안의 결정을 담당하는 합의제 위원회를 설치하고 그 위원회의 의견을 존중하거나 특별한 사정이 없으면 이를 그대로 따르도록 하는 경우가 많은데, 이러한 위원회는 두터운 독립성을 지니기 어려울 뿐 아니라 해당 위원회가 대외적으로 처분을 하거나 의견표명 등을 할 수 없다는 점에서 독립규제위원회와는 큰 차이가 있다.

3. 전문성

독립규제위원회는 고도의 전문성을 필요로 하는 경제규제를 담당하기 위하여 설치된 경우가 많다. 일반행정기관이 아닌 독립규제위원회를 설치함으로써, 외부의 비전문가가 영향력을 행사하는 것을 차단할 수 있고 이를 통하여 해당 기관이 전문성을 충분히 발휘할 수 있도록 보장한다. 이것이 전문적 경제규제 영역을 관장하는 기관을 독립적인 위원회로 설치하게 된 주된 이유이다.

전문성을 확보하고 보장하기 위하여 독립규제위원회를 설치한 만큼, 실제로 독립규제위원회에는 전문가들이 위원으로 임명되거나 활용되는 경우가 많다. 이에 더하여, 독립규제위원회는 해당 경제규제만을 집중적으로 관할하고 처리하기 때문에 그 업무 경험으로 인하여 더욱 전문성을 쌓을 수 있게 된다. 우리나라의 대표적인 독립규제위원회인 공정거래위원회, 금융위원회, 방송통신위원회는 모두 위와 같은 메커니즘에 의하여 해당 분야에 관한 상당한 전문성을 보유하게 된 기관이라고 볼 수 있다.

　행정기관의 전문성은 행정조직의 합목적성과 결합하여 볼 때 두 가지 전문성으로 나누어 볼 수 있다. 즉 '1차적 전문성'(광의의 전문성/일반적 전문성)과 '2차적 전문성'(협의의 전문성/고도의 전문성)이 그것이다. 전자는 일반 행정조직법상 통상적으로 요구되는 전문성으로서 법상 일정한 임무를 배분받은 조직이 그 임무의 범위에서 임무의 수행에 특화되고 그 노하우를 전승하는 방식으로 축적되는 전문성을 말하고, 후자는 일반적으로 행정을 수행하는 데 필요한 전문성이 아니라 특정 분야에 요구되는 고도의 전문성을 의미한다고 본다.7)

　독립규제위원회는 각종 이해관계를 조정하여야 하고, 해당 산업 분야에 관한 폭넓은 이해를 하고 있음을 전제로 하여 각종 규제정책을 수립하고 집행하여야 한다는 점에서 기능상으로도 전문성을 보유하여야 할 필요성이 크다. 독립규제위원회가 전문성이 없는 경우에는, 그 정책결정과 집행에 있어 피규제자로부터 권위를 인정받지 못하게 될 것이고 이는 소위 '무의사결정적 정책'을 야기할 가능성이 크다.8) 또한 피규제자보다 전문성이 높지 않게 되면, 독립규제위원회가 피규제자에게 포획될 가능성이 커질 수밖에 없는데, 규제 분석에 있어서 자주 인용되는 '포획이론'(capture theory)에 의하면 규제기구의 전문성이 결여되어 있는 경우에 피규제자들의 이해를 조정하

---

7) 이원우, "행정조직의 구성 및 운영절차에 관한 법원리: 방송통신위원회의 조직성격에 따른 운영 및 집행절차의 쟁점을 중심으로", 경제규제와 법 제2권 제2호, 2009, 101-102면 참조.

8) 조소영, "독립규제위원회의 전문성 제고를 위한 시스템에 관한 연구: 방송통신위원회의 기능과 역할을 중심으로", 공법학연구 제10권 제1호, 2009, 478-481면 참조. 한편, '무의사결정적 정책'이란, 정부의 정책결정에 있어서 의사결정의 범위를 기존의 편견에 해가 되지 않는 범위로 한정시키면서 특정 유형의 정책문제화를 억제시키거나 정책결정과정에서 좌절시키는 것을 말하는데 그 원인 중의 하나로 당해 기관이 전문성을 결여한 경우가 거론된다(위 글. 481면 참조).

는 과정에서 포획현상이 심화되는 경향이 있다는 부작용이 지적되기도 한다.[9] 그만큼 독립규제위원회는 해당 분야에 관한 전문성을 보유하여야 하고 전문성을 계속 유지할 수 있도록 하는 제도적 장치 역시 필수적이다.

실제적으로 독립규제위원회의 전문성이 왜 중요하고, 어떠한 국면에서 중요한지에 관하여 이를 구조적·단계적으로 제시하기도 한다. 대표적으로 몇 가지를 설명하면, ① 독립규제위원회는 시장의 주요 참여자와 의사소통을 하고 이들로부터 각종 정보를 수집하고 이를 검증하여야 하는바 그 과정에서 필수적으로 전문성이 요구되고, ② 시장을 규제하고 감독하며 빠른 시장변화에 조응하여야 하는바 전문성이 없으면 제때 그 업무를 수행해 나갈 수 없으며, ③ 해당 산업시장에 참여하는 시장참여자들의 신뢰를 얻지 못하면 규제기능과 정책기능을 제대로 수행할 수 없는데 시장참여자의 신뢰를 얻기 위하여는 독립규제위원회의 전문성이 필수적이고, ④ 독립규제위원회가 담당하는 준사법적 기능을 고려할 때 전문성이 바탕이 되지 않는다면 신속한 분쟁해결이 매우 어려워질 수 있는 점 등이 있다.[10]

4. 그 밖의 특징

위에서 든 세 가지 특징이 가장 뚜렷한 특징이지만, 그 외에도 광

---

9) 조홍식, "기후변화의 법정책: 녹색성장기본법을 중심으로", 법제, 제631호, 2010, 59면; 조소영, "독립규제위원회의 전문성 제고를 위한 시스템에 관한 연구: 방송통신위원회의 기능과 역할을 중심으로", 공법학연구 제10권 제1호, 478면 참조.
10) 조소영, "독립규제위원회의 전문성 제고를 위한 시스템에 관한 연구: 방송통신위원회의 기능과 역할을 중심으로", 공법학연구 제10권 제1호, 479-480면 참조.

범위한 법률의 위임에 따라 규제임무를 부여받고 독자적으로 규칙 등의 하위법규를 제정할 권한('준입법권한')을 부여받고 있는 점, 구체적인 처분에 대하여 처분상대방 및 이해관계인이 불복할 경우 처분상대방이나 이해관계인에게 절차참여권 및 주장·자료제출권을 보장하고 다른 주장이나 자료에 대하여 탄핵할 기회를 부여하는 등 법원에서의 사법절차와 유사하게 개별 처분을 하는 권한('준사법권한')을 통합적으로 보유하고 있는 점 등도 독립규제위원회의 중요한 특징으로 꼽을 수 있다.

5. 독립성, 합의제, 전문성 사이의 관계

독립규제위원회를 특징짓는 세 가지 주된 요소인 독립성, 전문성, 합의제 사이의 관계에 관하여 본다. 이 세 가지 요소는 실제로 유기적으로 기능하면서 독립규제위원회가 그 설치 목적에 따라 제 역할을 할 수 있도록 작동하고 있다.

다만, 앞서 설명한 바와 같이 독립성이나 합의제는 그 자체가 목적이거나 그 자체가 본질적인 요소라고 볼 수는 없고, 독립규제위원회가 본래의 기능을 다 할 수 있도록 보장하고 조력하는 부수적이고 수단적인 요소이다. 즉, 독립규제위원회가 담당하는 전문적인 규제의 기능을 충실하게 수행하기 위하여는 개개 전문가 위원들로 구성된 합의체에서 실질적인 토론과 심의가 이루어져야 하고, 이러한 기능이 제대로 작동하기 위하여서는 계서제 체계로부터 독립되어 외부의 압력 등으로부터 절연되어야 하는 것이다. 따라서 실질적으로 보아 독립규제위원회가 달성하고자 하는 전문성의 발현을 위한 부수적, 수단적 요소로 독립성, 합의제가 보장되고 있다고 볼 수 있다.

이 내용을 간단한 도해로 살펴보면 아래와 같다.

[그림 2] 독립규제위원회의 전문성, 독립성, 합의제 사이의 관계[11]

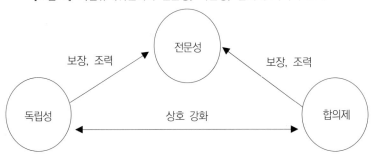

---

11) 이 그림은 전문성, 독립성, 합의제 사이의 관계를 간명하게 확인하기 위하여 필자가 상호관계의 내용을 축약하여 그 핵심 내용을 중심으로 그린 것이다.

제5절 독립규제위원회의 민주적 정당성과 책임성

1. 개관

독립규제위원회가 설치된 이후부터, 독립규제위원회가 과연 민주적 정당성을 보유하고 있다고 볼 수 있는지, 책임성을 지니고 있는지에 관한 논의가 끊이지 않고 있다. 독립규제위원회가 법률에 의해 만들어지고 그 내부조직과 사무 역시 법률에 의하여 규율되고 있으므로, 이들 위원회의 합법성에 대해서는 그다지 큰 의문의 여지가 없을 수 있으나 보다 근본적인 차원에서, 즉 행정조직의 기본원리나 헌법상의 통치구조 측면에서 이와 같은 형태의 독립규제위원회를 법률로 설치하는 것이 가능한지 내지 적절한지 여부에 관한 의문이 제기되는 것이다.[1]

우리 헌법이 제1조에서 천명하고 있는 바와 같이, 모든 권력은 국민으로부터 나와야 하고, 따라서 국가적 과제를 수행하는 기관은 특수한 목적에 의하여 설립된 독립규제위원회라고 하더라도 민주적 정당성을 갖추어야 함은 의문의 여지가 없다. 특히 권한이 부여된 경우에는 그 권한에 걸맞은 등가적인 민주적 정당성을 획득하여야 한다는 것이 헌법적 요청이라는 점에서 법률이 이러한 독립규제위원회를 설치함에 있어서 준수하여야 할 헌법적 요소는 무엇인지, 그 조직과 활동에 있어서 민주적 정당성을 얻게 만들어주는 구체적인 장치들을 어떻게 마련하여야 할 것인지에 대해서 신중하고 면밀한

---

[1] 이현수, "합의제 중앙행정관청의 조직법적 쟁점: 민주적 책임성의 관점에서", 공법연구 제41집 제3호, 2013, 54면 이하 참조.

검토가 필요하다.[2]

2. 민주적 정당성

가. 민주적 정당성의 개념

민주적 정당성이라는 용어는 '민주주의'와 '정당성'이라는 두 가지 단어가 결합된 것인데, 여기에서 민주주의는 주권자인 국민이 주체적으로 국가의 중요정책에 대하여 결정권을 행사한다는 의미이다.[3] 민주적 정당성이 있으려면, 주권자로서의 국민이 국가의 주요한 정책이나 의사의 결정에 실질적으로 참여하여야 한다. 따라서 국민의 의사가 반영되지 않거나, 형식적으로는 반영되더라도 실질적으로는 반영되지 않은 상태에서 이루어진 의사결정이나 정책은 민주적 정당성을 가지지 못하여 국민주권주의와 민주주의원리에 반한다. 다만, 주권자인 국민이 참여하여야 한다는 것이 언제나 직접 모든 의사결정에 참여하여야 한다는 것은 아니다. 이는 현실적으로 가능하지도 않다. 따라서 현대국가는 선출된 입법부를 통하여 의사를 결정하는 대의민주주의 형태를 지니고 있다.

이러한 민주적 정당성은 구체적인 의미에서 이를 세 가지로 나누어 설명할 수 있는데, 첫 번째가 기능적-제도적 민주적 정당성이고, 두 번째가 조직적-인사적 민주적 정당성이며, 세 번째가 사안적-내용적 민주적 정당성이다. ① 기능적-제도적 관점은, 행정조직은 헌법

---

2) 이현수, "합의제 중앙행정관청의 조직법적 쟁점: 민주적 책임성의 관점에서", 공법연구 제41집 제3호, 2013, 54면 이하 참조.
3) 김성수, "행정조직법상 거버넌스와 민주적 정당성, 행정의 책임성", 법학연구 제58권 제2호, 2017, 14-15면 참조.

자체에 의하여 창설되었거나 대의제 기구인 의회에 의하여 법률로 그 근거가 있어야 민주적 정당성이 있다는 의미이고, ② 조직적-인사적 관점은, 행정조직은 그 구성원에 대하여 국회나 대통령이 임명권과 감독권을 행사함을 통하여 민주적 정당성의 연쇄고리를 이어갈 수 있어야 민주적 정당성이 있다는 의미이며, ③ 실질적-내용적 관점은, 행정조직은 국회가 제정한 법률을 집행하며 국회에 대하여 설명의무, 응답의무를 진다는 의미의 책임성을 통하여 민주적 정당성을 얻게 된다는 것이다.[4]

나. 독립규제위원회의 민주적 정당성

독립규제위원회를 둘러싼 민주적 정당성은 그 기관의 독립성과 합의제적 특성과 밀접한 관련이 있다.

앞서 본 바와 같이 민주적 정당성 논의의 핵심은, 국민과 국가권력의 행사 사이에 단절되지 않는 '정당성 사슬'이 상정됨으로써 귀속관계를 이룬다는 것이다. 정당성 사슬은 기능적-제도적 정당성이나 조직적-인사적 정당성, 실질적-내용적 정당성 어느 하나만을 갖추어서는 안 되고 이 세 가지 요소를 모두 갖추어야 한다고 볼 것이지만, 기관의 특성에 따라서는 일부 요소가 약하더라도 다른 요소가 그 약화된 측면을 보완시켜 줄 수 있는 경우도 있다. 다만 위 세 가지 요소 중 어느 하나라도 전혀 인정되지 않는 것이 있다면 다른 요소들만으로 민주적 정당성이 있다고 인정하기는 어려울 것이다.

이러한 관점에서 독립규제위원회를 보자면, 독립규제위원회는 기능적-제도적 정당성이나 조직적-인사적 정당성이 다소 약한 것이 사실이다. 이는 계서제, 독임제가 아니라는 점에서 그러하다. 그렇지만

---

[4] 이현수, "합의제 중앙행정관청의 조직법적 쟁점: 민주적 책임성의 관점에서", 공법연구 제41집 제3호, 2013, 51, 55-57면 참조.

그 조직과 역할, 위원 구성 등이 입법부에 의하여 제정된 법률에 명확히 근거를 두고 있는 점, 위원장이나 위원 등의 임명권이 선거에 의하여 선출된 대통령에게 있는 점, 예산 등에 있어 입법부의 통제를 받고 일부를 제외하고는 행정감독의 대상이 되는 점 등을 고려할 때 비록 민주적 정당성 사슬이 직선적이지 않다고 하더라도 독립규제위원회가 민주적 정당성이 결여되어 있다고 평가할 수는 없다고 할 것이다.

3. 행정의 책임성

가. 행정의 책임성 개념

행정의 책임성은, 행정이 국가와 사회의 다른 기관이나 구성원, 궁극적으로 주권자인 국민에게 행정이 하는 행위의 내용 및 그 정당성을 설명하고 평가를 받는다는 것을 의미한다.[5] 이는 행정의 민주적 정당성을 확보하기 위한 도구이자 장치이다. 행정기관이 주권자인 국민에 대하여 아무런 책임을 지지 않는다면 민주적 정당성 또는 민주주의라는 것은 관념적 의미에 지나지 않는다.

행정의 책임성은 행정에 대한 통제를 통하여 구현할 수 있는데, 통제는 일반적인 행정 내부의 통제, 행정 외부로부터의 통제로 구분될 수 있다. 즉 행정 내부의 통제는 스스로 민주적 정당성에 어긋나는 행정이나 판단이 이루어지지 않도록 하는 메커니즘을 둔다는 의미로서, 상세한 내부 절차에 관한 규정을 두어 이를 이행하도록 한다거나, 자체적인 감사나 감독을 통하여 잘못을 바로잡는 기능을 이

---

5) 김성수, "행정조직법상 거버넌스와 민주적 정당성, 행정의 책임성", 법학연구 제58권 제2호, 2017, 16면 참조.

행하는 것을 그 예로 들 수 있다. 행정 외부로부터의 통제에는 입법부, 사법부에 의한 통제는 물론 같은 행정부 내의 다른 기관으로부터의 통제, 더 나아가 언론과 국민에 의한 직접적 통제 등이 있을 수 있다.

나. 독립규제위원회와 행정의 책임성

민주적 정당성에서 본 것과 마찬가지로 독립규제위원회는 전통적인 계서제, 독임제 행정기관에 비하여 행정적 통제가 다소 약할 여지가 있다. 즉, 대통령으로부터 이어지는 지시와 명령으로부터 독립되어 있고, 심지어 법률에 의하여 국무총리의 행정감독권으로부터 배제되어 있는 경우도 있다.[6] 그 구성원인 위원들에 대한 대통령과 의회의 통제 역시 일반 행정각부의 장에 대한 그것보다 약하다.

그러나 독립규제위원회가 행정의 책임성을 갖추지 못한 것이라고 볼 수는 없다. 독립규제위원회 내부에 각종 절차적 통제가 있어서 내부의 심의와 의결 과정에서 그 절차를 철저히 준수함으로써 책임성을 갖춘다. 나아가 외부적으로 입법부에 의한 통제(입법부가 제정한 법률에 따른 통제, 예산 및 결산 관련 통제, 국회에 대한 보고의무 등), 행정부에 의한 통제(임명권이 대통령 등에게 귀속되는 점, 감사원의 감독을 받는 점 등), 사법부에 의한 통제(독립규제위원회의 처분 등에 대한 사법심사 등)가 여전히 실효적으로 이루어지고 있는바, 이를 통해 독립규제위원회 역시 행정의 책임성 요소를 실질적으로 보유하고 있다고 볼 수 있다.

---

[6] 이에 관하여는 제3절에서 이미 상세히 살펴본 바와 같다.

제6절 소결

제2장에서는 독립규제위원회의 개념과 연혁 및 현황, 그리고 독립성, 합의제, 전문성이라는 세 가지 주요 특징을 살펴보았다. 나아가 독립규제위원회가, 행정조직의 기본원리에 의하여 갖추어야 하는 행정기관의 민주적 정당성과 책임성을 갖추고 있는지에 관하여도 고찰해 보았다.

독립규제위원회의 개념, 그 개념으로부터 자연스럽게 도출되는 세 가지 주요한 특징, 독립규제위원회의 등장 배경과 효용성은 독립규제위원회의 판단에 대한 사법심사 기준과 강도를 연구함에 있어 근저에서 반복적으로 다루어질 내용이다. 나아가 본 연구의 결론으로서 독립규제위원회의 판단에 대한 바람직한 사법심사 기준과 강도를 설정함에 있어서도 근본적으로 함께 고민해야 하는 요소로서 기능하게 된다.

제 3 장 미국의 행정판단 존중원리

제1절 개관

1. 미국 논의 검토의 필요성

이 장에서는 미국의 행정판단에 대한 사법심사 기준과 강도에 관하여 다룬다. 비교법적 논의로 미국의 이론과 판례를 연구·검토할 필요성이 있는 것은 다음과 같은 이유 때문이다.

첫째, 독립규제위원회가 처음으로 등장한 곳이 미국이기 때문이다. 미국은 독립규제위원회가 19세기 말에 처음으로 설치되었는데 성공적으로 기능하고 있다는 평가가 이루어지고 있고, 이로 인하여 우리나라를 비롯한 전 세계에 유사한 형태의 기구가 설치되고 있다. 미국의 독립규제위원회가 오랜 역사와 전통을 가지고 있는 만큼, 독립규제위원회의 조직상·기능상의 특징에 관한 연구의 축적 범위가 넓고 제4장에서 상세히 언급하는 바와 같이 판례상으로도 독립규제위원회의 판단에 관한 사법심사 사례가 많다.

둘째, 미국은 행정기관 판단에 대한 사법심사의 기준과 강도의 이론적 논의가 매우 깊이 있게 발달되어 있고,[1] 실무상으로도 사법심

---

[1] 미국에 비하여 같은 보통법계 국가인 영국은 사법심사 기준과 강도의 논의가 별달리 발달하지 아니하였다.

　영국은 전통적으로 의회주권(parliamentary sovereignty)에 의거하여 법률에 대한 사법심사가 금지되어 왔고 재판청구권이라는 기본권 개념이 충분히 발달하지 아니하였다. 또한 의회는 18, 19세기부터 현재까지 상당수의 개별조항에서, 당해 행정임무에 대한 행정기관의 결정이 '최종적'이라는 조항(finality clause) 또는 심지어 명문으로 사법심사를 배제하는 조항(ouster clause)을 두어 왔다. 다만, 이러한 경우에도 영국 대법원은 '위 조항들은 행정기관이 권한유월(ultra vires)을 범하지 않았을 때에 한하여 사법심사를

사의 강도와 기준을 파악하는 노력이 지속되고 있다. 우리나라나 독일, 일본의 행정법 이론이 행정구제법, 행정조직법, 행정절차법 등으로 세분화되어 있고, 행정구제법 내에서도 원고적격, 대상적격 등에 관한 논의로 나뉘어 있는 것에 비하면 미국의 행정법 이론은 개별 주제에 있어서는 세분화되어 있지 않은 측면이 있다. 그러나 사법부의 행정부 판단에 대한 본안의 심사기준과 관련하여서는 어느 나라보다 깊이 있는 연구가 축적되어 있다고 볼 수 있다.

실무상으로도 마찬가지이다. 미국의 행정사건 판결을 보면 대부분의 경우 판결문의 앞부분에 'Standard of Review' 또는 'Legal Standard' 라는 목차를 두고 해당 사건에서 어떠한 심사기준이 적용되어야 하는지를 먼저 규명하고 있다. 당사자들의 준비서면에도 판결의 체제에 대응하여 해당 사건에서 적용되어야 하는 심사기준과 강도의 논의를 가장 먼저 언급하고 있다. 실제로 어떠한 심사기준이 적용되는지는 해당 사건의 결론과 매우 밀접하게 연결되어 있으므로 심사기준에 관한 공방이 매우 치열한 경우가 많다.

셋째, 독립규제위원회에 대한 사법심사에 관하여 고려되어야 할 핵심적인 내용으로서 통치구조와 권력분립·권력배분의 문제가 있는데, 미국과 우리나라는 통치구조와 권력분립·권력배분의 모습이 유사하다. 즉 입법·행정·사법의 3권으로 권력분립이 이루어진 채 상호견제와 균형을 이루고 있는 점, 한편으로 그러한 세 부(府) 중에서는 행정부에 속하기는 하지만 행정부 내에서도 대통령을 중심으로 하는 계서제의 사슬, 독임제 구조에서 벗어나 있는 특수한 성격의 조

받지 않는다는 의미로 해석하는 것이 입법자의 의사를 제대로 파악하는 것이고, 따라서 권한유월에 대한 사법심사는 배제되지 않는다'는 입장을 고수하여 왔다. 그렇기는 하여도 입법자의 주관적 의사에 반하여 사법심사를 관철하여 온 탓에 사법심사의 강도가 높지 않다(박정훈, 「행정소송의 구조와 기능」, 박영사, 2008, 665면 참조).

직체로서 독립규제위원회를 두고 있는 점 등에서 우리나라와 미국
이 매우 유사한 구조를 보이고 있다. 이러한 측면에서 미국의 논의
를 살펴보는 것이 우리나라에도 매우 중요한 의미를 지닌다고 할 것
이다.

2. 논의의 순서

독립규제위원회에 대한 사법심사와 관련된 미국의 논의를 본격적
으로 다루기에 앞서, 제2절에서는 일반행정기관에 대한 미국의 사법
심사 논의를 다룰 필요가 있다.

이는 ① 독립규제위원회도 좁은 의미의 내각으로부터는 독립되어
있지만 넓게 보아서는 행정부의 일부라고 볼 수 있고, ② 제4장에서
상술하는 바와 같이 미국에서 독립규제위원회의 판단에 대한 사법
심사 기준 및 강도에 관한 이론 역시, 이른바 '행정판단 존중원리'[2]
라고 할 수 있는 일반행정기관의 판단에 대한 심사기준 이론을 출발
점으로 삼고 있기 때문이다. 나아가 ③ 일반행정기관의 판단에 대한
사법심사와 독립규제위원회의 판단에 대한 사법심사가 그 구조와
체계 그리고 고려 요소의 측면에서 유사한 부분이 많고, ④ 심사기준
부분은 미국 행정법에서 가장 이론적으로 발달한 부분 중 하나로서,
보통법(common law) 국가인 미국에서 판례를 통하여 그 이론이 정립
된 과정과 경과를 살펴봄으로써 본 논의가 일도양단적인 정답이 존

---

[2] 아래에서 상술하는 바와 같이, 미국 행정소송에서는 행정기관의 판단에 관
하여 이를 가급적 존중한다는 의미에서 'deference'라는 용어가 자주 사용
되고 있다. 이에 관하여 이를 '존중적 사법심사'로 설명하는 견해도 있으나
여기에서는 '행정판단 존중원리'라고 설명하기로 한다. '행정판단'이라고
표현한 것은 미국의 판례상 행정기관에서 하는 법해석, 재량판단 심지어
사실관계 판단까지도 존중의 대상이 된다고 보기 때문이다.

재하는 것이 아니라 다양한 시각과 관점이 있을 수 있음을 확인할
수 있기 때문이다.

위와 같은 이유로 제3절에서는 미국에서의 행정판단에 대한 사법
심사 기준과 강도의 형성과정을 다룰 예정인데, 우선 필요한 범위에
서 미국 행정소송 일반론을 간단하게 살펴보고, 그다음에 쉐브론 판
결을 비롯하여 미국의 사법심사 기준과 강도에 관한 각종 논의를 살
펴본다.

제2절 미국 행정소송 일반

1. 행정소송의 대상

미국에서도, 행정기관의 처분등에 대하여 법원이 심사할 수 있는지, 어디까지 심사할 수 있는지의 문제가 전통적으로 매우 중요한 쟁점으로 다루어져 왔다. 이는 미국이 다른 어떤 나라들보다도 권력분립의 원칙을 중요하게 생각했기 때문이기도 하다.[1] 미국에서 이 문제는 당사자적격을 어느 정도까지 확장시킬 것인지 그리고 사법심사 기준을 어느 한도까지 인정할 것인가의 두 갈래로 논의가 되어 왔는데, 1946년에 미국 연방행정절차법(Administrative Procedure Act, APA)이 제정됨으로써 법원이 심사할 수 있는 행정행위의 범위와 그 기준이 비교적 명확해졌다고 할 수 있다.[2]

미국 연방행정절차법상 법원의 심사 대상이 되는 것은 행정기관의 '행정행위'(agency action)이다. 행정절차법은, 행정기관을 원칙적으로 미국 정부의 기관을 의미한다고 보면서 의회, 법원을 여기서의 행정기관에서 제외시키고 있다.[3] 한편 종래 미국에서 사법심사의 대

---

[1] 이영창, "환경소송에서 행정청의 재량에 대한 사법심사의 방법과 한계", 사법논집 제49집, 2009, 271면 참조.

[2] 최봉석, "미국 행정법상 행정행위의 특성과 절차법적 통제", 미국헌법연구 제26권 제3호, 2015, 277면 이하 참조.

[3] 5 U.S. Code §551 Definitions

(1) "agency" means each authority of the Government of the United States, whether or not it is within or subject to review by another agency, but does not include—

(A) the Congress;

상으로 삼았던 행정행위라는 개념은 세분화되거나 유형화된 정의는
아니었으나, 행정절차법이 제정되면서 그에 관한 범위가 특정되기
시작하였는데, 위 법은 사법심사의 대상으로서의 행정행위를 규칙
(rule), 명령(order), 허가(license), 제재(sanction), 구제(relief)나 이와 유
사한 행위, 그리고 이에 대한 거부나 부작위 등을 의미한다고 규정
한다.4) 이러한 미국의 행정행위 개념은 우리나라나 독일과 같이 형
식적·제한적으로 이해되는 것이 아니고, 보다 넓은 범위에서 다양한
형태의 행위를 포함하고 있다. 미국에서는 순수한 행정행위 이외에
준사법적 결정, 행정입법 결정 등도 사법심사가 가능한 행정행위로
보고 있는바, 우리나라보다 사법심사의 대상이 넓다고 볼 수 있다.

　행정절차법에 규정되어 있는 행정행위가 아닌 그 밖의 행정작용
에 대하여는 행정절차법이 적용되지는 않지만, 그렇다고 하여 사법
심사의 대상이 되지 않는 것은 아니다. 그 경우 통상의 민사소송절
차에 따라 처분과 판단의 위법 여부 등에 대한 심사가 이루어질 수
있다. 이러한 점에서 미국에서는 행정법 영역과 민사법 영역이 명확
히 구별되어 있지 않다고 볼 수도 있기는 하나, 사법심사의 대상적
격 측면에서 볼 때 결과적으로 미국의 그것이 우리나라의 그것에 비
하여 넓다고 할 수 있다.

　한편, 미국 법령은 사법심사의 대상에 관하여 그 행정행위가 최종
적(final)이어야 한다는 요건 역시 요구하고 있다.5) 여기에서 최종적

(B) the courts of the United States (이하 생략)

4) 5 U.S. Code §551 Definitions
　(13) "agency action" includes the whole or a part of an agency rule, order,
　license, sanction, relief, or the equivalent or denial thereof, or failure to act

5) 5 U.S. Code §704 Actions reviewable
　Agency action made reviewable by statute and final agency action for which
　there is no other adequate remedy in a court are subject to judicial review
　(이하 생략).

이라는 것은 일시적이거나 중간적인 행정행위는 제외하는 것으로서, 그러한 행정행위가 당사자에게 권리의무에 있어 변동을 가져오는 법적 효과를 수반하는 것을 의미하는 것이다.[6] 통상 어떠한 행정행위에 대한 적절한 구제수단이 없는 경우에 이 요건을 충족한다고 본다.[7]

2. 각종 사법심사 기준

가. 개관

다음으로, 행정소송에서 법원이 어떠한 기준과 강도로 사법심사를 하는지의 문제가 남는다. 사법심사 기준과 강도의 문제는 ① 성문법인 연방행정절차법에 의한 기준·강도와 ② 판례에 의하여 형성된 기준·강도 두 가지가 모두 적용된다. 미국은 보통법 국가로서, 판례에 의하여 비로소 법리가 형성하기도 하고, 성문법의 규정이 있더라도 판례에 의하여 그 의미와 적용범위가 명확해지기도 한다. 판례에 의한 심사기준의 형성과정은 제3절에서 상세히 살펴볼 예정이므로 이하에서는 성문법상 심사기준에 대한 설명과 그 적용 범위 등에 관하여만 우선 살펴보기로 한다.

나. 미국 연방행정절차법 제706조

1) 개관

우선 제정법에 의한 기준을 보면, 미국 연방행정절차법 제706조에 이와 관련된 내용이 상세히 규정되어 있다. 즉, 위 법 제706조는 "법

---

[6] *Bennett v. Spear*, 520 U.S. 154, 178 (1997) 참조.
[7] 5 U.S. Code §704.

원은 모든 관련된 법률문제에 대하여 결정하고 법률규정을 해석한 다"(the reviewing court shall decide all relevant questions of law, interpret constitutional and statutory provisions, and determine the meaning or applicability of the terms of an agency action)라고 폭넓게 규정하면서, 구체적으로 여러 가지 심사기준과 강도를 제시한다.

대표적으로 위 규정에는, ① 행정기관의 행위가 자의적이고, 전단적 이거나 재량권을 남용한 것이라고 판단되는 경우(arbitrary, capricious, an abuse of discretion, 이하에서 이를 '자의금지 기준'이라고 부르기 로 한다), ② 헌법적 권리 등에 반하는 경우(contrary to constitutional right), ③ 법령상의 관할이나 권한, 한계를 넘는 경우(excess of statutory jurisdiction, authority, or limitations), ④ 법에서 요구하는 절 차를 위배한 경우(without observance of procedure required by law), ⑤ 실질적 증거에 의하여 뒷받침되지 않는 경우(unsupported by substantial evidence, 이하에서 이를 '실질적 증거 기준'이라고 부르기 로 한다), ⑥ 법원에 의하여 새롭게 전면적으로 재심사(de novo)되어 야 할 한도에서 사실에 의하여 뒷받침되지 않는 행정행위의 경우(이 하에서 이를 '전면적 재심사 기준'이라고 부르기로 한다) 등의 경우 그 행정행위나 사실관계, 결론이 위법하여 효력을 잃는다고 규정되 어 있다.8)

---

8) 5 U.S. Code §706 Scope of review

　　To the extent necessary to decision and when presented, the reviewing court shall decide all relevant questions of law, interpret constitutional and statutory provisions, and determine the meaning or applicability of the terms of an agency action. The reviewing court shall—

　　(1) compel agency action unlawfully withheld or unreasonably delayed; and

　　(2) hold unlawful and set aside agency action, findings, and conclusions found to be—

　　　(A) arbitrary, capricious, an abuse of discretion, or otherwise not in accordance with law;

2) 사법심사 항목과 강도의 혼재

연방행정절차법 제706조에 담긴 여러 기준의 적용범위와 각 기준 사이의 관계는 미국의 논의를 보더라도 명확하게 정리되어 있는 것으로 보이지 않는다.[9] 미국 연방대법원 판결 이유 중에서는 어떠한 사법심사 기준을 적용하여야 하는 것인지 명확하지 않음으로 인한 어려움을 설시한 것도 있다.[10] 성문법으로 사법심사 기준을 마련하였음에도 그 적용범위가 명확하게 정리되지 않는 이유 중의 하나는 연방행정절차법 제706조가 사법심사의 '기준'과 '강도'를 혼합하여 서술하고 있기 때문이다.

즉, 제706(2)(B), (C), (D)조는 사법심사에서 위법하다고 판단되어야 하는 심사 기준, 즉 헌법 등 위반, 관할 위반, 절차 위반 등의 항목을 제시하고 있는 반면, 제706(2)(A), (E), (F)조는 자의금지 기준, 실질적 증거 기준, 전면적 재심사 기준이라는 심사 강도의 문제를 다루고 있다. 성격이 다른 양자를 한 조문에 병렬적으로 나열하고 있어서 혼란이 생기는 것이다.

(B) contrary to constitutional right, power, privilege, or immunity;

(C) in excess of statutory jurisdiction, authority, or limitations, or short of statutory right;

(D) without observance of procedure required by law;

(E) unsupported by substantial evidence in a case subject to sections 556 and 557 of this title or otherwise reviewed on the record of an agency hearing provided by statute; or

(F) unwarranted by the facts to the extent that the facts are subject to trial de novo by the reviewing court.

In making the foregoing determinations, the court shall review the whole record or those parts of it cited by a party, and due account shall be taken of the rule of prejudicial error.

[9] Peter L. Strauss at al., Gellhorn and Byse's Administrative Law: Cases and Comments (11th ed.), Foundation Press (2011), 960-961.

[10] *Dickinson v. Zurko*, 527 U.S. 150, 158 (1999).

따라서 우선 연방행정절차법 제706(2)조의 내용을 사법심사 항목
(위법사유), 사법심사 강도 관련 내용으로 나누어 본 다음, 이하에서
는 주로 본 연구의 주제에 맞게 그 중 사법심사 강도와 관련된 내용
을 중점적으로 다루기로 한다. 연방행정절차법 제706(2)조가 담고 있
는 내용의 성격을 구분하기 용이하게 표로 정리하면 아래와 같다.

[표 2] 연방행정절차법 제706(2)조의 규정 내용 구분[11]

연방행정절차법 제706(2)조의 규정 내용	
사법심사 항목(위법사유) 관련	사법심사 강도 관련
제706(2)(B)조 – 헌법 등 위반 제706(2)(C)조 – 관할 등 위반 제706(2)(D)조 – 절차 위반	제706(2)(A)조 – 자의금지 기준 제706(2)(E)조 – 실질적 증거 기준 제706(2)(F)조 – 전면적 재심사 기준

3) 사법심사 강도 비교 및 적용 범위

한편, 사법심사 강도와 관련된 3가지 기준을 비교해 보면, 자의금
지 기준은 가장 완화된 심사 기준, 실질적 증거 기준은 중간 단계의
기준, 전면적 재심사 기준은 가장 강화된 심사 기준에 해당한다.

---

11) 연방행정절차법 제706(2)조의 내용을 기초로 그 항목을 구분하여 알아보기
    용이하도록 필자가 표로 정리한 것이다.

[그림 3] 연방행정절차법 제706(2)조 상의 사법심사 강도 비교[12)]

심사강도		
낮음　　　　　　　　　　　　　　　　　　　　　　　　　　높음		
◄───────────────────────────────────►		
자의금지 기준 [제706(2)(A)조]	실질적 증거 기준 [제706(2)(E)조]	전면적 재심사 기준 [제706(2)(F)조]

위 세 기준의 관계와 적용범위에 관하여는 일응 아래와 같은 일반적인 원칙이 적용된다.[13)] 첫째, 개별법에 규정이 있으면 개별법에 따르고 개별법에 규정이 없는 경우에 한하여 연방행정절차법 제706조의 심사강도 기준이 적용된다. 둘째, 연방행정절차법의 법문에 적용대상이 특정되어 있는 경우는 그에 따른다. 예컨대, 제706(2)(E)조의 실질적 증거 기준은 연방행정절차법 제556조, 제557조와 같은 정식 절차 사안에 적용된다고 명시되어 있으므로 그러한 정식 절차에서의 행정행위에 한하여 실질적 증거 기준이 적용된다. 셋째, 법률문제(사실문제와 대비하여)는 전통적으로 법원의 전면적 재심사 대상인 것으로 여겨졌다. 넷째, 위에서 든 원칙에 따라 별달리 기준이 정해지지 않는 경우에는 자의금지 기준에 의하게 된다.

위 기준은 판례에 의하여 그 적용범위가 재해석되거나 변경되고 있으나 일응의 기준으로는 여전히 유효하다. 그 적용범위를 이해하기 쉽게 도식화하면 아래와 같다.

---

12) 추효진, 「미국 행정법상 '실질적 증거 심사'에 관한 연구: 행정에 대한 '존중'을 중심으로」, 서울대학교 법학석사 학위논문, 2013, 33면을 참조하여 필자가 재작성한 것이다.

13) Jerry L. Mashaw et al., Administrative Law: The American Public Law System: Cases and Materials (7th ed.), West Academic Publishing (2014), 967 이하; Peter L. Strauss at al., Gellhorn and Byse's Administrative Law: Cases and Comments (11th ed.), Foundation Press (2011), 938 이하 참조.

[표 3] 각종 심사기준의 적용 범위[14]

	정식 절차	약식 절차
사실문제	실질적 증거 기준	자의금지 기준
법률문제	전면적 재심사 기준	전면적 재심사 기준

한편, 연방행정절차법 제706조에서 들고 있는 여러 기준 중 실제로 가장 자주 적용되는 중요한 기준이자 본 연구의 주제와도 깊은 관련을 맺고 있는 기준은 자의금지 기준[제706(2)(A)조]이다. 자의금지 기준은 명칭에서도 추측할 수 있듯이 위법성 심사 기준으로 '자의, 전단, 재량 남용'(arbitrary, capricious, an abuse of discretion) 여부를 기준으로 판단하는 방식을 말한다. 즉 제706(2)(A)조에 따르면, 심사하는 법원은 행정청의 처분이나 판단 또는 결론이 자의적이거나, 전단적이거나, 재량을 남용하였거나 또는 그 밖에 법을 따르지 않은 것이라고 인정될 경우 이를 위법하다고 보고 취소하여야 한다. 자의금지 기준은 위 법 제706조에 언급된 각종 기준 가운데 실제로 가장 흔하게 적용되는 기준으로서 아래에서 볼 여러 미국 판결에서도 쉐브론 기준과 함께 가장 중요한 사법심사 기준으로 취급된다. 구체적인 사안에서 자의금지 기준과 쉐브론 기준 사이의 관계에 관하여는 제5절에서 상세히 다룬다.[15]

---

14) 추효진, 「미국 행정법상 '실질적 증거 심사'에 관한 연구: 행정에 대한 '존중'을 중심으로」, 서울대학교 법학석사 학위논문, 2013, 47면 참조.

15) 결론적으로 미국법은, 사법심사방식의 적용에 있어서 요건과 효과를 달리 취급하지 않은 채 공통적으로 자의금지 기준을 적용하고, 법해석과 법적용의 구별 없이 공통적으로 쉐브론 기준이 적용될 수 있다고 본다. 다만, 불확정개념의 해석·적용과 관련하여 보면, 쉐브론 1단계에서 의회의 의사가 명확한 경우에만 전면적 사법심사를 하고, 의회의 의사가 불명확한 경우, 다시 말하면 불확정개념으로 인정되는 경우에는 쉐브론 2단계 심사 기준 및 자의금지 기준에 따른 제한적인 사법심사만 이루어진다. 기본적으로 미

한편, 미국 연방행정절차법 제701(a)(2)조는 행정청에 재량이 부여되어 있는 경우 사법심사가 배제된다는 취지의 규정을 두고 있다 ("This chapter applies, according to the provisions thereof, except to the extent that agency action is committed to agency discretion by law"). 이 규정은 문면적으로만 보면 마치 재량이 인정되는 행정기관의 행위에 대하여는 전혀 사법심사가 이루어지지 않는다는 취지로 보여서, 재량을 '남용'한 경우에 이를 취소할 수 있다는 연방행정절차법 제706(2)(A)조와 상반되는 듯 보인다. 그렇지만 연방대법원은 위 제701조에 의하여 사법심사의 대상에서 제외되는 범위를 매우 좁게 해석함으로써 위 두 조항이 조화롭게 기능할 수 있도록 하고 있다.16)17)

국법은 존중적 사법심사를 하고 있는 것으로 평가할 수 있으나, 다음과 같이 사법심사를 강화하기 위한 여러 시도가 이루어지고 있다. 첫째, 실제로 문언상의 불명확성에도 불구하고 쉐브론 1단계 심사에서 법률해석을 강화하는 등 쉐브론 1단계 심사에서 의회의 의사를 인정하는 범위를 확대함에 따라 전면적인 사법심사의 범위가 확대되고 있다. 둘째, 쉐브론 2단계 심사를 쉐브론 1단계 심사로 통합함으로써 법률해석·적용에 대하여 전면적인 사법심사를 하자는 주장까지 제기되고 있다. 셋째, 자의금지 기준을 적용함에 있어서 엄격심사를 통하여 사법심사강도를 높이고 있다(임성훈, 「불확정개념의 해석·적용에 대한 사법심사에 관한 연구: 한국·미국·독일법의 비교를 중심으로」, 서울대학교 박사학위 논문, 2012, 65-66면).

16) *Heckler v. Chaney*, 470 U.S. 821, 830 (1985); *Citizens to Preserve Overton Park v. Volpe*, 401 U.S. 402, 410, 416-7 (1971) 참조.

17) 행정절차법의 입법자료[Rep No. 752, 79th Cong., 1st Sess., 26 (1945)]에 의하면, 사법심사가 부정되는 재량은 '제정법이 극히 다의적인 문언으로 규정되어 있고 당해 사건에 적용할 법이 없다'고 말할 수 있을 정도의 사안 정도에나 적용되는 수준이다(김춘환, "미국 연방대법원의 Overton Park 사건에 관한 판결의 검토", 토지공법연구 제18집, 2003, 600면 참조).

제3절 행정판단 존중원리의 형성 과정

1. 예비적 고찰

독일에서는 법률요건과 법률효과를 나누어, 재량은 법률효과에 대하여만 인정하고, 법률요건에 대하여는 원칙적으로 전면적 사법 심사의 대상으로 보되, 예외적으로 '판단여지'(Beurteilungsspielraum) 를 인정한다.[1] 나아가 법해석과 법적용을 나누어 법해석은 전적으로 법원의 권한에 속한다고 하면서 그에 대하여는 판단여지를 인정하지 않는다.

반면, 미국에서는 법률요건과 법률효과, 법해석과 법적용을 명확하게 구별하지 않고, 나아가 사실인정에 있어서까지 아래에서 살펴볼 '행정판단 존중원리'의 적용 대상이 될 수 있다고 본다. 앞에서 설명하였듯이 행정기관의 1차적 판단이나 처분 등에 관하여 가급적 이를 존중하는 원리를 설명하면서 '처분'이나 '재량'이라는 용어 대신 '판단'이라는 용어를 사용하여 "행정 '판단' 존중원리"라고 지칭하기로 한 연유는, 미국에서 사법부에 의하여 존중받는 행정기관의 판단은 단지 재량에 관한 것뿐 아니라 법해석, 심지어 사실인정에까지 이르고 있기 때문이다.

이하에서는 미국에서의 행정판단 존중원리의 형성 과정을 살펴볼 예정인데, 미국은 판례를 통하여 법리를 형성해 나가는 보통법 (common law) 국가이므로 주요한 판례를 시대순으로 살펴볼 예정이

---

[1] 이은상, 「독일 재량행위 이론의 형성에 관한 연구: 요건재량이론에서 효과 재량이론으로의 변천을 중심으로」, 서울대학교 박사학위 논문, 2014, 29면 참조.

다. 행정판단 존중원리의 형성에 가장 중요한 역할을 했던 1984년의 쉐브론(Chevron) 판결을 기준으로 삼아 그 전과 그 후를 순차로 살펴본다.

2. 쉐브론 판결(1984) 이전의 논의

가. 개관

미국에서는 1900년 초반부터, 사법부가 행정기관의 판단을 가급적 존중하여야 한다는 주장이 있기는 하였으나, 당시까지는 법원의 판결로 그러한 법리가 뚜렷하게 확립된 것은 아니었다. 그러다가 행정판단 존중에 관한 주요한 판시로서 초기에 주목받은 판결이 바로 스키드모어(Skidmore) 판결(1944)이다. 그 이후로 미국 행정법 역사에 매우 중요한 판결로 자리잡은 1984년의 쉐브론 판결이 등장하기까지 사법심사 기준 및 강도와 관련한 주요한 판결로는 오버튼 공원(Overton Park) 판결(1971), 스테이트 팜(State Farm) 판결(1983) 등이 있다. 이 판결들은 유사한 쟁점에 관하여 다루면서도 각기 그 기준과 시각을 다소 달리하고 있다. 이하에서는 1984년 쉐브론 판결이 나오기 전 행정판단에 대한 사법심사 기준과 관련한 미국 연방대법원의 판결 흐름에 관하여 살펴본다.

한편, 아래의 판례는, 사법심사 기준에 있어 미국 연방행정절차법 제706(2)(A)조의 자의금지 기준을 명시적으로 적용하였는지를 기준으로 나누어 설명하는 방식도 있을 수 있다. 그에 따르면 1984년의 쉐브론 판결을 포함하여 이하에서 설명하려는 판결은 다음과 같이 분류할 수 있다.

[표 4] 자의금지 기준 적용 여부에 따른 판결례 분류

자의금지 기준 명시적 적용	자의금지 기준 미언급
오버튼 공원(Overton Park) 판결(1971)	스키드모어(Skidmore) 판결(1944)[2]
스테이트 팜(State Farm) 판결(1983)	쉐브론(Chevron) 판결(1984)

　성문법에 의한 자의금지 기준과 판례법에 의한 쉐브론 기준 내지 스키드모어 기준이 실체적 내용상으로 완전히 동일하지는 않음에도, 이하에서는 양자를 구별하지 않은 채 통틀어 '행정판단 존중원리'를 구성하는 것으로 보아 일련의 판례를 시간순으로 함께 검토하기로 한다. 그 이유는 다음과 같다. ① 아래에서 상술하듯이 미국 연방행정절차법상의 자의금지 기준과 판례에 의하여 형성된 쉐브론 기준 등의 적용범위가 명확하게 구별되지 않고, ② 미국 연방행정절차법이 제정된 것은 1946년으로서 그 이전의 판결도 논의의 대상이 되는데 그 이전의 판결은 자의금지 기준이 적용될 여지 자체가 없었으므로 사안의 성질상 자의금지 기준의 적용대상이 아니라고 단정할 수 없으며,[3] ③ 행정판단을 어느 비중으로 존중할지에 관한 시대별 판결의 변화와 미국 연방행정절차법의 제정이라는 역사적 사실을 상호 유기적인 관점에서 확인할 필요가 있기 때문이다.

나. 스키드모어 판결(1944)

　스키드모어(Skidmore) 판결[4]은, 행정기관이 한 판단에 대하여 법원이 이를 전면적으로 심사할 수 있으나, 법원이 행정기관의 전문성

---

[2] 이 판결은 1946년 미국 연방행정절차법이 제정되기 전의 판결이므로 자의금지 기준의 적용 여지가 애초에 없었다.

[3] 예컨대 스키드모어 판결이 선고된 1944년에는 미국 연방행정절차법이 제정되기 이전이므로 자의금지 기준이 적용될 여지가 없었다.

[4] *Skidmore v. Swift & Co.*, 323 U.S. 134 (1944).

을 고려하고, 행정기관의 해석을 주된 참고자료로 삼아 이를 존중할 수 있다는 가능성을 제시한 판결이다.

이 사건의 사실관계는 다음과 같다. 텍사스 주의 한 포장 공장에 근무하는 근로자들(Jim Skidmore 외 6명)은 1938년 근로기준법(Fair Labor Standard Act, FLSA)을 근거로 삼아 위 회사에 대해 초과 근무수당의 지급을 구하는 소를 제기하였다. 위 근로자들은 회사 내에서 소방 부서의 일반 업무와 소방장비의 관리 업무를 담당하고 있었는데, 30분의 점심시간을 포함하여 오전 7시부터 오후 3시 30분까지 일주일에 5일을 근무하였다. 그런데 근로자들은 위 회사와의 계약에 따라, 1주일에 3-4일간 화재 발생 대비 등을 위하여 소방 부서 안에서 대기하였다. 대기하는 시간 동안 근로자들은 화재 알람이 울리는 경우 그에 대응하는 업무를 하는 것 이외에는 특별한 작업을 수행한 것은 아니었다. 원고들은 위와 같이 회사의 시설에 머물러 있었던 것 역시 시간 외 초과근무에 해당한다고 주장하면서 추가 급여, 손해배상 등의 총 77,000달러의 지급을 구하였다.[5]

근로기준법에는 근로시간에 대기시간이 포함되는지 여부에 관한 명확한 규정은 없었다. 의회의 위임으로 근로기준법의 집행 및 적용의 임무를 담당하게 된 행정관청(office of administrator)은 이 쟁점에 관하여 구체적인 사실관계에 따라 유연하게 적용할 수 있는 기준 등을 해석 고시(interpretative bulletins)나 비공식적 결정(informal rulings)

---

[5] 323 U.S. 134, 135-136 (1944). 당시 소방 부서 안에는 최소한의 집기나 설비가 있어서 근로자들이 휴식을 취하는 데에는 큰 지장은 없었다. 근로자들의 임무는, 회사에 머무는 동안 불이 나거나 스프링클러가 제대로 작동하지 않는 경우에 울리는 알람에 대응하는 것이었다. 실제로 문제된 기간에는 화재가 발생한 바는 없었다. 알람이 실제로 울려 근로자들이 그에 대응하는 임무를 수행한 경우에는 회사는 시간 외 근무에 따른 급여를 추가로 지급하였다. 합의된 시간 외 급여액은 처음에는 50센트였고, 나중에는 64센트였다[323 U.S. 134, 135-136 (1944)].

으로 안내해 오고 있었고 그에 따르면 일부 근로시간으로 산입될 수 있는 여지도 있었다. 하급심은 그 판단에서 위와 같은 행정관청의 해석 고시 등을 언급하기는 하였으나 근로자들이 대기를 한 시간은 근로시간에 포함되지 않는다고 판단하였고 근로자들은 연방대법원에 상고하였다.

결국, 이 사건의 쟁점은 근로기준법(Fair Labor Standard Act, FLSA)에서 정한 '근로시간'에 근로자들의 대기시간이 포함되는지, 대기시간을 포함하여 초과근무수당(overtime compensation)이 지급되어야 하는지 여부였는데, 그와 관련하여 행정기관이 법률의 집행에 관하여 한 해석 고시 등이 사법심사 과정에서 얼마나 존중될 수 있는지 또한 중요한 쟁점이 되었다.

연방대법원은 행정기관의 해석이 법원을 구속하지는 않지만, 행정기관이 관련 분야에 대하여 가지고 있는 정보의 수준이나 지식 등이 사법부에 비하여 더 나은 위치에 있을 수 있다는 점을 인정하면서 법원은 여러 조건 하에서 행정기관의 해석 지침 등을 존중할 수 있다고 보았다. 즉, 구체적 사건에서 법원이 행정기관의 해석을 얼마나 존중할지는, 그러한 판단을 함에 있어 얼마나 충실하게 검토를 하였는지를 비롯하여 논증과정의 유효성, 기존 또는 그 이후의 해석과의 일관성 등을 포함한, 그러한 해석에 설득력을 부여할 수 있는 제반 사정들을 고려하여 판단하여야 한다고 설시하였다. 그러면서 이 사건에서 법의 해석권한을 가진 법원으로서 해당 근로기준법을 해석해 볼 때, 대기시간을 근로시간에서 제외하는 것으로 해석하는 것은 위 법률을 잘못 해석하는 것으로 보아야 한다고 판시하였다.

본 연구의 관점에서 이 판결이 중요한 이유는, 연방대법원이 행정기관이 법원에 비하여 '더 전문적인 경험'(more specialized experience)과 '더 넓은 범위의 조사나 정보'(broader investigations and information)를 가지고 있다는 점을 인정하였다는 것이다.[6] 다만, 연방대법원은 행정기관의 판단을 존중할 여지를 보여주면서도, 법원이 법률해석의 최종적 권한을 가지고 있음을 전제로, 언제든지 행정기관의 판단과 법적용을 심사하고 통제할 수 있다고 판시하였다. 이러한 점을 들어 일부 학자들은 스키드모어 판결을 행정기관의 판단에 대한 존중이 사실상 전혀 없다는 의미로 이해하는 것을 전제로 이를 '무존중'(zero deference)이라고 부르기도 한다.[7]

그러나 이 판결은 행정기관이 법원에 비하여 판단에 유리할 수 있는 요소를 고려하여 법원이 행정기관의 판단을 존중할 수 있는 기초토대를 제시하였다는 점에서 의미가 있다. 그러한 점에서 스키드모어 판결에 의한 원리를 '무존중'으로 보는 것은 적절치 않고, '약한 존중'(weak deference)이라고 부르는 견해가 보다 타당하다고 본다.[8] 이는 아래에서 볼 쉐브론 기준을 '강한 존중'(strong deference)이라고 부르는 것과 대비한 것이다.

다. 오버튼 공원 판결(1971)

행정판단의 심사기준과 관련하여 다음으로 볼 판결은 1971년에 나온 오버튼 공원(Overton Park) 판결[9]이다. 이 사건은 미국 연방행정절차법 제706(2)(A)조의 자의금지 기준을 적용한 사건이다. 이 사건에서 법원은, 사법부가 행정기관이 한 판단을 대체하는 것은 아니고 다만 행정기관이 한 판단의 합리성을 심사하는 것인데, 행정기관은

---

[6] 323 U.S. 134, 139 (1944).

[7] Bradley Lipton, *Accountability, Deference and the Skidmore Doctrine*, 119 Yale L.J. 2096 (2010), 2125 참조.

[8] John F. Manning, *Constitutional Structure and Judicial Deference to Agency Interpretations of Agency Rules*, 96 Colum. L. Rev. 612 (1996), 686-88; Richard J. Pierce, Jr., *Democratizing the Administrative State*, 48 Wm. & Mary L. Rev. 559 (2006), 568-69 참조

[9] *Citizens to Preserve Overton Park, Inc. v. Volpe*, 401 U.S. 402 (1971).

그 '합리성을 인정받기 위한 충분한 설명'을 하여야 한다고 밝히면
서, 구체적으로 이 사건에 있어서는 행정기관 판단의 합리성을 인정
하기 어렵다고 보았다.

이 사건은 테네시 주 멤피스 시에 있는 공원지구를 가로질러 건설
되는 6차선의 연방 고속도로의 건설을 승인한 연방교통부장관의 처
분이 적법한 것인지가 문제된 사건이었다. 구체적인 사실관계는 다
음과 같다. 1968년 연방지원고속도로법(Federal-Aid Highway Act of
1968) 제18(a)조는 "연방교통부장관(Secretary of Transportation)은 다
른 방향으로 도로 건설이 가능함에도, 공원을 통과하는 도로를 건설
하는 경우에는 연방자금지원을 승인할 수 없고, 만약 다른 방향으로
의 도로 건설이 불가능하다면, 공원에 대한 침해를 최소한으로 하는
방향으로의 도로건설에 대해서만 연방자금지원을 승인할 수 있다."
고 규정하였다. 연방교통부장관(피고)이 테네시 주 멤피스 시에 있는
오버튼 공원을 통과하는 도로 건설에 관하여 이를 연방자금지원 대
상 사업으로 승인하자, 위 공원 및 도로 건설에 이해관계가 있는 일
반 시민과 환경보호단체(원고들)가, 이 사건에서는 공원을 통과하지
않는 방향으로 도로 건설이 가능하며, 설령 곤란하다고 하더라도 이
사건 도로건설계획은 공원에 대한 침해를 최소화한 것이 아니므로
연방교통부장관의 위 판단은 위법하다고 주장하면서 이 사건 소를
제기하였다.

이 판결에서 미국 연방대법원은 우선, 이 사건이 연방행정절차법
제701(a)조에 따라 사법심사의 대상이 되지 않는다는 주장을 배척한
다음,10) 판단에 대한 심사기준이 연방행정절차법 제706조(2)(A)조

---

10) 미국 연방행정절차법 제701(a)조는 ① 제정법이 사법심사를 배제하고 있는
때, ② 행정기관의 행위가 법률에 의하여 당해 기관의 재량에 위임되어 있
는 때에는 행정절차법상의 사법심사의 규정은 적용되지 않으며 당해 행위
는 사법심사의 대상이 되지 않는다고 규정하고 있는데[이른바 심사적격

("arbitrary, capricious, an abuse of discretion or otherwise not in accordance with law")라는 점을 명확히 하였다. 그러면서 이 건의 경우에 법원에 의한 '완전한 재심사'(de novo review)가 요구되는 것은 아니고,11) 또 장관의 노선승인이 실질적 증거의 법칙[연방행정절차법 제706(2)(E)조]을 충족하여야 하는 것은 아니지만, 법원으로서는 실체적 심사를 하여 행정기관이 그 권한의 범위 안에서 판단을 한 것인지, 그 판단은 가능한 선택의 범위 내의 것인지, 행정기관이 달리 가능한 대안이 없는 것으로 믿을 만한 합리적인 사유가 있었는지를 심사하여야 한다고 보았다.12)13)

위 기준에 따라 법원은 '행정기관이 자신의 판단에 관한 합리적인 설명을 하였는지'에 관하여 설시하면서, "하급심 법원은 제출된 선서

(reviewability)의 문제], 이 사건에서 연방대법원은 의회가 사법심사를 금지하려고 한 것이라고 볼 수 없고, 사법심사가 금지되는 정도의 재량에 해당하지도 않는다고 판시하였대[연방행정절차법 제701(a)조에서 사법심사를 배제하는 '재량'의 의미가 매우 좁다는 것은 앞서 설명한 바와 같다]. 즉 여기에서의 재량은 우리나라에서 말하는 재량행위의 의미와는 다르고, 적용할 법률이나 기준이 전혀 없는 경우를 의미하는 것이라고 본다(권순형, "미국 행정소송의 기본이론들과 관련 문제들", 외국사법연수논집 제105집, 2004, 377면 참조).

즉 연방대법원은, 장관의 재량(권한)은 넓은 반면 법원의 고속도로건설사업 승인처분에 대한 심사권한은 매우 제한되어 있는 관계 법령에 비추어, 종래의 사법심사부적격 추정의 원칙을 번복할 증거가 없다는 이유로, 원고들의 청구를 배척한 연방 1심과 항소심 법원의 판단을 파기하였다. 그러면서 이 사건의 경우 적용할 규정[연방정부지원고속도로법 §18(a)조]이 있으므로, 연방교통부장관의 행위는 행정기관의 재량에 위임된 경우에 해당하지 않아 사법심사가 가능하다고 판시하였다.

11) 이 판결 이전에는, 법원에 행정기관의 사실인정 등에 관하여 재심사(de novo) 기준을 적용하는 경우가 많았는데, 이 판결부터 법원에서 재심사 기준을 적용하는 범위를 좁게 보기 시작하였다.

12) 이상규, "Overton Park 사건: 환경행정과 사법심사", 고려대학교 판례연구 5집, 1991, 25면 참조.

13) 401 U.S. 402, 416 (1971).

진술서에 의하여 심사를 하였는데, 그 진술서는 '사후적'(post hoc) 정당화에 지나지 않아서 이것만으로 행정기관 판단의 합리성을 인정하기에는 충분하지 않다. 심사를 할 때에는 행정기관에 의하여 작성된 '모든 기록'을 심사의 기초로 삼아야 하고 그것이 연방행정절차법 제706조에 의하여 의무화된다."14)라고 판시하였다. 그러면서 연방대법원은 하급심으로 하여금 행정상의 모든 기록을 종합하여 다시 판단을 할 것을 요구하면서 해당 사건을 파기환송하였다.

위 판결에서는, 사법심사 기준으로서 행정기관이 독단적이거나 자의적인 판단을 한 것인지 여부를 판단하여 그렇지 않은 경우에는 그 적법성을 인정하여야 한다는 연방행정절차법 제706(2)(A)조를 적용하였는데, 독단적이거나 자의적인 판단이 아닌 이상 행정기관의 결정을 존중해야 한다고 판시하였다는 점에서 일응 행정판단 존중주의를 적용한 판결로 볼 수도 있다. 그러나 실제 이 사건에서 심사한 방식을 구체적으로 살펴보면 행정기관의 판단에 상당한 합리성까지 요구하였다는 점, 그 심사를 위하여 폭넓은 자료를 제출할 것을 요구하였다는 점 등에서 자의금지 기준의 적용상의 수정으로서 '엄격심사'(hard-look judicial review) 방식에 가깝다고 해석되기도 한다.15)

라. 스테이트 팜 판결(1983)

쉐브론 판결이 나오기 1년 전인 1983년에 있었던 스테이트 팜(State Farm) 판결16) 역시 자의금지 기준을 적용하면서도 실질적으로

---

14) 401 U.S. 402, 419 (1971); 김춘환, "미국 연방대법원의 Overton Park 사건에 관한 판결의 검토", 토지공법연구 제18집, 2003, 604-605면.

15) 백윤기, 「미국 행정소송상의 엄격심사원리(The Hard Look Doctrine)에 관한 연구: 한국판례와의 비교분석을 중심으로」, 서울대학교 박사학위 논문, 1995, 64-68면 참조.

16) Motor Vehicle Mfrs. Ass'n v. State Farm Mut. Auto. Ins. Co., 463 U.S. 29 (1983).

는 엄격한 심사를 한 판결이라고 볼 수 있다. 1년 사이(1983년, 1984
년17))에 있었던 연방대법원의 판결 흐름 극적 변화를 확인하기 위하
여 이 판결의 내용을 구체적으로 살펴볼 필요가 있다.

　이 사건의 사실관계는 다음과 같다. 1966년 연방교통·자동차안전
법(National Traffic and Motor Vehicle Safety Act of 1966)은 고속도로교
통안전청(National Highway Traffic Safety Administration, NHTSA)으로
하여금 실효적인 교통안전에 관한 규제 의무를 부과하였다. 이에 고
속도로교통안전청은 비공식적 규칙제정절차에 따라 '1975년 이후에
생산되는 자동차에 대하여는 에어백과 자동 안전벨트를 필수적으로
설치해야 한다'는 자동차안전기준을 공표하였다가, 이후에 이를 철
회하였다. 이에 스테이트 팜 등 자동차 보험회사들이 자동차에 탑승
한 승객의 안전과 관련된 규제의 철회에 대한 적법성을 문제삼아 소
를 제기하였다.18)

　이 사건에서 연방대법원은, 앞에서 본 오버튼 공원 사건에서의 사
법심사 기준에 관하여 연방대법원이 한 판단에 비하여 보다 더 자세
한 설시를 하였다.19) 연방대법원은 고속도로교통안전청이 내린 비
공식적 규칙의 적법성은 자의금지 기준에 의하여(arbitrary and
capricious) 심사하여야 한다고 보았는데, 이는 규칙 제정뿐 아니라
규칙 폐지에도 동일한 심사기준이 적용될 수 있음을 밝힌 것이다.
그와 함께 연방대법원은 자의금지 기준 하에서 행정기관은 반드시
사실관계와 결정 사이의 합리적 연관성을 포함한 만족스러운 설명
을 제시하여야 한다고 판시하였다. 그 기준에 따라 행정기관의 판단
을 심사해 볼 때, 행정기관의 위 판단은 자동차운전의 안전성과 관

---

17) 쉐브론 판결이 선고된 해를 의미한다.
18) 463 U.S. 29, 33-38 (1983).
19) Robert Horwitz, *Judicial Review of Regulatory Decisions: The Changing
　Criteria*, Political Science Quarterly, Vol. 109, No. 1, 133 (1994), 158 참조.

련된 제반 요소에 대한 충분한 검토를 거친 것이 아니고, 어떠한 이유로 위 규제의 철회가 이루어졌는지에 관하여 충분한 설명을 제시하지 아니하여 위법하다고 판단하였다.

이 판결에서 특히 주목할 부분은 연방대법원의 자의금지 기준의 적용방법과 구체적 심사기준을 제시한 부분이다. 연방대법원은 법원이 행정기관의 판단에 관하여 사법심사를 할 경우에는 행정기관이 "관련된 데이터를 검토하였음은 물론 '확인된 사실과 행정기관의 판단 사이에 합리적 관련성'(rational connection between the facts found and the choice made)이 있다는 것을 포함하여 행정기관의 판단에 대한 만족스러운 설명(satisfactory explanation)을 할 것"을 요구하였다.[20] 그러면서 행정기관의 판단이, ① 의회가 고려하도록 의도하지 않은 사실들에 근거한 판단을 한 경우, ② 해당 문제의 중요한 양상을 고려하는 데 완전히 실패한 경우, ③ 제시된 증거와는 부합하지 않는 설명을 제시한 경우, ④ 견해의 차이나 전문성의 차이에 의한 결과라고 하기 어려울 정도로 설득력이 없는 경우에는 자의적 또는 전단적이라고 평가할 수 있다고 하여 매우 구체적으로 판단의 기준을 제시하였다.[21]

위 판결에 대하여 자의금지라는 심사기준의 적용범위가 실체적인 내용 그 자체에 대해서까지도 적용되는지 아니면 '행정청의 의사결정 절차'(agency's decision making process)에 관한 것에 한정되는지는 여전히 명확하지 않다는 지적이 있으나,[22] 이 판결은 최소한 자의금지 기준의 구체적인 적용의 방식을 상세하게 제시하였다는 점에서는 중요한 의미를 지닌다고 할 수 있다.

---

[20] 463 U.S. 29, 43 (1983).
[21] 463 U.S. 29, 43 (1983).
[22] 허성욱, "행정재량에 대한 사법심사기준에 관한 소고", 공법연구 제41집 제3호, 2013, 532면 이하 참조

3. 쉐브론 판결(1984)의 등장

1984년에 나온 쉐브론 판결[23]은 이른바 행정판단 존중원리의 의미와 적용방법을 천명한 판결로서 미국 행정법 영역에서 가장 중요하게 취급되고 있는 판결이다. 쉐브론 판결의 중요성에 비추어, 이 판결에 관하여는 비교적 상세하게 살펴보기로 한다.

가. 사실관계

1977년 개정된 청정대기법(Clean Air Act)은 새로운 대기오염원 심사기준을 정립하였는데, 개정법은 대기질 기준을 달성하지 못한 주(State)에 대하여는 대기오염을 발생시키는 주요 '고정 오염원'(stationary source)을 건설하거나 변경하고자 하는 경우 엄격한 허가요건을 부과하도록 하였다. 엄격한 허가요건과 관련하여 연방 환경보호청(EPA)은 위 개정법이 규정하는 요건의 '고정 오염원'을 해석함에 있어 하나의 공장 안에 있는 여러 오염배출장치가 각기 이에 해당하는 것으로 하는 규칙을 제정하였다. 그러나 환경보호청은 그 후 그 규칙을 폐지하고 고정 오염원의 정의를 '공장단위'(plantwide)로 보기로 하는 새로운 규칙을 발령하였다. 공장단위로 보는 해석에 의하면, 하나의 공장 내에 복수의 오염배출장치가 있는 경우 일부 오염배출장치의 배출량 증가가 있더라도 다른 오염배출장치의 배출량을 조절함으로써[24] 전체 공장 단위의 배출량의 증가가 초래되지 않게 할 수 있고 그 경우 허가 절차를 거치지 않을 수 있게 되었다.[25]

이에 대하여 환경단체들이 원고가 되어, 청정대기법이 규정하는

---

23) Chevron U.S.A., Inc. v. NRDC, 467 U.S. 837 (1984).
24) 이를 거품에 비유하여 당시 '거품 개념'(bubble concept)이라고 부른다.
25) 467 U.S. 837, 839-841 (1984).

'고정 오염원'이라는 개념에 대한 재해석을 요구하면서 행정기관의 위 해석을 다투는 소를 제기하였다. 연방항소법원(D.C. Circuit)은 청정대기법이 제정된 과정에 관한 각종 입법적 자료를 확인한 다음, 개별적인 설비를 기준으로 평가하는 것이 아니라 공장단위로 평가하는 연방환경보호청의 해석은 대기질을 향상시키기 위한 법의 목적 등에 비추어 볼 때 적절하지 않다(inappropriate)고 판시하면서 그 규칙을 무효화하였다.26) 이에 대하여 상고가 이루어졌다.

나. 연방대법원의 판단

미국 연방대법원은 연방항소법원(D.C. Circuit)의 판결을 파기하였다. 연방대법원은, 의회가 고정오염원에 대한 특정한 개념적 정의를 두지 않았다는 점에 관하여는 연방항소법원의 판단에 동의하였다. 그러나 행정청의 판단에 관하여, 법원으로서는 연방환경보호청이 한 법률 용어에 대한 해석이 합리적인 경우 이를 존중하여야 한다고 하면서 고정오염원의 정의를 특정한 개개의 설비로 규정하는 것과 공장단위로 규정하는 것 중 어느 것이 의회의 계획에 더 부합하는지를 판단한 행정기관(여기서는 연방 환경보호청)의 해석은 받아들일 수 있는 합리적인 해석의 범위 내에 있다고 보았다.27)

이 판결에서 연방대법원은 행정기관의 법해석에 대한 심사기준을 밝히면서, 우선 입법부의 의도가 명확(clear)하다면 행정기관뿐만 아니라 법원도 명확하게 표현된 의회의 의도에 따라야 하지만, 그러나 만일 법원이 의회가 문제되는 부분에 관한 정확한 의도를 직접적으로 언급하지 않고 있다고 판단했다면 법원이 해당 법령을 곧바로 직접 해석할 것이 아니라(court does not simply impose its own

---

26) 467 U.S. 837, 840-841 (1984).
27) 467 U.S. 837, 840-845 (1984).

construction on the statute) 행정기관의 해석이 그 법의 가능한 해석
에 기반을 두고 있는지(the agency's answer is based on a permissible
construction of the statute)를 판단해야 한다고 보았다.[28]

쉐브론 판결은, 구체적으로 명시적 위임과 묵시적 위임의 경우에
관한 사법심사 기준을 제시하고, 사법적 존중의 근거로 이 두 가지
유형의 위임을 모두 인정함으로써 종전보다 깊이 있는 사법심사 기
준을 제시한 것으로 평가할 수 있다.[29] 즉, 쉐브론 사건에서 연방대
법원은, 의회가 행정기관에 명시적으로 권한을 위임한 경우 행정기
관은 규제(regulation)를 통해 특정한 법률규정을 명확하게 할 권한을
가지게 되고, 그 경우 행정기관이 한 규제는 자의적, 전단적이거나 법
령에 분명히 반하는 것이 아닌 한(unless they are arbitrary, capricious,
or manifestly contrary to the statute) 아주 두텁게 존중되어야 한다고
판시하였다. 묵시적 위임이 있는 경우에도, 법원은 행정기관에 의하
여 이루어진 합리적 해석(reasonable interpretation made by the
administrator of an agency)을 대체할 수 없다고 판시하였다.[30]

결국, 쉐브론 판결이 설시하고 있는 내용을 정리하면 다음과 같
다. 첫째, 의회가 쟁점이 된 문제에 관해 직접적으로 규정하고 있는
지의 여부를 살펴, 의회의 의도가 명확하다면 행정기관뿐 아니라 법
원으로서도 명확하게 표현된 의회의 의도에 근거하여 판단을 내려
야 한다는 것이다. 둘째, 만일 법원이 의회가 쟁점이 된 문제를 직접
적으로 언급하지 않았다고 판단하는 경우, 법원은 그 법령에 관한
자신의 해석을 행정기관에게 강요하지 않아야 하고, 오히려 그 법령
이 쟁점이 된 문제에 관해 규정하지 않거나 모호하게 규정한 경우,
법원이 할 역할은 행정적 결정이 그 법령하에서 가능한 것이었는지

---

28) 467 U.S. 837, 842-843 (1984).
29) Evan J. Criddle, Chevron's consensus, 88 B.U. L. Rev. 1271 (2008), 1272 참조.
30) 467 U.S. 837, 843-844 (1984).

를 판단하는 것이라고 본 것이다.

이 판결에서 연방대법원은, 행정부의 판단을 존중해야 하는 근거로 몇 가지를 들었다. 즉, 다양하고 상충되는 정책들을 조화시키는 기능을 수행하는 데에 있어서 행정부가 가지는 장점,31) 기술적이고 복잡한 영역(technical and complex arena)에서 행정부가 가지는 전문성,32) 이해관계 조정 등의 역할을 수행하기에 적절한 정치적 책임성,33) 일상 현실(everyday realities)에의 조응이 용이한 점34) 등이 그것이다.

종합하면, 쉐브론 판결을 통하여 연방대법원은 행정기관의 전문성, 정치적 책임성과 민주적 정당성, 다양한 가치 사이의 조율과 빠른 변화에 대한 적절한 대처능력 등을 중요한 이유로 삼아 사법심사를 담당하는 법원이 행정기관의 판단을 가능한 한 존중해야 한다는 원칙을 천명한 것이다.

다. 쉐브론 판결의 의의와 영향

1) 유사 판결과의 비교

쉐브론 판결은, 미국 행정법상 사법부와 행정부의 권한과 역할 및 권력분립·권한배분을 기초로 하여 행정기관 판단에 대한 사법심사 기준과 원칙을 천명한 매우 중요한 판결이라고 할 수 있다.35) 판례법 국가인 미국에서 가장 많이 인용된 행정법 관련 판결로 쉐브론 판결을 꼽기도 한다.36) 쉐브론 판결이 더 의미가 있었던 것은, 그전

---

31) 467 U.S. 837, 845-846 (1984).
32) 467 U.S. 837, 864 (1984).
33) 467 U.S. 837, 865 (1984).
34) 467 U.S. 837, 865-866 (1984).
35) Richard J. Pierce Jr., Administrative Law, Foundation Press, 2008, 89면 참조.
36) 2011년 3월 미국 연방항소법원 판결을 조사해 본 결과, Overton Park 사건

까지는 미국 연방법원의 행정기관 판단에 대한 사법심사 기준이 일관되지 않았고, 사법심사 단계에서 어떠한 기준을 취할 것인지 예상하기 어려웠기 때문이다.

구체적으로 보면 1984년의 쉐브론 판결이 있기 전 법원의 행정판단에 대한 심사강도는 크게 보아 '엄격심사'(hard-look review)와 '존중적 심사'(deferential review)로 나뉘었고, 각기 그 안에서도 엄격성 또는 두터움의 정도에 따라 나뉘었다. 앞서 본 각종 주요 판결에서 본 행정판단에 대한 심사강도를 표로써 나타내 보면 다음과 같다.37)

이 인용된 사건 수는 1667건, State Farm 사건이 인용된 사건 수는 1,260건, 쉐브론 판결이 인용된 사건 수는 5,331건이라고 한다[Peter L. Strauss at al., Gellhorn and Byse's Administrative Law: Cases and Comments (11th ed.), Foundation Press (2011), 1021 참조].

37) 자의금지 기준과 법률해석에 관한 스키드모어 또는 쉐브론 기준을 하나의 잣대로 상호 비교하기 어렵다는 견해가 있을 수 있으나 자의금지 기준과 쉐브론 기준이 미국법상 여전히 명확히 구별되지 않는 점, 자의금지 기준도 행정판단 존중원리의 하나의 근거 내지 유형을 이루는 점, 자의금지 기준과 쉐브론 2단계는 동일하다거나 중복적용된다고 볼 수 있다는 점, 결국 법을 해석하고 구체적인 사실관계에 적용한 것에 관한 사례들이라는 점에서 공통적이라는 점에서 이와 같이 비교하는 것이 불가능한 것은 아니다.

[그림 4] 주요 판결의 사법심사 기준 및 강도 비교(시간 순)[38]

	엄격심사		존중적 심사	
	매우 엄격	다소 엄격	약한 존중	두터운 존중
	←			→
1944			Skidmore 판결	
1971		Overton Park 판결 (자의금지 기준)		
1983	State Farm 판결 (자의금지 기준)			
1984				Chevron 판결

2) 쉐브론 판결의 실제적 영향

1984년에 나온 쉐브론 판결은 단순히 선언에 그친 것이 아니라 실제로 그 이후의 판결에도 많은 영향을 주었다. 아래 통계에서 실증적으로 확인할 수 있듯이 1984년의 행정소송에서 행정부가 연방항소법원에서 승소한 비율(affirmance rate)이 70.9%였는데, 쉐브론 판결이 나온 직후인 1985년에는 행정기관의 승소율이 81.3%로 급증한 것을 알 수 있다.[39] 비록 그 비율이 1988년에는 75.5%로 다소 감소하였으나, 쉐브론 판결이 등장하기 전과 후의 행정기관의 승소 비율에 있어서는 유의미한 차이를 보이고 있다고 할 수 있다.

---

38) 위 표는 앞서 설명한 주요 판결의 심사강도를 보다 쉽게 이해하기 위하여 필자가 작성한 것이다.

39) Peter H. Schuck·E. Donald Elliott, *To the Chevron Station: An Empirical Study of Federal Administrative Law*, 1990 Duke L.J. 984 (1990), 1030, 1039 참조.

[표 5] 쉐브론(Chevron) 판결 전후 행정기관 승소율 변화40)

	1984년	1985년	1988년
행정기관 승소율 (affirmance rate)	70.9%	81.3%	75.5%

[그림 5] 쉐브론(Chevron) 판결 전후 행정기관 승소율 변화41)

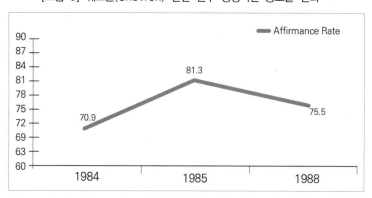

4. 쉐브론 판결 이후의 논의

가. 개관

1984년의 쉐브론 판결로 인하여 행정판단 존중원리가 판례에 의하여 보다 구체적으로 정립되었다고 볼 수 있다. 그런데 그 이후에 쉐브론 판결의 의미와 적용범위, 한계 등에 관하여 여러 가지 관련 논점이 새롭게 대두되었고, 그러한 쟁점을 포함하여 쉐브론 기준을

---

40) 위에서 참조한 자료를 기초로 필자가 표로 정리한 것이다.
41) 위에서 참조한 자료를 기초로 필자가 이해하기 용이하도록 그래프를 작성한 것이다.

구체적으로 적용함으로써 관련 쟁점을 명확히 해 주는 판결도 이어서 등장하였다.

특히, 정식 절차를 거친 행정작용에 쉐브론 기준이 적용된다는 2000년의 크리스튼슨(Christensen) 판결과 이른바 '쉐브론 0단계'(Chevron step zero) 이론을 사실상 확립시킨 2001년의 미드(Mead) 판결, 쉐브론 기준을 종합적으로 적용한 2005년의 브랜드 엑스(Brand X) 판결이 중요한 의미를 지니는데, 이하에서는 이 판결들에 관하여 살펴본다. 이를 통하여 살아있는 생명체처럼 조금씩 변화하여 온 미국의 '행정판단 존중원리'의 현재 모습에 대하여 정확하게 확인할 수 있다.

나. 크리스튼슨 판결(2000)

쉐브론 판결로 행정판단 존중원리의 법리가 구체화되자 이제는 쉐브론 판결에 의한 법원리의 적용범위가 어디까지인지에 관한 논의가 이어지게 되었다. 그 과정에서 크리스튼슨(Christensen) 판결[42]을 통해 연방대법원은 쉐브론 판결의 구체적 적용범위에 관하여 설시하였다.

이 사건의 사실관계는 다음과 같다. 근로기준법(Fair Labor Standards Act, FLSA)은 주 40시간을 기본 근로시간으로 하되, 그 근로시간을 초과하는 경우에는 원칙적으로 추가 수당을 지급하여야 하지만, 하위법에의 위임에 따라 허용되는 경우에는 추가 수당 대신 보상 휴가를 줄 수 있도록 하고 있었다. 해리스 카운티(Harris County)는, 소속 공무원들의 초과 근무에 대한 보상으로 부여된 휴가가 누적되자, 의무적으로 휴가를 사용하는 것이 가능한지를 미국 노동부(United States Department of Labor)의 소관 부서(Wage and Hour Division)에 질의하

---

[42] *Christensen v. Harris County*, 529 U.S. 576 (2000).

였는데, 위 부서는 해리스 카운티의 정책이 근로기준법에 정해진 규정을 위반한 것이라는 취지의 자문 의견서(opinion letter)를 보냈다. 위 의견서가 발송되자, 해리스 카운티의 근로자들이 자신들이 근로기준법에 의한 권리를 침해당하였다고 주장하면서 위 카운티를 상대로 소를 제기하였다.[43]

1심인 연방지방법원은, 원고들의 청구를 받아들이면서 위 카운티의 정책이 위 법률에 위배되는 것이라고 선언하였다. 그러나 연방항소법원(5th Circuit)은 1심 법원의 판단이 잘못되었다고 보아 이를 파기하였다. 이에 원고들은 연방대법원에 상고를 제기하였다.

연방대법원의 다수의견(5인의 대법관)은, 이 사건에서와 같은 자문 의견서(opinion letter)는 단순히 의견을 밝힌 것에 불과하고, 정식 절차를 거친 재결이나 입법절차를 거친 행정입법 등의 형태가 아니어서 쉐브론 기준이 적용되지 않는다고 보았다. 그뿐 아니라 정책설명서(policy statements), 업무매뉴얼(agency manual), 집행 가이드라인(enforcement guidelines) 등도 법적 구속력이 없는 것이어서 쉐브론 기준과 같은 행정판단 존중원리가 적용되지 않는다고 판시하였다.[44] 즉, 다수견해는 쉐브론 기준은 정식 재결(formal adjudication)이나 입법예고와 의견제출(notice and comment)과 같은 정식 절차를 거친 행정행위에 대하여 적용된다고 하였다. 그러면서 오히려 이 사건에서처럼 자문의견서와 같은 형식으로 이루어진 법해석은 쉐브론이 아닌 스키드모어 판결에 따른 약한 존중 정도만이 부여되는 것이 합당하다고 판시하였다.[45][46]

---

43) 529 U.S. 576, 578-580 (2000).
44) 529 U.S. 576, 587 (2000).
45) 529 U.S. 576, 587 (2000).
46) 이 사건에서 Scalia 대법관은, 쉐브론 기준이 적용되어야 한다는 별개의견을 제시하였다. Scalia 대법관은 이 사건에 쉐브론 기준이 적용되지 않는다면 스키드모어 기준도 적용될 이유가 없다면서, 비록 자문의견서에 지나지

결국 이 사건을 통하여 모든 유형과 형식의 행정행위에 쉐브론 기준이 적용되는 것은 아니라는 점이 확인되었으나, 그렇다고 하여 법원이 어떠한 경우에 쉐브론 기준이 적용되는지를 명확히 제시해 준 것은 아니었다. 다만 정식 재결 절차를 통하여 이루어진 행정청의 법률해석이 아니거나 입법예고와 의견제출(notice and comment)과 같은 과정을 거치지 않은 경우에는 쉐브론 기준이 아닌 스키드모어 기준이 적용된다는 것을 확인할 수 있었다는 점은 의미가 있다.

다. 미드 판결(2001)

2000년의 크리스튼슨 판결을 통하여 쉐브론 기준이 정식 절차를 거친 행정행위에 적용될 수 있다는 점과 자문의견서 등에 대하여는 적용되지 않는다는 점이 분명해졌다. 그런데 정식 절차를 거친 행정행위와 약식 행정행위 사이의 중간적 영역의 행정행위에 관하여는 여전히 불분명한 부분이 많이 남아 있었다. 그러한 부분에 관하여 보다 상세하게 유형을 나누어 어떠한 경우에 쉐브론 판결이 적용되는지 여부를 다룬 판결이 등장하였는데 바로 2001년의 미드(Mead) 판결[47]이다.

이 사건은 날짜, 계획, 전화번호, 주소 등을 기록할 수 있는 세 개의 바인더 형식의 일정계획표(day planners) 등을 수입 판매하는 미드(Mead)라는 회사에 대해 관세청이 부과한 관세율의 적정성이 다투어진 사건이었다. 관세청은 수입품 관세율표(Harmonized Tariff Schedule of the United States, HTSUS)를 정해두고 있었는데, 위 관세율표는 '등록부, 회계장부, 노트, 주문장부, 영수증, 편지지철, 메모지철, 일일장부 기타 유사한 물품'(registers, account books, notebooks,

---

않더라도 쉐브론 기준이 적용되는 것이 합당하다고 주장하였다.
[47] *United States v. Mead Corp.*, 533 U.S. 218 (2001).

order books, receipt books, letter pads, memorandum pads, diaries and similar articles)을 하나의 항목으로 분류하면서 그 항목을 다시 두 개로 소항목으로 나누어 '일일장부, 노트와 주소 장부, 묶여지는 메모지철 및 편지지철 그리고 이와 유사한 항목'(diaries, notebooks and address book, bound; memorandum pads, letter pads and similar articles)에는 4%의 관세율을 적용하고, 그 밖의 항목을 '기타'(others) 항목으로 하여 면세(0%) 품목으로 규정하고 있었다.

결국 이 사건은 미드 회사가 수입하는 일정계획표가 '일일장부, 노트와 주소 장부, 묶여지는 메모지철 및 편지지철 그리고 이와 유사한 항목'에 포함되는지 아닌지가 쟁점이었다. 관세청은, 미드 회사가 수입하는 일정계획표에 대하여 관세 면제 물품으로 분류하지 않고 '일일장부, 노트와 주소 장부, 묶여지는 메모지철 및 편지지철 그리고 이와 유사한 항목'에 해당한다고 보아 4%의 관세를 부과하는 처분을 하였다.[48] 미드 회사는 이에 불복하여 소를 제기하였다.

이 사건에서 법원은, 행정기관의 모든 판단에 대해 쉐브론 존중이 이루어지는 것은 아니라는 점을 재차 확인하였다. 즉 법원은 "의회가 행정기관에 법적효력을 가지는 규칙들을 제정할 권한을 위임하였다는 점을 확인할 수 있는 경우에는 쉐브론 기준에 따른 존중을 받을 자격이 있다. 그러한 의회로부터의 권한위임은 다양한 방법으로 나타날 수 있는데, 이에는 행정기관이 재결, 입법예고와 의견진술과 같은 규칙제정절차를 사용하는 경우뿐 아니라 이에 상응하다고 볼 수 있는 의회의 의도에 관한 징표도 포함된다."[49]고 판시하였다.

미드 판결은 결국 쉐브론 기준에 따라 행정판단에 대한 존중이 주어지기 위해서는, 관련 법규의 해석으로부터 의회가 행정기관에 법규를 제정할 수 있는 권한을 명시적 혹은 묵시적으로 부여한 것으로

---

48) 533 U.S. 218, 224 (2001).
49) 533 U.S. 218, 226-227 (2001).

인정되는 경우여야 한다는 것으로 해석된다.[50] 다시 말하면, 행정기관이 의회로부터 위임받은 범위 내에서의 권한을 행사하여 법규를 해석하거나 이를 구체화하는 경우에, 법원은 합리적인 범위 내의 것이라면 행정기관이 한 법률해석과 그 적용을 존중하여야 하지만, 행정기관의 법률해석이나 그 적용이 의회로부터 위임받은 범위 내의 권한 행사가 아니라고 판단되는 경우에는 더 이상 그러한 존중을 받지 않게 된다는 것이다.[51]

미드 판결은, 법원이 행정청의 법률해석에 대해 어느 정도의 존중 (deference)을 부여해야 하는지를 판단함에 있어서 가장 중요한 요소는 바로 '입법부의 의사'라는 점을 다시 한번 확인하고, 그 구체적인 적용방식을 밝힌 것에 중요한 의미가 있다. 다만, 의회가 행정기관에 그 권한을 부여하는 것은 반드시 명시적으로 이루어질 필요가 있는 것은 아니므로,[52] 묵시적인 위임 여부 판단 문제 등 여전히 명확하게 해결되지 않은 부분이 남아 있기는 하다.

이처럼 미드 판결은 앞서 본 크리스튼슨 판결에 이어, 법원의 사법심사에 있어 쉐브론 판결이 적용되는지 여부에 대한 판단 기준을 제시해 주었다는 점에서 의미가 있다. 앞서 본 바와 같이 쉐브론 판결은 행정판단의 존중 여부 및 그 방식과 관련하여 두 단계의 심사 방식을 제시한 바 있었고 이를 '쉐브론 1단계'(Chevron Step One), '쉐브론 2단계'(Chevron Step Two)라고 지칭하는데,[53] 미드 판결은 쉐브론 기준을 적용할 수 있는지 여부에 대한 관문으로 작용하게 되므로

---

[50] 허성욱, "행정재량에 대한 사법심사기준에 관한 소고", 공법연구 제41집 제3호, 2013, 533면 이하 참조.

[51] Daniel J. Gifford, *The Emerging Outlines of a Revised Chevron Doctrine: Congressional Intent, Judicial Judgment, and Administrative Autonomy*, 59 Admin. L. Rev. 783 (2007), 802-806 참조.

[52] 533 U.S. 218, 227 (2001).

[53] 그 구체적인 내용은 제5절에서 다루기로 한다.

이 판결의 쟁점을 '쉐브론 0단계'(Chevron Step Zero)라고 표현하기도 한다. 이를 포함하여 쉐브론 판결의 구체적인 적용범위에 관하여는 제5절에서 상세히 다룬다.

라. 브랜드 엑스 판결(2005)

행정판단 존중원리에 관하여 마지막으로 소개할 판결은 2005년의 브랜드 엑스(Brand X) 판결[54]이다. 이 판결은 연방통신위원회(FCC)의 처분에 대한 사법심사를 다룬 판결로서, 행정판단에 대한 사법심사에 관해 지금까지 연방대법원에 의하여 선언된 각종 원칙들을 다시 한번 확인하고, 이를 종합적으로 적용한 판결이라는 점에서 의미가 있다.[55]

이 사건은 연방통신위원회에 의해 제정된 법령의 해석규칙이 적법한지 여부가 다투어진 사건으로서, 쟁점은 케이블 회사(cable companies)가 통신법(Communications Act)에서 정의하고 있는 '통신서비스'(telecommunication service)를 제공하는 회사에 해당하는지에 관한 것이었다. 이 쟁점이 대두된 것은 미국의 통신 관련 규제체제가, 비교적 강한 규제가 적용되는 '통신서비스'(telecommunication service)와 그에 비하여 규제가 적은 '정보서비스'(information service)로 나뉘어 규율되고 있었기 때문이다.[56]

연방통신위원회는 케이블 회사가 제공하는 광대역 인터넷 서비스(broadband Internet service)의 취급과 규제가 문제되자, 이에 대한 공

---

[54] *National Cable & Telecommunications Ass'n. v. Brand X Internet Services*, 545 U.S. 967 (2005).

[55] 또한 이 판결은 본 연구의 주제인 독립규제위원회[연방통신위원회(FCC)]의 판단에 대하여 사법심사가 이루어진 사건이라는 점에서도 중요한 의미를 지닌다.

[56] 545 U.S. 967, 970 (2005).

식절차를 거쳐 "광역인터넷 서비스를 판매하는 케이블 회사는 통신
법에서 정의하고 있는 '통신서비스'를 제공하는 것이 아니므로 ... 통
신사업자에 대한 의무 부과 규정의 적용으로부터 면제된다"[57]는 규
정을 제정하였다. 이에 대하여 브랜드 엑스(Brand X) 등 인터넷 회사
들은 연방통신위원회의 결정이 잘못되었다면서 이에 불복하는 소를
제기하였다.

연방항소법원(9th Circuit)은, 종래 유사한 사건에서 법원이 케이블
회사가 제공하는 인터넷 서비스를 통신서비스로 보는 판결을 한 바
있었다는 점[58]을 주된 이유로 하여 연방통신위원회의 결정이 기존
의 판결과 다른 것이어서 위법하다고 판단하였다. 이에 대하여 상고
가 제기되었다.

연방대법원은 연방항소법원의 판결을 파기하고 이 사건에도 쉐브
론 기준이 적용될 수 있다고 보면서, 연방통신위원회의 해석이 정당
한 범위 내에 있다고 보고 나아가 행정절차법상의 자의금지 기준에
의하여도 독단적이거나 자의적이지 않다고 보았다.

이 판결은 단계적으로 쉐브론 0단계(Step 0), 1단계(Step 1), 2단계
(Step 2)를 순차로 검토하였다는 점에서 쉐브론 기준의 종합적 적용
이라는 평가를 받는다. 즉, 이 사건에서 연방대법원은 먼저 연방통신
위원회의 행정행위에 대해서 쉐브론 기준이 적용될 수 있는지 여부
를 우선 검토하면서(이른바 쉐브론 0단계), 이 사건은 쉐브론 기준이
적용되는 사건이라고 판단하였다. 그 후 쉐브론 1단계로서, 문제가
되는 통신법상의 규정 내용에 모호함이 존재하는지 여부를 판단한

---

57) "cable companies that sell broadband Internet service do not provide
'telecommunications servic[e]' as the Communications Act defines that term,
and hence are exempt from mandatory common carrier regulation under Title
Ⅱ."

58) *AT & T Corp. v. Portland*, 216 F.3d 871 (9th Cir. 2000).

다음, 법문의 해석을 둘러싸고 서로 다른 해석의 여지가 있으므로 이는 해석의 대상인 법 문언에 모호함(ambiguity)이 존재하는 사안에 해당한다고 판단하였다.59)60) 쉐브론 1단계에 대한 다수의견의 결론에 따라 연방대법원은 쉐브론 2단계를 판단하였는바, 연방대법원은 연방통신위원회의 법률문언 해석은 "합리적인 범위 내에서의 정책선택에 해당한다"면서 그 해석이 합리적(reasonable)이고 허용될 수 있는(permissible) 것이라는 결론을 내렸다.61)

이 판결은, 심지어 그 해석이 법원의 기존 해석과 다르더라도 행정기관이 한 해석에 합리성을 인정할 수만 있다면 그 역시 존중받을 수 있다고 판단하여 매우 그 존중의 범위를 넓게 보았다는 점에서 의미가 있다.

마. 소결

1984년에 선고된 기념비적인 쉐브론 판결 이후, 쉐브론 기준의 적용 범위에 관하여 치열한 논쟁이 벌어져 왔고, 정식 절차를 거친 행정작용에 쉐브론 기준이 적용된다는 2000년의 크리스튼슨(Christensen) 판결과 쉐브론 0단계(Chevron Step Zero)의 이론을 사실상 확립시킨 2001년의 미드(Mead) 판결, 쉐브론 기준을 종합적으로 적용한 2005년의 브랜드 엑스(Brand X) 판결 등을 통하여 쉐브론 기준의 적용 범위가 점차 명확히 정리되어 왔다. 쉐브론 기준의 적용 여부가 중요한 쟁점이 된 이유는, 쉐브론 기준을 적용하는 것은 해당 사건의 승패 확률과도 직결되었기 때문이다. 쉐브론 기준의 구체적인 적용범위에 관하여는 제5절에서 상세히 논하기로 한다.

---

59) 545 U.S. 967, 986 (2005).
60) Scalia 대법관은 이에 대하여 소수의견을 개진하였다.
61) 545 U.S. 967, 986 (2005).

5. 분석

행정판단에 관한 미국 연방법원의 심사기준과 강도에 관하여 지금까지 검토한 여러 판결의 흐름을 다음과 같이 정리하고 분석할 수 있다.

첫째, 1984년 쉐브론 판결 이전에는 미국 연방법원의 행정기관 판단에 관한 심사기준이나 강도가 일률적이지 아니하였다. 1944년의 스키드모어 판결처럼 행정판단을 다소나마 존중하여야 할 필요성을 밝힌 판결도 있는가 하면, 오버튼 공원 판결이나 스테이트 팜 사건처럼 행정판단을 엄격하게 심사하여야 한다고 본 판결도 있어서 법원이 행정판단에 대한 사법심사 단계에서 어떠한 기준을 취할지에 대한 예측이 쉽지 않았다.[62]

둘째, 행정판단에 대한 사법심사 기준 내지 강도에 관하여 연방법원의 명확한 태도가 없었던 상황에서, 1984년에 나온 쉐브론 판결을 통하여 행정판단 존중적 심사기준(deferential review)이 확립되기 시작하였다. 쉐브론 판결은 행정판단에 대한 사법부의 일반적인 심사기준을 명확히 제시하였고, 그 판단을 존중하여야 할 필요성과 이유에 관하여 자세히 설시하였으며, 이론적으로는 물론 실제적으로도 그 이후의 연방법원의 판결에 많은 영향을 미쳤다는 점에서 큰 의미가 있다.

셋째, 1984년의 쉐브론 판결 이후에는 대체로 행정판단 존중주의가 자리를 잡았으나, 다만 쉐브론 기준을 어느 범위에서 적용할 것인지, 그 적용의 방법은 어떠해야 하는지를 중심으로 지속적인 논의가 전개되어 왔다. 그 과정에서 2000년의 크리스튼슨(Christensen) 판

---

62) 앞서 본 바와 같이 그 심사기준과 강도의 엄격성은 해당 판결이 연방행정절차법 제706조상의 자의금지 기준을 적용하였는지 여부와 반드시 일치하는 것은 아니었다.

결이나 2001년 미드(Mead) 판결, 2005년 브랜드 엑스(Brand X) 판결 등이 있었다. 이러한 판결들은 쉐브론 기준이 어느 경우에 적용될 수 있는지에 관하여 보다 그 범위를 좁히고 명확히 하였다.

넷째, 쉐브론 판결이 행정판단에 관한 사법심사에 있어 매우 중요한 역할을 한 것은 부인할 수 없다. 다만, 위 판결 전후로 법원의 태도가 완전히 달라진 것은 아니다. 즉, 쉐브론 판결 이전에도 법원은 사안에 따라 행정기관의 판단을 존중하는 판결을 한 적이 있었고, 쉐브론 판결 이후에도 종종 엄격한 기준으로 행정기관의 판단을 심사하는 것을 발견할 수 있는데, 이는 구체적으로 적용되는 법령의 내용, 사안의 특수성 등에 따라 영향을 받는다고 볼 수 있다.

제4절 행정판단 존중원리의 이론적 근거와 평가

1. 개관

쉐브론 판결은 그 이후 미국 법원의 판결에서 수천 회 이상 인용이 될 정도로 중요한 판결로 자리 잡았다. 미국이 판례를 통하여 법리가 형성되는 보통법(common law) 국가라는 점에서 쉐브론 판결이 그 자체로 법리나 법원칙으로 지칭되는 경우도 있지만, 쉐브론 판결과 유사하게 행정판단을 가급적 존중하여야 한다는 취지의 판시는 스키드모어 판결부터 쉐브론 판결 이후의 미드, 브랜드 엑스 판결에 이르기까지 계속하여 축적되어 온 것으로 볼 수 있다. 경우에 따라 쉐브론 기준이라고 표현하면서도 그와 구별하여 미국의 '행정판단 존중원리'라고 표현하고 있는 것도, 쉐브론 판결과 유사한 취지의 판결이 다수 축적되었어 있고, 쉐브론 판결뿐 아니라 다수의 판결이 모여 법리를 형성한 것이기 때문이다.

앞에서 미국에서의 행정판단 존중원리가 어떠한 경과로 형성되었는지를 살펴보았는데, 이하에서는 행정판단 존중원리의 이론적 근거에 관하여 살펴본다. 즉, 미국에서는 어떠한 근거로 행정판단을 사법부가 가급적 존중하여야 한다는 태도를 취하게 된 것이며 그에 관한 이론적 근거는 무엇인지를 심층적으로 살펴본다. 그 후에 행정판단 존중원리에 대한 평가를 살펴보기로 한다.

2. 이론적 근거

가. 입법자의 의사

미국에서 행정판단 존중원리를 정당화하는 가장 중요한 논거는 입법자의 의사이다. 즉, 행정부든 사법부든 일차적으로 입법자의 의사를 존중할 필요가 있는데, 행정판단 존중원리가 적용되는 사건에서는 입법자의 의사가 행정부에 그러한 권한을 주어야 한다는 것으로 해석될 수 있다는 것이다. 실제로 행정판단 존중원리가 적용된 각종 판결에서, 입법부의 의사를 가장 중요하게 취급하면서 논의의 첫 번째 단계로 법령 그 자체의 해석과 입법 과정에서의 논의를 조사하고, 판결 이유에서 이를 인용하는 경우를 흔히 찾아볼 수 있는 것도 그러한 점 때문이다.

그런데 실제로 판결에서 자주 문제가 되는 것은, 입법자의 의사가 명확한 경우에 관한 것이 아닌 모호한 경우에 관한 것이다. 입법자의 의사나 입법에 대한 해석이 명확하면 사법부의 판단까지 받을 필요 없이 그 해석에 따르면 된다. 입법자의 의사가 명확하지 않은 경우에, 소위 말하는 '묵시적 위임이론'이 등장한다. 의회가 법령의 집행을 행정기관에 위임할 때, 그 법령에 대한 해석도 함께 위임한 것으로 보아야 한다는 이론이 바로 그것이다. 쉐브론 판결 이전에도 연방대법원은, 불확실한 법령의 규정을 해석하는 임무는 통상 의회가 그 법률을 집행하기 위해 창설한 행정기관에 위임된다고 판시한 바 있는데,[1] 이러한 묵시적 위임이론이 행정판단 존중원리의 중요한

---

1) 예컨대, 1974년에 연방대법원은 Morton v. Ruiz 사건[415 U.S. 199 (1974)]에서, 의회에 의해 명시적 혹은 묵시적으로 남겨진 틈(gap)을 메우기 위해 행정기관에 대하여 정책을 형성하고 규칙(rule)을 제정하는 것이 요구된다고 판시한 바 있다.

이론적 근거가 된다.

이에 더하여 쉐브론 판결에서도, 의회의 위임에서 논의를 시작하여 명시적인 위임과 묵시적인 위임을 구별하고, 사법적 존중의 근거로 이 두 가지 유형의 위임을 모두 인정함으로써 의회의 위임이론에 대해 보다 깊이 있는 이론을 제공한 것으로 평가된다.[2] 다만, 입법자의 의사가 중요한 요소가 될 수는 있겠으나 묵시적으로 위임하였는지를 인정하는 기준에 대하여는 여전히 많은 논란이 있고, 법규정의 공백이나 불확실성을 묵시적 위임으로 해석하려는 시도에 대하여도 여러 비판적인 시각이 존재한다.[3]

나. 행정기관의 전문성

미국에서 행정판단 존중원리의 실제적 근거 중 하나로 행정기관의 전문성이 거론된다. 일반법이 아니라 특정한 분야에 관한 법령이 있다면, 이를 더 잘 이해하고 집행할 수 있는 주체는 사법부가 아니라 그 산업의 특성을 처음부터 파악하고 해당 산업에 관한 업무만을 집중적으로 담당하는 행정부라고 보는 것이다. 통상 행정부는 특정 분야에 대하여 더 많은 시간을 투여하고 업무를 수행함으로써 더 축적되고 집약된 경험을 보유하게 되기 때문이다.

앞에서 소개한 스키드모어 판결에서 본 바와 같이, 미국 연방대법원도 행정기관의 전문성에는 특별한 분야의 과학적·기술적 지식은 물론 법률의 집행과정에서 축적된 행정영역에서의 전문성도 포함되는 것으로 보았다. 그와 마찬가지로 한 분야를 오랜 기간 다루고 특정 법령을 반복하여 해석하고 적용하여 왔다는 것 자체에도 전문성

---

[2] Evan J. Criddle, Chevron's consensus, 88 B.U. L. Rev. 1271 (2008), 1272 참조.
[3] Evan J. Criddle, *Chevron's consensus*, 88 B.U. L. Rev. 1271 (2008), 1285; *CSX Transp. v. United States*, 867 F.2d 1439, 1445 (D.C. Cir. 1989).

을 인정할 수 있는 것이다.

또한 행정기관에 전문성이 있다고 할 때, 해당 분야에 관하여 더 깊은 이해와 배경지식을 가지고 있다는 것까지도 고려될 수 있다. 대표적으로 미국 Breyer 대법관은, 대법관이 되기 전에 쓴 논문에서, 행정기관의 전문성에 대하여 "행정기관은 규제적 법령의 입안에 관여했을 수도 있고, 행정기관의 구성원이 관련 입법자들과 밀접한 관계를 유지하고 있을 수도 있다. 이 때문에 행정기관은, 현재의 의회의 입장을 잘 알 수 있고, 반대로 그 제도화의 역사를 통해 사전적 이해를 가지고 있을 수 있는 것이다"[4]라고 말하였는데, 행정기관의 전문성이 뜻하는 여러 의미를 잘 보여 주는 말이라고 할 수 있다.[5]

물론 이에 대한 비판도 존재한다. 대표적으로 미국의 Scalia 대법관은, 행정의 전문성은 법원의 사법심사 권한이 자제되어야 할 이론적 근거가 될 수 없다고 본다. Scalia 대법관은, 설령 행정기관이 특정 영역에 관하여는 사법부에 비하여 상대적으로 더 나은 전문성을 가지고 있다고 하더라도, 이는 '사실상의' 고려사항이 될 수 있을지 언정 사법심사를 배제하거나 후퇴시킬 이론적인 이유가 될 수 없다고 주장하였다.[6] 한편, 전문성이라는 것이 측정하거나 가늠하기 어

---

[4] Stephen Breyer, *Judicial Review of Questions of Law and Policy*, 38 Admin. L. Rev. 363 (1986), 368 참조.

[5] 한편, 전문성과 유사하기는 하지만 다소 다른 관점에서, 행정기관이 의회나 법원에 비하여 복잡한 문제를 더 잘 해결할 수 있다는 장점이 있음을 들기도 한다. 즉, 법원은 소송절차의 특성상 대립관계에 있는 쌍방 당사자의 주장과 이들이 제출한 증거를 기초로 판단을 하지만, 행정기관은 다원적으로 얽혀 있는 문제에 대하여 다수의 이해관계인으로부터 의견과 자료를 제출받아 이를 해결할 수 있다는 점에서 더 이점이 있을 수 있다는 측면의 주장이 그것이다(손태호, 「행정소송상 법해석의 행정존중에 관하여: 영미법상의 논의를 중심으로」, 서울대학교 석사학위 논문, 2015, 29면 참조).

[6] Antonin Scalia, *Judicial Deference to Administrative Interpretation of Law*, 1989 Duke L.J. 511 (1989), 513-516 참조.

려운 것이고, 관행이나 경험이 전문성과 반드시 이어지는 것은 아니라는 점을 이유로 하여 전문성이 존중적 심사의 이유가 된다는 것이 충분하지 않다고 보는 시각도 있다.

다. 민주적 정당성

행정기관의 판단을 보다 존중해 줄 수 있는 또 다른 중요한 논거로 민주적 정당성을 들기도 한다. 즉, 대통령은 국민에 의하여 선출되고, 그 대통령에 의하여 구성되는 행정부는 선출되지 않은 사법부보다 민주적 정당성 측면에서 더 공고한 지위에 있으며, 그 점에서 행정부의 구성원이 한 결정은 가급적 존중받는 것이 마땅하다는 것이다.

이 이론에 의할 때에는 대통령으로부터 민주적 정당성의 사슬이 보다 뚜렷하고 명확한 행정기관일수록 그 판단이 존중되어야 한다고 본다. 이는 사법소극주의의 관점과도 맥락이 닿아 있다. 뒤에서 살펴 볼 2009년의 폭스 TV(Fox TV) 판결[7])에서 미국 연방대법원이 연방통신위원회(FCC)의 판단에 대한 사법기관의 존중의 정도를 판단하면서, 위원회가 지닌 민주적 정당성의 정도를 다른 계서제·독임제 행정기관이 지닌 민주적 정당성과 비교하는 논증구조를 취한 것은 바로 민주적 정당성이 행정판단 존중원리에 중요한 영향을 미치기 때문이다.

그러나 이에 대하는 다음과 같은 다른 시각도 있을 수 있다. 행정부가 전체적으로 보아 민주적 정당성이 있다고 할지라도, 의원 전체가 선거에 의하여 선출되는 입법부의 민주적 정당성보다는 그 정도가 낮은 데다가, 구체적인 행정행위와 법령해석을 담당하는 행정기

---

[7]) *Federal Communications Commission v. Fox Television Stations, Inc.*, 556 U.S. 502 (2009).

관의 구성원은 실제로 선거의 결과에 따라 교체되지 않는 경우가 대부분이라는 점에서 민주적 정당성이라는 요소는 상징적이고 형식적인 것에 지나지 않을 수 있다는 것이 그것이다. 다만 이러한 시각에 의하더라도, 사법부와의 관계에 있어서는, 행정부에 민주적 정당성의 비교우위를 인정하지 않는 것은 아니다.

라. 그 밖의 이론적 근거

1) 폭넓은 참여

시민과 이해관계인의 폭넓은 참여를 행정판단 존중원리의 근거로 들 수도 있다. 즉, 법원의 판단 과정에는 일반 시민이나 이해관계인들이 자유롭게 참여하고 그 의사를 밝히는 것이 사실상 제한되어 있는 반면, 행정부의 정책결정 과정 내지 법령해석 과정에서는 여러 단계에서 시민들이 참여할 수 있으므로, 그 과정을 통하여 한 행정부의 판단은 두텁게 존중될 필요가 있다는 것이다.[8]

이에 따르면, 실제로 시민 및 이해관계인들의 참여가 정식 절차를 거쳐 폭넓게 이루어진 경우에는 행정존중의 근거가 두터워질 수 있지만, 그 참여가 실질적으로 이루어지지 않거나 참여의 기회가 형해화되어 있는 경우에는 행정존중의 근거가 약화될 수 있다.

2) 통일적인 규율 필요성

미국에서 행정판단에 대한 존중이 필요하다는 견해를 뒷받침하는 중요한 실제적인 이유로, 전국적으로 통일적인 규제 정책이 필요하다는 점을 꼽는 학자도 있다.[9] 미국은 연방과 주의 이원체계이고, 연

---

8) 손태호, 「행정소송상 법해석의 행정존중에 관하여: 영미법상의 논의를 중심으로」, 서울대학교 석사학위 논문, 2015, 32-33면 참조.

9) Aaron-Andrew P. Bruhl, *Hierarchically Variable Deference to Agency*

방법은 주의 경계를 넘어서서 전국 통일적인 규율이 필요한 사항에 관하여 제정되고 시행된다. 이러한 연방법에 대한 행정부의 해석과 집행은 연방기관을 중심으로 하여 나름대로 통일적으로 이루어질 수 있는데, 이러한 연방기관의 법해석과 판단에 대한 불복은 전국 각지에 설치되어 있는 연방 하급심 법원에서 시작될 수 있다. 그런데 연방 하급심 법원이 각기 기준을 달리하여 판단을 할 경우 그 법해석이나 판단은 연방대법원에 의한 최종적인 판단이 나오기 전까지는 통일되지 않을 가능성이 크므로, 연방법으로 이를 제정하여 전국 통일적 규율을 도모하려는 그 목적을 달성하기 어렵게 된다.

그러나 이 이유는 사법부가 행정부의 판단을 존중을 하게 되는 궁극적인 이유라고 할 수는 없고 연방대법원에 적용될 수 있는 것도 아니다. 즉, 전국 통일적인 법 해석과 집행의 필요는 하급심 법원들 사이에 해당될 수 있는 문제일 뿐이고, 연방대법원의 법해석은 결국 미국 전역에 미치는 것이기 때문이다. 그러한 점에서 이 부분 이유는 행정판단 존중원리의 실제적 이유로 설명될 수는 있겠으나 본질적 이유라고까지 할 수는 없다.

3) 사회 변화에 따른 유연한 대처 가능성

행정판단을 존중하는 또 하나의 이유는, 사회 변화에 따른 법해석이나 적용에 있어 행정기관이 다소 유리한 측면이 있다는 점이 거론된다. 즉, 의회에 의한 입법은 시대의 변화에 따라 신속하게 개정되거나 조응하기 어려우므로, 사회의 변화에 발맞춘 법의 해석은 의회가 아닌 행정부와 사법부의 몫이라고 본다. 그런데 사법부는 사건화가 되기 전에는 해당 법령을 해석하거나 적용할 기회가 없고, 상급심의 판단에 구속되는 측면이 있기 때문에 사회의 변화에 맞는 적절

Interpretations, 89 Notre Dame L. Rev. 727 (2014), 749 참조.

한 법해석의 유연성을 기하기 어렵다. 물론 행정부도 선례나 사법부의 판결에 영향을 받기는 하지만 하급심 법원이 구속되는 것에 비할 정도는 아니라는 점에서 행정기관이 사회 변화에 따른 유연적 대처 가능성의 측면에서 가장 우위에 있다는 점을 이론적 근거로 든다.[10]

3. 평가

쉐브론 판결은, 그동안 명확하게 구분하기 어려웠던 법원과 행정 기관 간의 법해석에 관한 업무분담을 위한 명확한 기준을 제공하였 다는 점에서 유용성을 인정받을 수 있다. 즉, 쉐브론 기준에 관하여, 심사법원의 해석권한을 제한함으로써 전통적인 스키드모어 존중주 의보다 사법부의 역할을 좁히고 원칙을 단순화·명확화하였다는 것 을 장점으로 평가하는 견해가 있다. 다시 말해, 스키드모어 존중주의 하에서는, 법률이 특정한 문제에 관해 규정하지 않거나 불확실하게 규정하는 경우에도 당해 행정기관의 수권법에 대해 법원이 독립적 인 해석에 도달하는 데 큰 제약이 없었으나, 쉐브론 기준에 의할 때 에는 사법부의 심사권한과 그 기준이 비교적 제한되고 행정기관의 해석이 합리적인 이상 이를 존중하여야 하므로 반사적으로 행정기 관의 입장에서도 광범위한 권한을 부여받은 것으로 평가될 수 있 다.[11] 이에 대하여, 국가의 행정작용의 주된 의사결정과정에 법률가 들보다는 각 분야의 전문가들이 보다 적극적인 역할을 하는 계기가 되었다는 점에서 긍정적으로 평가하는 견해가 있다.[12] 나아가 행정

---

[10] Aaron-Andrew P. Bruhl, *Hierarchically Variable Deference to Agency Interpretations*, 89 Notre Dame L. Rev. 727 (2017), 750 참조.

[11] Cass R. Sunstein, *Beyond Marbury: The Executive's Power to Say What the Law is*, 115 Yale L.J. 2580 (2006), 2596-2597 참조.

소송의 소송관계인 입장에서도 법원이 취할 기준에 관한 예측가능
성이 높아졌다는 점 역시 장점으로 평가되기도 한다.

다만 이에 대한 비판도 있다. 우선 행정기관의 법적용과 법률해석
까지 그 존중의 대상으로 삼는 미국 연방대법원의 태도는 권력분립
의 원리상 사법부가 담당해야 할 법 문제조차 행정기관에 권한을 부
여한 것으로 볼 수 있어 적절하지 않다는 점이 지적된다. 또한 모든
행정기관이 높은 전문성을 가지고 있는 것이 아니고 특히 법률해석
에 있어서는 사법부에 비하여 전문성을 가지고 있다고 볼 수 없음에
도, 전문성 등을 이유로 행정판단을 쉽사리 존중하는 것에 대하여는
신중할 필요가 있다는 주장도 있다.13)

---

12) 허성욱, "행정재량에 대한 사법심사기준에 관한 소고", 공법연구 제41집 제
3호, 2013, 237면 참조.
13) 박균성, "미국 행정입법제도의 시사점: 사법적 통제를 중심으로", 행정법연
구 제46호, 2016, 87-88면 참조.

제5절 행정판단 존중원리의 적용범위 및 실제적 적용

1. 행정판단 존중원리의 적용범위

가. 연방행정절차법 제706조 기준과 쉐브론 기준 사이의 관계

위에서 본 쉐브론 기준은 미국 연방행정절차법에서 규정하고 있는 심사기준과 어떠한 관계가 있을까? 미국 연방행정절차법은 제706조에서 사법심사범위(scope of review)에 관한 규정을 두고 있는데, 사실인정과 관련하여서는 제706(2)(E)조의 실질적 증거 기준(substantial evidence standard)과 제706(2)(F)조의 재심사(de novo) 기준과 더불어 제706(2)(A)조에서 '자의적이거나 전단적이거나 재량남용인 경우' (arbitrary, capricious, an abuse of discretion)를 기준으로 제시하고 있음은 앞서 제2절에서 본 바와 같다. 그런데 연방행정절차법 제706조는 그 적용범위에 관하여는 뚜렷한 규정을 두고 있지 않는 데다가 실제로 연방행정절차법 제706조와 쉐브론 기준이 동시에 적용된 판결도 찾아볼 수 있어 양 기준의 관계가 문제되고 있는 것이다.

우선 비교적 명확한 부분은 다음과 같다. ① 법률해석에 관하여는 쉐브론 기준의 적용 여부에 따라 전면적 사법심사와 제한적 사법심사가 구분된다. ② 사실인정 문제에 있어서는 연방행정절차법 제706(2)조가 적용된다고 본다. 그중에서도 ㉠ 제706(2)(F)조의 전면적 재심사 기준(de novo)이 적용되는 경우를 우선 확인하여 이에 해당하면 그 기준을 적용하고, ㉡ 전면적 재심사 기준에 해당하지 않는 경우에는 제706(2)(E)조의 실질적 증거 기준이 적용되나 행정행위의 유형상 적용 범위(정식 절차 등[1])에 포함되지 아니하는 경우가 있을 수 있으며, ⓒ 그 경우에는 제706(2)(A)조의 자의금지 기준이 보충적으로 적용된다는 것이 대체적인 견해이다.[2]

문제는 사실과 법해석이 혼재되어 있는 법 적용 영역이다. 아주 간단한 사실관계 확정 문제라고 일견 보이는 것도, 실제로는 해석이나 판단이 필요한 것이 많다. 미국에서도 사실과 법 문제의 구별이 사실상 매우 어렵고 따라서 그 구별은 본질적 기준이 될 수 없다고 보기도 한다.[3] 미국의 논의를 살펴보더라도 어떠한 기준이 적용되는지 명확하지 아니하다. 유형별로 보면 ① 법 적용 문제에 관하여 쉐브론 기준과 자의금지 기준을 중복 적용한다는 견해도 있고, ② 이를 사실문제로 보아 사실문제에 적용되는 심사기준을 적용한다는 견해도 있으며, ③ 사실과 법률의 혼합문제를 이른바 '정책문제'로 보아 자의금지 기준이 적용되어야 한다고 보는 견해도 있다.[4]

미국의 통설은 구체적인 법 적용에 관한 사례에서 쉐브론 2단계와 자의금지 기준이 유사한 심사기준으로 중복된다고 보고 있으며,[5] 연방법원의 실무도 그러하다. 실제로 연방법원의 심리과정 중에서

---

1) 실질적 증거 기준의 적용 범위에 관하여는 제3장에서 상세히 살핀 바 있다.

2) Kristin E. Hickman·Richard J. Pierce, Jr., Federal Administrative Law: Cases and Materials (2nd ed.), Foundation Press (2014), 386, 413-415, 560; Jerry L. Mashaw et al., Administrative Law: The American Public Law System: Cases and Materials (7th ed.), West Academic Publishing (2014), 1078; 임성훈, 「불확정개념의 해석·적용에 대한 사법심사에 관한 연구: 한국·미국·독일법의 비교를 중심으로」, 서울대학교 박사학위 논문, 2012, 54-55면 참조.

3) Jerry L. Mashaw, Administrative Law: The American Public Law System: Cases and Materials (7th ed.) (2014), West Academic Publishing, 1076-1077.

4) 임성훈, 「불확정개념의 해석·적용에 대한 사법심사에 관한 연구: 한국·미국·독일법의 비교를 중심으로」, 서울대학교 박사학위 논문, 2012, 56면 참조.

5) Ronald M. Levin, The Anatomy of Chevron: Step Two Reconsidered, 72 Chicago-Kent L. Rev. 1253 (1997); 임성훈, 「불확정개념의 해석·적용에 대한 사법심사에 관한 연구: 한국·미국·독일법의 비교를 중심으로」, 서울대학교 박사학위 논문, 2012, 44면 참조.

도 당사자들은 자의금지 기준과 쉐브론 기준을 명확하게 구별하지 않고 사용하는 경향을 보이고 있고 실제적 결론에 있어서도 양자에 따른 차이가 뚜렷하다고 보이지 않는다.

[표 6] 심사대상에 따른 사법심사 기준의 분류[6]

대상	심사 기준
사실관계 판단 문제	○ 1단계 - 전면적 재심사(de novo) 기준[제706(2)(F)조] 적용 여부 확인(적용 대상 아닐 경우 2단계로) ○ 2단계 - 실질적 증거 기준[제706(2)(E)조] 적용여부 확인(적용 대상 아닐 경우 3단계로) ○ 3단계 - 자의금지 기준[제706(2)(A)조] 적용
법률 해석 문제	쉐브론 기준·스키드모어 기준
법 적용 문제 (사실문제와 법적문제의 혼합)	제706(2)조 기준 + 쉐브론 기준·스키드모어 기준
재량 하자 판단	자의금지 기준[제706(2)(A)조]

나. 쉐브론 기준의 적용 범위

다음으로 행정판단 존중원리의 핵심을 이루는 쉐브론 기준의 구체적 적용범위를 보다 상세히 살펴본다. 아래에서 자세히 볼 예정이지만, 쉐브론 판결은 그 판시에서 적용 시 두 단계의 논증을 거쳐야

6) 이 표는 다음의 문헌을 참고로 하여 필자가 정리한 것이다. Kristin E. Hickman·Richard J. Pierce, Jr., Federal Administrative Law: Cases and Materials (2nd ed.), Foundation Press (2014), 560 이하; Jerry L. Mashaw et al., Administrative Law: The American Public Law System: Cases and Materials (7th ed.), West Academic Publishing (2014), 967 이하; Michael Asimow·Ronald M. Levin, State and Federal Administrative Law (4th ed.), West Academic Publishing (2014), 581 이하.

한다고 밝혔고 이를 이론상 쉐브론 1단계(Chevron Step One), 쉐브론 2단계(Chevron Step Two)라고 지칭하는데, 어느 범위에서 적용되어야 하는지의 문제는 이에 선행되어야 하는 문제로서 이를 '쉐브론 0단계'(Chevron Step Zero)로 부르기도 한다.

쉐브론 판결의 적용범위에 관하여 여러 가지 세부적인 쟁점이 있지만, 대표적으로 그 적용범위가 문제되는 지점은 ① 순수한 법령해석의 문제에도 쉐브론 기준이 적용되는지, ② 비입법적 규칙에도 적용되는지, ③ 행정청의 권한범위에 관한 문제에도 적용되는지, ④ 선례를 변경하는 경우에도 적용되는지, ⑤ 행정청 스스로 그 존중을 포기할 수 있는지, ⑥ 심급에 따른 차이가 있는지 등이다.

1) 순수한 법령해석 영역

쉐브론 판결 이전에도, 순수한 법령해석의 영역에서도 행정판단을 존중해야 한다는 판결들이 있었다. 그러나 당시까지는 순수한 법령해석은 전적으로 법원의 권한에 속하는 것으로 보았고, 순수한 법령해석이 아닌 '법률의 사실에의 적용 문제' '법과 사실의 혼합문제'가 있는 경우에 행정판단을 존중해 온 것이 대체적인 경향이라고 평가된다.[7]

쉐브론 판결은 그 판결 내용을 구체적으로 살펴보면 법해석을 기초로 한 '법적용'에 관한 문제에 가깝지만, 쉐브론 판결의 판시만 보면 마치 법해석에 있어서도 행정판단의 존중이 그대로 이루어질 수 있다고 판시한 것으로 이해될 수 있다. 이를 계기로 하여 과연 순수한 법해석에서도 쉐브론 기준이 적용될 수 있는지의 문제가 대두되었다.

---

7) 임성훈, 「불확정개념의 해석·적용에 대한 사법심사에 관한 연구: 한국·미국·독일법의 비교를 중심으로」, 서울대학교 박사학위 논문, 2012, 46면 참조.

이에 관하여 1987년의 카도자-폰세카(Cardoza-Fonseca) 판결[8])에서 연방대법원은 '순수한 법령 해석의 문제'인 경우에는 쉐브론 기준이 적용되지 않는다고 판시하였고, 특히 이 부분의 논점에 대하여 특히 뚜렷한 입장을 보여 온 Stevens 대법관은 쉐브론 기준에 따른 행정판단 존중은 순수한 법령 해석의 문제가 아닌 법을 사실에 적용하는 문제에 한하여 적용하는 것이 적절하다고 판시하였다. 이에 대하여 Scalia 대법관은 보충의견을 제시하면서, 순수한 법의 문제와 법을 사실에 적용하는 문제의 구별은 쉐브론 사건 이전에 이미 포기되었다고 반박하였다.

그러나 위 판결에도 불구하고, 현재 쉐브론 판결은 순수한 법 해석 문제에도 적용되는 것으로 평가되기도 한다.[9]) 그 이유로는 ① 순수한 법적 문제와 법률과 사실의 혼합문제는 명확히 구분되지 않는다는 점, ② 순수한 법적 문제라 하더라도 불명확성이 인정되는 경우에는 의회가 법률해석의 문제를 행정에 부여할 수 있다는 점, ③ 쉐브론 판결의 사안도 법률의 사실에의 적용이라기보다는 순수한 법률해석의 문제로 볼 수 있다는 점[10]) 등이 거론된다.[11])

2) 비입법적 규칙 영역

미국 행정법에서의 규칙은, 규칙제정권한의 입법적 위임에 따라 수권 범위 내에서 제정된 것으로서 법적인 권리나 의무를 창설하는

---

8) *Immigration & Naturalization Service v. Cardoza-Fonseca*, 480 U.S. 421 (1987).
9) Jan S. Oster, *The Scope of Judicial Review in the German and U.S. Administrative Legal System*, 9 German L.J. 1267 (2008), 1277 참조.
10) 세 번째 논거에 관하여는 비판이 가능한데, 쉐브론 판결에서도 궁극적으로는 그 법령의 해석이 아니라 구체적인 사실에의 적용이 문제된 것으로 볼 수 있다는 점에서 그러하다.
11) 임성훈, 「불확정개념의 해석·적용에 대한 사법심사에 관한 연구: 한국·미국·독일법의 비교를 중심으로」, 서울대학교 박사학위 논문, 47면 참조.

효과가 있는 '입법적 규칙'(legislative rule)과 그렇지 않은 '비입법적 규칙'(nonlegislative rule)으로 구별된다. 전자의 경우는 미국 연방행정 절차법 제553(b)조12)에 의하여 '입법예고와 의견제출'(notice and comment) 절차를 반드시 거쳐야 한다. 비입법적 규칙으로 미국 연방 행정절차법에서 들고 있는 것이 바로 '해석규칙'(interpretative rule)과 '일반적 정책표명'(general statement of policy), '절차규칙'(rule of procedure) 등인데, 해석규칙은 법률과 입법적 규칙에서의 불확정 법 개념을 설명하는 것이고, 정책표명은 행정청이 재량행사에 관한 잠 정적인 의도를 선언하는 것에서 차이가 있다.13)

입법적 규칙에 대한 행정기관의 판단에 대하여는 행정판단 존중

---

12) 5 U.S. Code §553. Rule making

(b) General notice of proposed rule making shall be published in the Federal Register, unless persons subject thereto are named and either personally served or otherwise have actual notice thereof in accordance with law. The notice shall include—

(1) a statement of the time, place, and nature of public rule making proceedings;

(2) reference to the legal authority under which the rule is proposed; and

(3) either the terms or substance of the proposed rule or a description of the subjects and issues involved.

Except when notice or hearing is required by statute, this subsection does not apply—

(A) to interpretative rules, general statements of policy, or rules of agency organization, procedure, or practice; or

(B) when the agency for good cause finds (and incorporates the finding and a brief statement of reasons therefor in the rules issued) that notice and public procedure thereon are impracticable, unnecessary, or contrary to the public interest.

13) 박균성, "미국 행정입법제도의 시사점: 사법적 통제를 중심으로", 행정법연 구 제46호, 2016, 80면 참조.

원리가 적용되는 것이 분명한데, 이는 쉐브론 기준이 나오기 전인 1945년에 있었던 판결로서 "행정청의 입법적 규칙에 관한 해석은 명백히 오류가 있거나 일관성이 없는 경우를 제외하고는 그러한 해석을 존중해야 한다"고 판시한 Seminole Rock 판결14)에서부터 확립되어 왔다. 이어 쉐브론 판결 이후인 1997년의 Auer 판결15)에 의하여 다시금 확인되었는데, Auer 판결은 의회의 행정부에 대한 입법부의 수권과 행정기관의 전문성 등을 주된 근거로 삼았다.

입법적 규칙과 달리 비입법적 규칙에 관하여는 행정판단 존중원리가 적용되는지가 명확하지 않다. 이에 대하여 최초로 그 쟁점화가 이루어진 사건은 앞서 본 2001년의 크리스튼슨(Christensen) 판결이었다. 그 사건에서는 비입법적 규칙에 관하여는 '강한 존중'인 쉐브론 기준 정도는 아니지만 '약한 존중'인 스키드모어 기준 정도는 적용될 수 있다고 보았음은 앞서 설명한 바와 같다. 그러나 이 판결로 이 쟁점에 관하여 정리가 된 것은 아니다. 앞서 본 2002년의 미드(Mead) 판결은 비공식적 절차를 통하여 채택한 해석규칙에 대하여서도 쉐브론 기준의 적용을 긍정하였으나 2003년의 클라카마스(Clackamas) 사건16)에서는 2002년의 미드(Mead) 판결이 아닌 2001년의 크리스튼슨 (Christensen) 판결을 인용하면서 그 적용 범위를 다시금 축소하였는 바, 아직까지 미국 연방대법원의 입장이 정리되었다고 보기 어렵다.

3) 행정기관의 권한범위 문제

행정기관의 권한범위에 관한 법률해석을 행정기관 스스로가 하게 되면, 이는 행정기관 자신의 이해관계와 관련되는 사항을 해석대상으로 한다는 점에서 일반적인 행정판단 존중원리를 그대로 적용할

---

14) *Bowles v. Seminole Rock & Sand Co.*, 325 U.S. 410 (1945).
15) *Auer v. Robbins*, 519 U.S. 452 (1997).
16) *Clackamas Gastroenterology Associates, P. C. v. Wells*, 538 U.S. 440 (2003).

수 있는지 문제된다. 이에 대하여는 우선 2003년 미시시피 전력
(Mississippi Power) 판결[17]의 Brennan 대법관의 견해처럼, 행정기관의
권한범위의 문제까지 이를 존중하는 것은 그 취지에 맞지 않고, 행
정기관 권한범위 문제에 관하여는 행정기관이 전문성을 보유하는
것은 아니라는 이유로 이를 부정하는 견해가 있다. 그와 반대로, 위
사건에서의 Scalia 대법관의 견해처럼, 행정기관의 해석권한을 임의
로 구분할 수 없고 설령 그 내용이 자신의 권한범위의 문제라고 하
더라도 마찬가지로 그 판단을 존중해야 한다는 견해도 있었다. 연방
대법원의 법정의견은 2013년의 City of Arlington 사건[18]에서 도출되
었는데, 위 사건에서 연방대법원은 행정기관의 권한범위에 관한 문
제에도 쉐브론 기준이 적용될 수 있다고 판시하였다.[19][20]

4) 선례 변경의 경우

적용범위와 관련하여 문제가 되는 또 다른 쟁점은 행정기관 판단
을 존중한다는 원칙과 선례구속의 원칙 사이의 관계이다. 즉 행정기
관이 종전 판결과 다른 법률해석을 채택하는 정책변경을 한 경우에
도 행정판단 존중원리가 적용되는지, 아니면 행정기관은 법원에서
이루어진 종전의 판결에 따라 그 해석내용에 구속될 수밖에 없는지
의 문제이다. 이 쟁점에 관하여는 1996년에 있었던 닐(Neal) 판결[21]

---

17) *Mississippi Power & Light Co. v. Mississippi*, 487 U.S. 354 (1988).
18) *City of Arlington v. FCC*, 569 U.S. 290 (2013).
19) 이를 긍정하는 의견이 6명(Scalia 대법관 집필), 이를 부정하는 의견이 3명
    (Roberts 대법원장 집필)이었다.
20) 이 사건의 사실관계 및 구체적 판시 내용은 제4장에서 상세히 다루기로 한다.
21) *Neal v. United States* 판결[516 U.S. 284 (1996)]의 개요는 다음과 같다. 법원
    은 종래 마약을 복용할 때 마약 복용에 사용하는 흡수지의 중량을 형량기
    준의 하나인 마약소지량에 포함해야 한다는 판결을 한 바 있었다[*Chapman
    v. Unites States*, 500 U.S. 453 (1991)]. 이에 따라 행정기관은 판결내용과 동
    일한 내용의 행정규칙을 유지하였는데, 그 후 1993년 입장을 바꿔 흡수지

처럼 선례구속의 원칙이 더 우선되어야 한다고 보는 견해도 있었으나, 앞서 살펴본 2005년의 브랜드 엑스(Brand X) 판결에서는 설령 행정기관의 해석이 종전 법원에 의하여 이루어진 해석과 다른 해석이더라도 그 해석이 쉐브론 2단계에서 말하는 합리성이 인정되는 범위 안의 것이라면 그 역시 존중되어야 한다고 판시하였다.

5) 행정기관 스스로의 포기 가능성

쉐브론 기준을 비롯한 행정판단 존중원리는 사법심사 과정에서 행정기관에 유리하게 작용하는 것이 사실이다. 그런데 행정기관이 오히려 쉐브론 기준을 비롯한 행정판단 존중원리의 적용을 스스로 포기할 수 있는지가 최근 문제되고 있다. 실제로 미국에서 행정소송을 제기당한 행정기관이 행정판단 존중원리를 주장하지 않거나 이를 포기하는 변론을 하는 경우가 종종 발생하고 있다.

일부 법원에서는 당사자의 포기 주장을 받아들여 그에 따른 심사를 하지 않는 경우도 있지만,[22] 일부 법원에서는 포기의 대상으로 보지 않기도 한다.[23] 최근 연방항소법원(11th Circuit) 역시 법원마다

를 포함하는 방식을 유지하지 않는 것으로 그 기준을 변경하였다. 다량의 흡수지 판매혐의로 기소된 Neal은 행정청의 해석기준 변경이 우선되어야 한다고 주장하면서 기존의 Chapman 판결의 효력을 제한적으로 보아야 한다고 주장하였다. 연방대법원은 법률의 의미를 한 번 해석하면 법원은 선례구속의 원칙에 따라 그 해석을 유지하게 되고, 추후 이루어진 행정청의 법령해석이 판례와 다를 경우 확립된 법률에 위배된 것으로 평가하게 되며, 법원이 판례를 변경하는 것은 극히 예외적이어야 하는바, 환경변화로 판례변경이 필요하다면 법원이 법률해석을 변경하는 것보다 실정법을 개정할 책임이 있는 의회가 담당하는 것이 바람직하다는 이유로 전원일치로 Neal의 주장을 기각하였다.

[22] *Neustar, Inc. v. FCC*, 857 F.3d 886, 893-94 (D.C. Cir. 2017); *Commodity Futures Trading Comm'n. v. Erskine*, 512 F.3d 309, 314 (6th Cir. 2008); *Estate of Cowart v. Nicklos Drilling Co.*, 505 U.S. 469, 480 (1992) 등 참조.

행정판단 존중원리를 당사자가 포기할 수 있는지에 관한 판단이 대립되고 있다고 설시한 바도 있는 등[24] 이는 아직 미국에서도 명확하게 정리되지 않은 쟁점 중 하나이다.

6) 심급에 따른 차이

적용범위와 관련하여 그 밖에 문제되는 부분으로, 행정판단 존중원리의 적용범위가 법원의 심급에 따라 다른지의 문제가 있다. 이론적으로는 볼 때 심급에 따라 차이가 존재한다고 명시적으로 밝힌 견해는 찾아보기 어렵지만, 실제로 하급심 법원에 비하여 연방대법원은 상대적으로 행정기관 판단을 존중하는 경향이 다소 약한 것으로 보인다.[25] 그 이유에 관하여, ① 미국 연방대법원은 사법부의 최고법원이자 최종심이므로 행정판단 존중 여부보다는 바람직한 법령해석과 법적용의 선언에 관한 역할을 해야 하는 것을 기대받고 있으며 그에 관한 보다 폭넓은 권한을 가진다는 점,[26] ② 연방대법관들은 하급심 법관에 비하여 의사결정을 하는 데에 다양한 것을 충분히 고려할 수 있는 보다 유리한 입장과 환경(각종 자료, 시간 등)에 있으므로 행정기관의 판단을 더 존중하여야 할 필요성을 더 적게 느낀다는 점 등을 든다.[27]

---

23) *Sierra Club v. U.S. Dep't of the Interior*, 899 F.3d 260, 286 (4th Cir. 2018); *Mushtaq v. Holder*, 583 F.3d 875, 876 (5th Cir. 2009) 등 참조.

24) *Martin v. Social Sec. Administration*, 903 F.3d 1154, 1161 (11th Cir. 2018).

25) Aaron-Andrew P. Bruhl, *Hierarchically Variable Deference to Agency Interpretations*, 89 Notre Dame L. Rev. 727 (2014), 760 참조.

26) 연방대법원에는, 언제든지 쉐브론 기준이나 그 밖의 행정판단 존중원리를 폐기할 수 있는 권한이 있다.

27) Aaron-Andrew P. Bruhl, *Hierarchically Variable Deference to Agency Interpretations*, 89 Notre Dame L. Rev. 727 (2014), 760 참조.

다. 쉐브론 기준의 단계적 적용

쉐브론 기준 적용 시 이를 세 단계로 분류하고 적용하는 방식이 현재 미국에서는 통설적 견해라고 할 수 있는데, 이를 통하여 행정 판단 존중원리의 적용양태를 구체화할 수 있다. 그 세 단계는 앞서 언급한 바와 같이 쉐브론 0단계(Chevron Step Zero), 쉐브론 1단계 (Chevron Step One), 쉐브론 2단계(Chevron Step Two)이다. 원래는 쉐 브론 1단계와 2단계가 먼저 논의되었으나 본격적 적용에 앞서 적용 범위, 즉 적용 여부 자체의 문제가 먼저 논의되어야 한다는 이유로 그 쟁점이 0단계로 추가된 것이다. 적용범위의 문제는 앞서 살펴본 바와 같으므로 여기에서는 쉐브론 1단계와 2단계를 살펴보기로 한다.

1) 쉐브론 1단계(Chevron Step One)

쉐브론 1단계는, 문제가 되는 해당 법령에 관하여 의회가 직접적 으로 입장을 밝히고 있는지에 관한 검토로서 쉐브론 기준에 따른 행 정판단 존중의 문제인 쉐브론 2단계로 넘어갈 수 있는지를 판단하는 것이다. 만약 해당 쟁점에 관한 입법부의 의사가 명백하다면 법원이 든 행정부든 그것을 그대로 따라야 하고 쉐브론 2단계로 넘어갈 필 요가 없다.

쉐브론 1단계에 관하여, 미국 연방대법원은 입법부의 의도가 분명 한지 아닌지를 판단하기 위하여 전통적인 방식의 법령해석(문언적 해석이나 입법연혁 탐구, 법령의 체계 고려 등)을 사용하게 된다.[28]

그런데 문제는 전통적인 법률해석 방식이 반드시 법해석에 관한 하나의 결론을 가져다주지는 않는다는 점에 있다. 전통적인 법률해 석 방식은, 법령 문언의 해석에 집중하는 문언주의(textualism)와 입

---

[28] Jan S. Oster, *The Scope of Judicial Review in the German and U.S. Administrative Legal System*, 9 German L.J. 1267 (2008), 1277 참조.

법자의 의도를 최대한 확인하고자 하는 의도주의(intentionalism) 내지 목적주의(purposivism)가 대표적이다. 문언주의와 의도주의·목적주의는 오랜 기간 미국의 이론과 판례에서 뚜렷하게 대립되어 왔는데, 미국 연방대법원 내에서는 Scalia 대법관과 Thomas 대법관이 문언주의를 대표하고, Breyer 대법관이 의도주의 내지 목적주의를 대표한다.[29]

미국 연방대법원은 쉐브론 1단계와 관련하여, 문언주의와 의도주의·목적주의를 일관되게 따르기보다는 사안에 따라 달리 판단하고 있는데, 대체로 문언주의에 따라 법률규정이 일응 분명한 의미를 가지는지를 우선 본 다음, 의도주의를 적용하여 문언 이외의 다른 요소를 고려하는 경우가 많다. 이를 기초로 미국 연방대법원이 한 판단을, ① 법률규정에 따르는 행정의 법해석을 인정하면서, 의도주의에 따른 행정의 법해석 파기 주장을 배척하는 경우, ② 법률규정에 반하는 행정의 법해석을 파기하면서, 의도주의에 따른 행정의 법해석 인정 주장 또는 쉐브론 2단계 심사로의 이전 주장을 배척하는 경우, ③ 법률규정에 반하는 행정의 법해석에 대하여 의도주의를 적용하여 일응의 명확한 의미와 반대되는 의미를 도출한 후 법률규정에 반하는 행정의 법해석을 인정하는 경우, ④ 법률규정에 따르는 행정의 법해석에 대하여 의도주의를 적용하여 반대되는 의미를 도출한 후 이를 파기하는 경우, ⑤ 법률규정의 불명확성을 근거로 쉐브론 2단계 심사로 넘어가면서, 의도주의에 따라 법률이 행정의 법해석과 반대되는 의미를 가진다는 주장을 배척하는 경우, ⑥ 의도주의를 적용하여 법률규정의 명확한 의미를 도출하고, 그에 반하는 행정의 법해석을 파기하는 경우 등 6가지 유형으로 분류하기도 한다.[30]

---

29) 홍진영, 「행정청이 행한 법률해석의 사법심사 방법론에 대한 고찰: 규칙과 기준의 관점에서 본 Chevron 판결을 중심으로」, 서울대학교 석사학위 논문, 2013, 56, 64면 참조.

나아가 쉐브론 1단계 자체의 심사기준이나 강도에 관하여도, 법률이 불명확한 경우에 행정의 법해석권한을 추정하되 엄격한 법률해석방법을 적용하여 법률이 불명확한 경우를 최소한으로 인정하자는 견해(엄격심사설), 의회가 행정청에 법해석권한을 부여하였는지를 개별사건에서 각각 별도로 심사하여 결정하여야 한다고 보는 견해(개별적 판단설), 문언 자체만을 기준으로 의회가 정책문제를 결정하였는지 여부를 판단하자는 견해(문언기준설), 행정의 법해석권한 인정 여부는 쉐브론 판결이 제시한 바와 같이 법률문언에 대한 전통적인 법률해석방법을 통하여 결정되어서는 안 되고, 해석권한 위임에 대한 별도의 직접적인 인정기준이 제시되어야 한다는 견해(별도기준설) 등을 제시하는 의견도 있다.31)

2) 쉐브론 2단계(Chevron Step Two)

법령을 해석하였는데 입법자가 이에 대하여 명확한 의사를 밝히지 않은 경우로 판단되면, 쉐브론 2단계로 넘어가게 된다. 이 경우 법원은 법령을 처음부터 다시 해석하고 이를 기초로 판단하는 것이 아니라 행정기관이 한 법률해석이 합리적인 것으로서 허용될 수 있는 범위에 있는지 여부만을 판단하여 그 범위를 넘지 않는 경우에는 이를 존중하게 된다. 행정청의 해석이 합리적인지 여부를 판단하기 위하여 고려하는 요소는 법령의 문언, 입법의 역사 및 법원이 당해 법령의 해석을 규율하는 해석적 관행 등이다.32) 이와 같이 쉐브론

---

30) 임성훈, 「불확정개념의 해석·적용에 대한 사법심사에 관한 연구: 한국·미국·독일법의 비교를 중심으로」, 서울대학교 박사학위 논문, 2012, 34-35면 참조.

31) Jan S. Oster, *The Scope of Judicial Review in the German and U.S. Administrative Legal System*, 9 German L.J. 1267 (2008), 1281; 임성훈, 「불확정개념의 해석·적용에 대한 사법심사에 관한 연구: 한국·미국·독일법의 비교를 중심으로」, 서울대학교 박사학위 논문, 2012, 37-40면 참조.

존중주의를 적용하기 위한 2단계(Step Two)인 합리성 테스트가 행정
기관에 부여하는 해석의 여지가 넓기 때문에, 심사법원이 행정기관
의 해석적 결정을 무효로 판단할 가능성이 매우 작아지는 결과를 낳
게 되었다.33)34)

이론적으로 볼 때 쉐브론 1단계에서는 '법률이 명확하게 정하고
있는지'를 심사하는 것이고, 쉐브론 2단계에서는 '법률상 행정의 법
률해석이 허용 가능한 것인지'를 심사한다는 점에서 양 단계가 명확
하게 구별된다고 볼 수도 있다. 그러나 실상은 쉐브론 1단계와 쉐브
론 2단계에서의 심사대상은 상호 관련되어 있다. 예를 들어 쉐브론
1단계에서 문언심사만을 하는 경우, 입법사(立法史) 등 나머지 문제
는 쉐브론 2단계 심사대상이 되지만, 쉐브론 1단계의 법률해석 당시
이미 입법사를 포함한 관련된 제반 사항을 고려한 경우 쉐브론 2단
계에서는 별달리 추가로 심사할 것이 없게 된다.35) 이는 쉐브론 2단

---

32) Jan S. Oster, *The Scope of Judicial Review in the German and U.S. Administrative Legal System*, 9 German L.J. 1267 (2008), 1281 참조.

33) 김은주, "미국 행정법에 있어서 Chevron 판결의 현대적 의의, 공법연구 제 37권 제3호", 2009, 320면 참조.

34) 참고로, 쉐브론 기준에 따른 결론을 실증적으로 검토한 바에 의하면, 1995 년과 1996년간 쉐브론 기준이 적용된 223건의 발간된 판결을 분석한 결과 두 단계를 나누지 않고 단지 그 해석이 합리적인가(reasonable)만을 검토한 사건은 72건이 있었는데, 그중 56건은 합리성을 인정하였고, 16건은 이를 부정하였다(합리성이 인정된 비율: 약 78%). 1, 2 단계를 나누어 판단한 사 건은 181건이었는데 그중 129건이 그 합리성을 인정받았고, 52건은 그 합 리성을 인정받지 못하였다(합리성이 인정된 비율: 약 71%). 그중 1단계 테 스트에서 그 쟁점이 해결된 사건은 69건이 있었는데, 그중 29건(약 42%)만 이 행정기관의 해석이 받아들여진 반면, 2단계로 넘어간 경우는 112건 중 100건(약 89%)에 대하여 합리성이 인정된 바 있다. 즉 쉐브론 2단계에 진입 하는 순간 행정기관의 판단이 수용될 확률이 매우 높아지는 것이다[Orin S. Kerr, *Shedding Light on Chevron: An Empirical Study of the Chevron Doctrine in the U.S. Courts of Appeals*, 15 Yale J. on Reg. 1 (1998), 31].

35) 임성훈, 「불확정개념의 해석·적용에 대한 사법심사에 관한 연구: 한국·미

계에서 고려하는 요소가 쉐브론 1단계에서 고려하는 것과 대부분 중복되는 법령의 문언, 입법의 역사, 관행 등이기 때문이다.

2. 행정판단 존중원리 적용의 현황

앞서 본 바와 같이 행정판단 존중원리는 사법심사를 함에 있어 법원이 취하여야 하는 일종의 기준이라고 할 수 있다. 위 각 이론에 따른 행정판단 존중원리가 실제에서 어떻게 활용되고 있는지를 살펴볼 필요가 있다.

우선 미국 연방법원에서 행정판단 존중원리가 과연 얼마나 적용되고 있는지에 관하여 알 수 있는 통계가 있다. 쉐브론 판결이 나온 1984년부터 2006년까지 행정판단에 관하여 심사를 한 사례를 전수조사하여 행정소송에서 행정판단 존중이 이루어진 비율, 적용한 이론에 따른 결론의 차이를 보여주는 통계가 그것이다.

국·독일법의 비교를 중심으로」, 서울대학교 박사학위 논문, 2012, 42면 참조.

[표 7] 심사기준에 따른 승소율 분석[36]

기준	전체 사건 중 적용 비율	행정기관 승소율
Anti-Deference (행정판단 존중 배제)	6.8%	36.2%
Ad hod judicial reasoning (특정 원칙을 언급하지 않은 채 구체적 사실관계를 기초로 적정히 판단)	53.6%	66.0%
Skidmore (Skidmore 원칙 적용)	6.7%	73.5%
Chevron (Chevron 원칙 적용)	8.3%	76.2%

위 표에 의할 때, 상당히 큰 비율의 연방대법원 판결에서 실제로는 행정의 판단을 존중하면서도, 쉐브론이나 스키드모어와 같은 특정한 원칙을 언급하지 않고 있음을 알 수 있다(53.6%). 이에 대하여는, 미국 연방대법원은 최종적인 사법권을 행사하는 입장에서 매 사건마다 적용되는 행정판단 존중원리의 기준을 설시하는 것에 부담을 느끼게 되므로,[37] 쉐브론이나 스키드모어와 같은 구체적인 기준의 직접 적용 여부를 논하는 판결은 상대적으로 적고, 그러한 기준을 언급한 판결은 오히려 하급심 법원에서 흔히 찾아볼 수 있다고 보는 분석이 있다.[38]

---

36) 통계자료 자체는 William N. Jr. Eskridge-Lauren E. Bear, *The Continuum of Deference: Supreme Court Treatment of Agency Statutory Interpretations from Chevron to Hamdan*, 96 Geo. L.J. 1083 (2008), 1099를 참조한 것이고, 표는 필자가 위 논문 내용을 참고로 하여 작성하였다.

37) 연방대법원이 어떠한 사건에서 해당 사건이 쉐브론 기준이 적용되는 사례라거나 스키드모어 기준이 적용되는 사례라거나 행정판단 존중(deference)이 인정되지 않는 사례라고 밝히면, 그 자체로 파급효과가 큰 법원리 형성의 효과를 낳기 때문이다.

38) William N. Jr. Eskridge-Lauren E. Bear, *The Continuum of Deference: Supreme*

한편, 예상할 수 있는 바와 같이 행정기관의 판단에 존중이 적용되지 않는 사건에서는 행정기관의 승소율이 36.2%에 지나지 않고, '약한 존중'이라고 불리는 스키드모어 기준을 적용한 경우 행정기관의 승소율이 73.5%이며, '강한 존중'이라고 불리는 쉐브론 기준을 명시적으로 적용한 사건의 승소율은 더 높은 76.2%였다. 어떠한 기준을 적용하는지가 사실상 승소율에 깊은 영향을 미치는 것을 쉽게 알 수 있다.

쉐브론 기준이나 스키드모어 기준은, 행정판단을 존중할 것인지 그리고 얼마나 존중할 것인지에 관한 행정 전반에 적용될 수 있는 일반적인 법원리에 관한 것이다. 실제로는 이러한 일반적 법원리를 출발점으로 삼되, 특수한 사안에 관하여는 그 사안의 특수성의 영향력을 구체적으로 고려하기도 한다.[39] 대표적으로 미국에서 헌법적 권리나 형사법적 권리와 관련된 사안은 전통적으로 행정판단 존중원리가 적용되지 않거나 매우 제한된 범위에서 적용된다고 보아 왔고,[40] 반대로 국방과 외교의 문제에 있어서는 쉐브론 기준보다 훨씬

Court Treatment of Agency Statutory Interpretations from Chevron to Hamdan, 96 Geo. L.J. 1083 (2008), 1119-1120 참조.

[39] 제5장에서 보는 바와 같이 우리나라는 오히려 사안의 특수성에 관한 이론을 중심으로 발달하여 왔는데, 미국에서도 그러한 경향이 있는 것이다.

[40] 헌법적 쟁점이 포함된 경우의 행정청의 법해석을 존중할지 여부와 관련하여 널리 알려진 사건이 바로 *Bush v. Palm Beach Canvassing Bd.* 판결[531 U.S. 70 (2000)]이다. 이 사건은 2000년에 있었던 미국 대선 과정의 개표와 관련된 사건으로 세간에 널리 알려져 있다. 이 사건의 사실관계는 다음과 같다. 2000년 11월 7일 실시된 미국 대선 선거 개표가 진행되었는데, 2000년 11월 8일 플로리다에서 부시(George W. Bush)가 고어(Al Gore)를 이기는 결과가 나왔고, 자동재집계를 실시하였는데 그 표차는 줄었지만 여전히 부시가 더 많은 표를 득표한 것으로 나타났다. 이에 2000년 11월 9일 민주당은 Broward, Palm Beach와 Volusia 세 곳의 카운티에서 수동 재집계를 요구하였다. 모든 카운티의 개표결과가 11월 14일 오후 5시까지 도착되어야 한다는 것을 이유로 플로리다 국무장관은 마감시간을 지나 제출된 개표결과

더 두터운 정도로 행정판단을 존중하는 경향을 보여 왔다[대표적으로 Curtiss-Wright Export Co. 판결 (1936)[41]]. 이와 같은 사안의 특수성

는 무시할 것이라고 선언하였다. Palm Beach와 Volsia 카운티가 장관의 결정에 대하여 금지명령을 청구하였다. 1심 법원은 마감시한은 강제이나 장관이 그 시한을 지나 수정된 결과를 수리할 재량이 있다고 판단하였다. 그러나 2000년 11월 15일 국무부장관은 그러한 재량을 행사하지 않고 수정된 결과를 수리하지 않을 계획을 공표하였으며 고어와 민주당은 장관이 수정된 결과를 수용할 것을 강제하기 위하여 소송을 제기하였다.

1심 법원은 가처분 신청을 기각하였으나, 플로리다 대법원은 실정법 조문에 대한 엄격한 준수가 아니라 국민의 뜻이 선거사건에 있어 지도 원칙이 되어야 한다고 판시하면서 수동 재집계 결과가 나올 때까지 기다리는 것이 타당하다고 판단하였다[*Palm Beach County Canvassing Board v. Harris* (Supreme Court of Florida, 772 So.2d 1220 (2000))].

이 사건이 연방대법원에 상소되자 연방대법원은 플로리다 대법원의 결정이 잘못되었다면서 이를 파기하였다. 즉, 재집계 절차가 연방헌법의 평등조항에 위배되었고, 무효인 투표용지를 유효로 간주하라는 것도 잘못되었으며, 주 행정기관의 해석이 합리적이었음에도 이를 존중하지 않는 것이 잘못이라고 판시하였다. 이 사례에서 알 수 있듯이 헌법과 관련된 문제에서는, 사법부 스스로 보다 적극적으로 의사를 밝히고 법령을 해석함을 알 수 있다.

[41] *United States v. Curtiss-Wright Export Co.* 판결[299 U.S. 304 (1936)]은 외교 등의 문제에서는 상당한 재량과 실정법 제약으로부터의 자유를 대통령에게 허용해야 하고, 이러한 재량권은 외교문제와 안전보장에 대한 대통령의 고유권한을 규정한 헌법 제2조에 근거하며 따라서 의회의 명시적인 권한 위임이 없는 경우에도 가능하다고 보아 행정판단에 매우 두터운 존중을 한 사건이다.

종래 외교나 국방에 관하여는 거의 무제한적인 행정판단 존중이 이루어졌으나 최근에 그 한계를 보여 준 판결로 *Hamdan v. Rumsfeld* 판결[548 U.S. 557 (2006)]이 있다. 사실관계는 다음과 같다. Hamdan은 예멘시민으로 체포된 후 미국에 인도되어 2002년 이후 관타나모 해군기지에 구금되었다. 2003년 부시 대통령은 2001년 11월 13일 군사명령에 따른 군사위원회가 사건을 심리할 수 있다고 결정하였다. 2004년 군사위원회는 군 형법이나 제네바협정에 따른 절차를 따르지 않을 것임을 결정하였고, Hamdan은 인신보호영장을 청구하면서 그러한 심리의 적법성을 문제삼았다. 이에 대하여

을 보여주는 실증적 통계([표 8] 참조)가 있는바 이를 통하여 구체적·
개별적 사안에서는 사안의 특수성이 가지고 오는 결과의 차이가 쉐
브론 기준 적용 여부 못지않게 중요하다는 것을 알 수 있다.

법원은 대통령과 휘하 어떤 지휘관도, 스스로를 정당화할 수 있는 급박한
필요나 판사로부터 면책을 보장받은 경우를 제외하고는, 의회 허락 없이
군인이나 시민의 범죄 심리와 처벌을 위한 법정위원회를 설립할 수 없다
고 판시하였다. 법원은 행정부가 군사위원회를 설치한 것은 "의회의 명시
적 또는 묵시적 의사에 합치되지 않는 것"이라고 판시하였는데, 그 이유로
는 "군형법 21조는 군사위원회가 '실정법이나 전쟁법으로 심리할 수 있는
범죄행위나 범죄자'를 심리하는 것을 허용했으나 정부는 심리의 근거가 되
는 실정법을 명확히 대지 않았고 전쟁 범죄에 대한 공모는 국제법 위반으
로 인식되지 않는 점, 군사위원회는 '실행불가능'한 경우가 아니면 절차규
정에 있어 통일성 유지를 요구하는 미 군형법 제36(b)조를 위반하는 것이
고 군사위원회는 증거규칙을 완화했으며 피고인이 자기에게 불리한 증거
에 접근하는 것을 막은 것은 군법절차와는 상당한 거리가 있는 것이라는
점, 1949년 제네바 협정에 따르면 Hamdan은 적 전투원이라는 판정 전까지
는 문명화된 사람들이 필수 불가결하다고 판단하는 사법적 보장을 제공하
는 법원에 의해서만 처벌을 받아야 한다는 점 등을 근거로 삼았다. 이
Hamdan 사건은 결국 테러 등에 관한 것으로서 국가안보에 관한 중요한 쟁
점이 대두되었으나 그 사건을 맡은 법원이 Curtiss-Wright 존중이나 쉐브론
존중 모두를 적용하지 않았는바 그 적용에 관한 한계를 보여준다[위 각주
내용은 William N. Eskridge Jr. et al., Cases and Materials on Legislation and
Regulation: Statutes and the Creation of Public Policy (5th ed.), West Academic
Publishing (2014), 1166-1170 참조].

[표 8] 사안에 따른 행정기관 승소율 비교 표[42]

구분	행정기관 승소율	
Civil Rights (기본권 관련)	61.1%	낮은 존중
Criminal Law (형사법 관련)	62.3%	
Labor (노동 관련)	65.5%	
평균 행정기관 승소율	68.8%	
Tax (조세 관련)	75.7%	
Business Regulation (경제규제 관련)	77.1%	
Foreign Affairs and National Security (외교, 국방 관련)	78.5%	
Intellectual Property (지식재산 관련)	88.2%	
Energy (에너지 관련)	93.3%	강한 존중
1984년부터 2006년까지 모든 연방대법원 사건 분석[43]		

---

42) 앞서 인용한 William N. Jr. Eskridge·Lauren E. Bear, The Continuum of Deference: Supreme Court Treatment of Agency Statutory Interpretations from Chevron to Hamdan, 96 Geo. L.J. 1083 (2008), 1145의 내용 중 우리나라에 참고가 될 만한 영역을 위주로 하여 새롭게 표를 작성하였다.

43) William N. Jr. Eskridge·Lauren E. Bear, The Continuum of Deference: Supreme Court Treatment of Agency Statutory Interpretations from Chevron to Hamdan, 96 Geo. L.J. 1083 (2008), 1145 참조.

제6절 소결

이 장에서는 행정기관의 처분과 법해석 등에 대한 각종 판결 및 심사기준에 관한 연구가 축적되어 있는 미국의 논의를 살펴보았다. 연방행정절차법 제706조(2)(A)조에 의한 자의금지 기준이나 판례에 의하여 형성된 쉐브론 기준, 스키드모어 기준 모두 그 적용 범위나 존중의 정도는 다르지만 행정기관의 판단을 가급적 존중하는 태도는 공통적이라고 할 수 있다. 이러한 행정판단 존중원리는 권력분립·권한배분의 이념을 바탕으로 하여 입법자의 의사, 행정기관의 전문성, 민주적 정당성 등을 이론적 근거로 한다. 행정판단 존중원리는 실제 사건에서도 결과에 차이를 가져오는 중요한 영향력을 발휘하고 있다는 것 역시 실증적인 통계를 통하여 알 수 있었다.

제4장에서는 제3장에서 본 행정판단 존중원리를 기초로 하여 미국의 독립규제위원회에 대하여도 그 원리가 그대로 적용되어 왔는지를 확인해 보기로 한다.

제 4 장　미국의 독립규제위원회 판단에 대한 사법심사 기준 및 강도

제1절 개관

　제3장에서 일반행정기관에 대한 사법심사 기준·강도와 행정판단 존중주의에 관한 미국의 논의를 살펴보았다. 이하에서는 이를 전제로 하여, 본 연구의 주제에 해당하는 독립규제위원회의 판단에 대한 사법심사의 기준과 그 강도에 관한 미국의 구체적인 논의를 살펴보기로 한다.

　우선 제2절에서는 앞서 본 행정판단 존중원리가 독립규제위원회에 그대로 적용되는지에 관하여 살펴본다. 다음으로 제3절에서 대표적인 미국의 독립규제위원회에 해당하는 연방거래위원회(FTC), 증권거래위원회(SEC), 연방통신위원회(FCC)의 판단에 대하여 사법심사가 문제된 개별적인 판결례를 살펴본다. 연방거래위원회, 증권거래위원회, 연방통신위원회에 대한 구체적 판결례의 상당수는 기존 우리나라의 연구에서는 크게 다루어지지 않았다. 미국 판결례 제공 사이트(Westlaw, Lexis 등)를 통하여 여러 구체적인 판결을 확인하고 판결 그 자체로 의미가 있다거나, 제5장에서 소개할 우리나라의 독립규제위원회(공정거래위원회, 금융위원회, 방송통신위원회)에 대한 판결과 비교가 가능할 것으로 생각되는 것을 중심으로 고찰하기로 한다.

제2절 행정판단 존중원리의
독립규제위원회에의 적용 여부

우선 제3장에서 본 행정판단 존중원리가 독립규제위원회에도 그대로 적용되는지를 검토할 필요가 있다. 제3장에서 행정판단 존중원리의 적용범위에 관하여 검토하였으나, 일차적 판단을 한 행정기관이 어느 기관인지에 따라 그 적용이 달라지는지에 관하여는 구체적으로 다루지 않았다. 독립규제위원회의 판단에 대하여 쉐브론 기준을 비롯하여 일반적인 행정판단 존중원리가 그대로 적용될 수 있다고 볼 여지도 있으나 조직상 및 기능상의 특수성이 상당하다는 측면에서 통상적인 행정기관과 동일하게 볼 수 없다는 시각도 있을 수 있다.

1. 제1설(낮은 수준의 존중을 지지하는 견해)

행정판단 존중원리와 관련하여, 일반행정기관에 비하여 독립규제위원회에 대한 존중이 더 낮은 수준으로 이루어져야 한다는 견해가 있다. 이러한 입장을 취하는 대표적인 사람으로는, 현재 미국 연방대법원 대법관인 Kagan이 있다.

Kagan은 대법관이 되기 전에 작성한 'Presidential Administration'이라는 논문에서, 행정판단 존중원리가 적용되는지 여부를 판단하기 위해서는 우선 어떠한 판단이 행정부 소속 일반행정기관에 의하여 이루어진 행정행위인지, 독립행정기관[1])에 의하여 이루어진 것인지를 먼저 파악하는 것이 중요하다고 주장하였다. 그러면서 사법부가 행정기관의 판단을 얼마나 존중할 것인지는, 해당 행정기관이 얼마나 대통령과 관련성이 있는지, 즉 해당 기관이 얼마나 민주적 정당성과 책임성을 보유하는지와 깊은 관련을 맺고 있다고 보았다.

즉, 쉐브론 기준과 같은 행정판단 존중원리가 적용되기 위하여서는 반드시 대통령에 의한 관여 정도가 일정 수준 이상인 행정기관이어야 하고, 이러한 관여는 행정명령이나 규칙 제정 과정의 기록 그 밖의 의사결정 프로세스에서 확인할 수 있는 각종 징표를 통하여 증명이 되어야 한다고 보았다.[2] 그러면서 Kagan은 대통령의 관여나 통제가 클수록 민주적 정당성과 책임성이 크고 그러한 행정기관의 판단은 존중될 여지가 큰 반면, 관여나 통제가 낮은 행정기관일수록 판단존중의 여지가 낮다고 주장하였다.[3]

같은 취지의 주장을 펼치는 또 다른 학자인 Barry Friedman도, 행정판단 존중원리를 밝힌 대표적 판결인 쉐브론 판결에서 말하는 정치적 책임성의 측면에서 볼 때, 독립행정기관의 책임성이 일반행정기관보다 다소 낮으므로, 독립행정기관은 일반행정기관에 비하여 낮은 재량존중이 적용되어야 한다고 주장하였다. Barry Friedman은, 쉐브론 기준을 뒷받침하는 데에 있어 가장 중요한 요소 중의 하나로 행정기관의 책임성을 꼽으면서, 독립행정기관의 정치적 책임성이 낮다는 점을 특히 강조하여 지적하였다. 심지어 독립행정기관은 일반행정기관과 달리 정치적 책임도 지지 않는다는 점에서 연방대법

---

[1] 위 입장은 독립규제위원회가 아닌 독립행정기관을 대상으로 설명한 것이기는 하나 조직상·기능상 독립성이 있는 것은 마찬가지이므로 독립규제위원회에 대하여도 그대로 적용된다고 볼 수 있다.

[2] Elena Kagan, *Presidential Administration*, 114 Harv. L. Rev. 2245 (2001), 2369-2377 참조.

[3] Elena Kagan, *Presidential Administration*, 114 Harv. L. Rev. 2245 (2001), 2378 참조.

원 법관들과 별달리 다를 바 없다고까지 주장하였다. 그런 이유로 독립행정기관에 대하여는 행정판단 존중원리가 그대로 적용될 수 없다고 보았다.[4]

또 다른 학자인 John Duffy 역시 행정판단 존중원리가 독립행정기관에 그대로 적용되기 어렵다고 보았다. 그는 행정판단 존중원리의 근거를 살펴보고 이를 고려해 보았을 때, 독립행정기관은 대통령을 위하여 존재하는 일반행정기관과 다르고, 일반행정기관에 비하여 정치적 책임성이 낮으므로, 법원으로서는 독립행정기관에 쉐브론 기준을 그대로 적용하는 것을 주저해야 한다고 주장하였다.[5] 비슷한 이유로 David Gossett[6]나 Christopher Sprigman[7] 역시 일반행정기관과 조직적 원리가 다른 독립규제위원회에 동일한 정도의 존중이 부여되어서는 안 된다고 주장하였다.

쉐브론 기준을 그대로 적용하여서는 안 된다는 주장을 보다 구체화한 주장도 있다. 독립행정기관이 가진 특성과 특히 일반행정기관보다 낮은 민주적 책임성에 비추어 쉐브론 기준을 그대로 적용하여서는 안 된다는 것에 관하여 동의하면서도, 그렇다고 하여 독립행정기관이 한 법해석이나 재량판단에 전혀 존중을 부여하지 않아서는 안 되고 쉐브론 기준보다 다소 낮은 정도의 행정판단 존중원리를 밝힌 스키드모어 기준을 적용해야 한다고 주장하는 견해가 그것이다.[8]

---

[4] Barry Friedman, *The Birth of an Academic Obsession: The History of the Countermajoritarian Difficulty*, Part Five, 112 Yale L.J. 153 (2002), 164 n.31 참조.

[5] John Duffy, *Administrative Common Law in Judicial Review*, 77 Tex L. Rev. 113 (1998), 203 n.456 참조.

[6] David M. Gossett, *Chevron, Take Two: Deference to Revised Agency Interpretations of Statutes*, 64 U. CHI. L. Rev. 681 (1997), 689 n.40 참조.

[7] Christopher Sprigman, *Standing on Firmer Ground: Separation of Posers and Deference to Congressional Findings in Standing Analysis*, 59 U. CHI. L. Rev. 1645 (1992), 1668 n.145 참조.

[8] Randolph J. May, *Defining Deference Down: Independent Agencies and*

이 견해에 의하면 의회가 별도로 규정을 두지 않는 이상 독립행정기관의 판단에 관하여는 일반행정기관의 그것보다 다소 낮은 존중을 부여하되, 일반행정기관과 동일한 정도의 존중을 인정하고자 하면 입법부가 이를 법률에 명확히 밝히면 된다고 본다.[9]

2. 제2설(높은 수준의 존중을 지지하는 견해)

행정판단 존중과 관련하여, 일반행정기관에 비하여 오히려 독립행정기관의 판단에 더 큰 존중을 부여해야 한다는 견해도 있다. 대표적으로 Joan S. Mullor는 행정판단 존중원리를 설명한 쉐브론 판결이 그 존중의 근거로 민주적 책임성을 거론하기는 하였으나, 그것이 매우 결정적인 역할을 한 것은 아니었다고 주장한다. 위 견해는 행정판단 존중에 있어 민주적 책임성보다 더 중요한 것은, 미드(Mead) 판결에서 연방대법원이 언급한 것처럼 문언의 모호함을 해결하기 위하여 행정기관이 절차적으로 얼마나 신중하게 이를 검토하였는지, 다양한 의견을 어떻게 조화시켰는지, 전문성을 얼마나 발휘하였는지와 같은 요소라고 강조하였다. 그러면서 오히려 독립행정기관은 위와 같은 측면에서 일반행정기관보다 더 존중을 받을 여지가 크다고 보았다.[10]

한편 독립행정기관 중 현재 미국에서 활발히 운영되고 있는 연방거래위원회, 증권거래위원회, 연방통신위원회와 같은 독립규제위원

Chevron Deference, 58 Admin. L. Rev. 429 (2006), 451 참조.

9) Randolph J. May, *Defining Deference Down: Independent Agencies and Chevron Deference*, 58 Admin. L. Rev. 429 (2006), 452 참조.

10) Joan Solanes Mullor, *Why Independent Agencies Deserve Chevron Deference*, InDret, Vol 4. (2010), 24 참조.

회는, 그 기관에 전문성이 있고 전문성을 갖춘 위원들이 의사결정을 하므로 이러한 전문성을 근거로 하여 일반행정기관의 판단보다 더 존중받을 여지가 크다고 보는 견해도 있다. 특히 고도의 전문적 지식이 필요한 경우에는, 사법부가 일반행정기관의 판단보다 더욱 그 판단을 존중해야 한다고 본다.[11]

3. 제3절(달리 볼 필요가 없다는 견해)

독립행정기관의 판단에 대한 존중의 정도가 일반행정기관과 유사한 정도라고 보거나 특별히 일반행정기관과 그 기준에 있어 달리 볼 필요가 없다는 견해도 있다. 아래에서 보듯이 독립행정기관의 판단에 대한 위법 여부가 문제된 많은 사건에서 미국 연방대법원이 별달리 독립행정기관에 대한 쉐브론 기준의 적용 여부를 논하지 않고 곧바로 쉐브론 기준 등 행정판단 존중원리의 적용 문제로 나아가는 것을 볼 수 있는데 그러한 판결은 독립행정기관과 일반행정기관 사이에 행정판단 존중원리의 정도에 별다른 차이가 있지 않다고 보는 것을 전제로 하는 것이다.

달리 볼 필요가 없다는 견해에는, 그 이유로서 민주적 정당성·책임성의 측면이나 전문성의 측면에서 사법심사의 기준과 강도를 달리할 만큼의 유의미한 차이가 없다고 보는 견해도 있고, 민주적 정당성·책임성의 측면은 일반행정기관에 비하여 다소 낮지만 전문성은 더 높으므로 각종 요소를 종합적으로 고려했을 때 결국 사법심사 기준과 강도를 달리 볼 필요가 없다는 견해[12]도 있다.

---

11) Peter C. Ward, Federal Trade Commission: Law, Practice and Procedure, Law Journal Press (2019), 4-24 참조.
12) 아래에서 볼 폭스 TV 판결에서의 4인 대법관의 의견(Plurality Opinion)이 이

4. 미국 연방대법원 판결

미국 연방대법원이 독립규제위원회의 판단을 사법심사에서 얼마나 존중하고 있는지에 관하여 몇 가지 판결례를 통하여 살펴본다.

가. 걸프 전력 판결(2002) 및 브랜드 엑스 판결(2005)

아래 항목에서 언급하는 2009년의 폭스 TV 사건 이전에, 미국 연방대법원은 독립규제위원회의 판단에 대한 사법심사 과정에서 별다른 언급 없이 쉐브론 기준을 동일하게 적용한 바 있었다. 대표적으로 2002년의 걸프 전력(Gulf Power) 판결[13]과 2005년의 브랜드 엑스(Brand X) 판결[14]이 그것이다.[15]

위 각 판결은 모두 대표적인 독립규제위원회인 연방통신위원회(FCC)의 판단에 대한 것이었는데, 두 사건에서 연방대법원은 모두 쉐브론 판결을 인용하면서 쉐브론 기준에 따른 행정판단 존중원리가 적용될 수 있다고 설시하였다. 다만 이 사건에서는 아래 폭스 TV 판결에서 보는 것과 같이 독립행정기관의 특성을 본격적으로 고려한 것은 아니었고, 단지 독립규제위원회인 연방통신위원회의 특수성을 별달리 고려하지 않은 채 쉐브론 기준이 적용된다고 판시한 것이었다. 비록 독립규제위원회에도 쉐브론 기준이 적용될 수 있는지를 뚜렷한 쟁점으로 삼아 이를 본격적으로 판단한 것은 아니라는 한계가

에 해당한다고 볼 수 있다.

[13] *National Cable & Telecommunications Ass'n, Inc v. Gulf Power Co.*, 534 U.S. 327 (2002).

[14] *National Cable & Telecommunications Ass'n v. Brand X Internet Services*, 545 U.S. 967 (2005).

[15] 브랜드 엑스(Brand X) 판결의 구체적 내용은 앞서 본 바와 같고, 걸프 전력(Gulf Power) 판결(2002)은 아래 제3절에서 자세하게 다룰 예정이다.

있기는 하나, 연방대법원이 두 사건에서 연속으로 연방통신위원회에도 쉐브론 기준이 그대로 적용된다고 보았다는 데에 의의가 있다. 이 쟁점은 결국 수년 후인 2009년 아래에서 볼 폭스 TV 사건에서 본격적으로 다루어지게 된다.

나. 폭스 TV 판결(2009)

2009년에 독립규제위원회의 판단에도 일반행정기관과 동일한 행정판단 존중원리가 적용될 수 있는지를 전면적으로 다룬 판결이 등장하였는데, 그 판결이 바로 폭스(Fox) TV 판결16)이다.17) 이 사건은 독립행정기관에 대하여 행정판단 존중원리가 그대로 적용될 수 있는지의 쟁점이 다루어졌다는 데에서 더 나아가 9명의 미국 연방대법원 대법관들이 이에 관하여 3가지 견해로 나뉘어 서로 논쟁하고 각기 그 이유를 제시하였다는 점에서 매우 의미가 크다. 위 사건에서 연방대법원 대법관들은, ① 독립행정기관에 대하여 일반행정기관보다 그 판단을 더 존중하여야 한다는 입장, ② 일반행정기관과 동일한 기준을 적용하여야 한다는 입장, ③ 일반행정기관보다 낮은 수준으로 존중하면 족하다는 입장으로 각 나누어졌다. 본 연구의 연구주제에 관한 쟁점을 전면적으로 다루는 이 판결은 비교적 상세히 살펴볼 필요가 있다.

이 판결은 행정절차법, 표현의 자유와 언론법 등에 관한 중요한 쟁점을 포함하고 있지만, 이하에서는 본 연구의 주제와 관련된 행정판단 존중원리 부분에 초점을 맞추어 본다.

---

16) *FCC v. Fox Television Stations, Inc.*, 556 U.S. 502 (2009).
17) 비록 이 판결에서는 관련 쟁점에 있어 '독립규제위원회'가 아닌 '독립행정기관'이라는 용어를 사용하였으나 판결에서 문제가 된 기관이 결국 연방통신위원회였다는 점에서 독립규제위원회와 일반행정기관 사이에서도 동일하게 적용될 수 있다.

이 판결의 사실관계는 다음과 같다. 미국의 주요 TV 방송사인 폭스 TV는 2002년 및 2003년에 시상식을 생방송으로 중계한 바 있었는데, 그 시상식 중에 참가자가 한 욕설이 생방송을 통해 여과 없이 그대로 송출되는 사건이 발생하였다. 욕설이 생방송으로 송출된 것은 방송사에 대한 제재 사안이었는데, 연방통신위원회는 종래 '반복적이거나 언어를 통한' 방송규정 위반의 유형과 '갑작스레 일어난 비언어적' 방송규정 위반에 대한 취급을 구별하는 것을 전제로, 후자의 위반을 전자의 위반에 비하여 제재처분에 있어 보다 관대하게 취급하고 있었다. 그런데 폭스 TV 사건을 계기로 하여 연방통신위원회가 2004년 종래부터 있었던 규정을 개정하여, 양자를 동등하게 취급할 수 있도록 하였다. 이로써 '갑작스럽게 일어난 비언어적' 방송규정 위반도 종전보다 무거운 제재를 받을 수 있게 되었다. 그 후 폭스 TV는 위와 같이 개정된 규정을 적용받아 그 이전에 위반한 행위에 대한 제재(벌금)를 부과받게 되었는데, 과거에 발생한 일에 대하여 그 이후에 개정된 규정의 적용이 부당하다는 이유로 연방통신위원회를 상대로 소를 제기하였다.

이 사건은 쉐브론 판결을 인용한 것은 아니었고, 미국 연방행정절차법 제706(2)(A)조의 자의금지 기준('arbitrary, capricious')을 판단 기준으로 삼은 사건이었다.[18] 폭스 TV는 연방통신위원회가 새로운 규정으로 종전 규정을 대체한 것에 관하여 그러한 판단에 합리적 이유가 없다고 주장하였다. 이에 대하여 미국 연방대법원은, 연방통신위원회가 새로운 정책을 추진함에 있어 그 정책의 유효성을 인정받기 위해서는, 그 새로운 정책이 독단적이거나 자의적인 것이 아니라는 것만 입증하면 되고, 새로운 정책이 과거의 정책에 비하여 더 우월한 것임을 입증할 필요는 없다고 판시하였다. 즉, 일반행정기관에 적

---

18) 이 기준의 적용과 해석이 쉐브론 기준의 2단계와 사실상 동일하다는 것은 앞서 언급한 것과 같다.

용되는 행정판단 존중원리와 동일한 수준으로 독립행정기관의 판단
도 존중할 수 있다고 설시하였다. 다만 이 사건은 행정판단 존중원
리와 별개로, 적법절차원칙에 반한다는 이유로 연방통신위원회의
판단이 위법하다고 보았는데, 즉 폭스 TV가 방송규정 위반을 한 행
위 시점 이후에 개정된, 당사자에게 더 불리한 규칙을 소급하여 적
용하는 것이 적법절차원칙에 반한다는 것이 그 주된 이유였다.

이 쟁점과 관련하여 이 판결의 4인 대법관의 의견[19](Scalia 대법관
이 작성)은, 독립행정기관은 정치로부터 독립된 것이 아니라 대통령
으로부터 독립된 것이고, 대통령으로부터의 독립은 입법부에 의한
더 강한 통제로 대체되거나 이를 통하여 상쇄될 수 있다고 보면서,
단지 대통령으로부터 독립되었다는 이유만으로 사법심사의 강도를
높이는 것은 적절하지 않은 점,[20] 미국 연방행정절차법상 독립행정
기관과 일반행정기관을 달리 취급하여 심사하라는 규정이 전혀 없
음을 들어, 독립행정기관과 일반행정기관 사이에 사법심사강도나
행정판단 존중에 있어 차이를 인정할 수 없다고 보았다.

이 판결의 소수의견으로, 독립행정기관이 일반행정기관에 비하여
그 판단을 더 존중받아야 한다는 견해와 덜 존중받아야 한다는 견해
가 모두 있었다. Breyer 대법관은 독립행정기관이 정치적인 감독을
덜 받도록 구성되어 있는 만큼 법원에 의한 심사는 더욱 엄격한 강
도가 적용되어야 한다고 주장하였다. 반면 Stevens 대법관은 연방통
신위원회와 같은 기관은 행정부로부터 독립되어 있는 만큼[21] 행정
부의 대리인이 아니라 의회의 대리인에 가깝다고 보면서, 전문성을

---

19) 다수의 연방대법관의 의견이기는 하였으나 과반수에 이르지 못하여 'Plurality
   Opinion'에 해당한다.
20) 앞서 본 바와 같이 학설로는 다수설에 가까운 견해를 비판하였다.
21) 이는 미국에서 독립규제위원회를 '제4부'로 보는 입장과 같은 맥락이라고
   할 수 있다.

보유하고 있는 독립적인 위원들이 판단한 내용은 일반행정기관의 그것보다 더욱 존중되어야 한다고 보았다.

요컨대, 이 판결에서는 ① 행정판단 존중원리의 적용 측면에서 독립행정기관과 일반행정기관이 동일하게 취급되어야 한다는 견해가 가장 많은 대법관(4인)의 지지를 받았고, ② 독립행정기관이 일반행정기관에 비하여 그 존중의 범위가 낮다는 소수의견과, ③ 독립행정기관이 일반행정기관에 비하여 그 존중의 범위가 더 높다는 또 다른 소수의견이 개진되었다. 다만, 4인의 다수의견도 미국 연방대법원의 법정의견을 형성할 정도에 이르지를 못하여 선례로 확립되지는 못하였다.

다. 검토

위에서 본 바와 같이, 현재까지의 미국 연방대법원 판결, 즉 걸프 전력 판결(2002), 브랜드 엑스 판결(2005), 폭스 TV 판결(2009) 등을 종합적으로 살펴볼 때, 미국 연방법원은 독립규제위원회의 판단에 대하여 최소한 일반행정기관과 동등한 정도나 그 이상으로 이를 존중하고 있음을 확인할 수 있었다. 다만 폭스 TV 판결의 다수의견이 법정의견에 이르지는 못했다는 점, 그 전의 걸프 전력 판결 및 브랜드 엑스 판결이 명시적으로 독립규제위원회에 대한 행정판단 존중원리를 쟁점으로 삼아 언급한 것은 아니라는 점에서 미국 연방대법원의 입장이 아직 명확하게 정해진 것이라고 보기는 어렵다.

제3절 대표적 독립규제위원회 등에 대한 판결례 분석

1. 개관

앞에서는 독립규제위원회에 행정판단 존중원리가 일반적으로 적용될 수 있는지에 관한 미국의 이론과 판례를 살펴보았다. 이하에서는 앞서 본 논의를 바탕으로, 독립규제위원회를 대표하는 연방거래위원회(FTC), 증권거래위원회(SEC), 연방통신위원회(FCC)의 판단에 대한 사법심사를 다룬 각종 판결을 구체적으로 검토하고자 한다.

이를 통하여, 실제로 미국 연방법원의 독립규제위원회의 판단에 대한 존중 여부와 그 정도 및 행정판단 존중원리의 독립규제위원회에의 실제적 적용에 관하여 구체적으로 확인할 수 있다. 또한, 미국의 연방거래위원회, 증권거래위원회, 연방통신위원회의 판단에 대한 개별 판결의 내용을 살펴보는 것은 제5장에서 볼 우리나라의 공정거래위원회, 금융위원회, 방송통신위원회에 대한 판결과의 비교를 위한 중요한 자료가 될 수 있다.

미국의 주요한 세 독립규제위원회에 대한 판결을 검토하고 난 후에, 독립규제위원회와의 비교를 위하여 그 외의 행정기관에 대한 판결도 필요한 범위에서 살펴본다. 독립행정기관(Independent Agency)인 미국 환경보호청(Environmental Protection Agency, EPA), 특수한 분야를 주로 다루는 독임제 행정기관으로서 미국 보건복지부(Department of Health and Human Service)와 미국 노동부(Department of Labor), 그리고 특수한 분야를 다루기보다 법치행정 전반을 다루는 미국 법무부(Department of Justice)의 사례를 소개함으로써 상호 비교할 수 있는 지점을 확인할 필요가 있다.

앞서 언급한 바와 같이, 미국 독립규제위원회의 판단의 존중 정도를 체계적으로 논의하고 미국의 판결을 다양하게 소개한 논문이나 연구가 적은 실정이므로, 미국 판결 제공 사이트(Westlaw, Lexis 등)를 통하여 확인한 여러 판결을 소개한다. 논지 자체로 의미가 있는 판결은 물론, 기존의 일반 원칙을 적용한 사례이더라도 독립규제위원회의 일차적 판단에 대한 사법심사에 있어 시사점을 줄 수 있는 사례라고 판단되는 것을 추려 시간 순서로 소개하기로 한다. 적용 사례를 확인함에 있어서는, 연방대법원 판결보다 하급심 판결이 더 중요할 수 있는데 이는 연방대법원은 판결 자체의 수가 적을 뿐 아니라[1] 앞서 본 바와 같이 연방대법원은 행정판단 존중원리의 일반론에 관한 설시를 하는 것을 매우 신중하게 접근하고 있기 때문이다.[2]

2. 연방거래위원회 판결례

우선 연방거래위원회(FTC)의 판단에 대한 미국 연방법원의 사법심사 사례 중 중요한 판결을 시간순으로 다룬다.

가. 그라츠 판결(1920)

그라츠(Gratz) 판결[3]은 1920년에 선고된 사건으로서, 연방거래위원회의 판단에 대하여 법원이 어느 정도의 심사강도를 적용해야 하

---

[1] 1년에 약 7-80건의 판결만을 선고한다.
[2] 구체적인 내용은 제3장 제5절 참고.
[3] *FTC v. Gratz*, 253 U.S. 421 (1920).

는지와 얼마나 이를 존중해야 하는지를 쟁점으로 삼아 판단한 초기의 사건이라는 점에서 살펴볼 필요가 있다.[4]

　이 판결의 사실관계는 다음과 같다. 강철 제품과 직물 제품을 취급하는 두 회사를 운영하는 그라츠라는 사람이 위 각 제품을 결부하여 판매하는 행위를 하자, 연방거래위원회는 연방거래위원회법 Section 5(Section 8836e)[5]를 근거로 삼아 위 행위를 불공정 행위로 판단하였다. 그러자 그라츠는 이에 대하여 이의를 제기하면서 소를 제기하였다.

　결국 쟁점은 연방통상위원회법 Section 5(Section 8836e)의 해석 문제였다. 위 법률은 특정한 회사들이 주간(州間) 통상에서의 '불공정 경쟁'(unfair method of competition)에 관여되었는지 여부를 결정하는 절차의 주재 권한을 연방거래위원회에 부여하였는데, 사업이 '불공정 경쟁'인지 여부를 결정하기 위한 심사기준에 관해서는 구체화된 기준 없이 공백으로 남아 있었다.

---

[4] 이 사건은 독립규제위원회의 판단 존중과 관련하여서도 의미가 있지만, 공정거래법의 중요한 쟁점을 담고 있어 매우 유명한 판결이다. 다만, 여기에서는 공정거래법의 쟁점에 관하여는 깊이 다루지 않는다.

[5] Section 5 (section 8836e):

　That unfair methods of competition in commerce are hereby declared unlawful. The commission is hereby empowered and directed to prevent persons, partnerships, or corporations, except banks, and common carriers subject to the acts to regulate commerce, from using unfair methods of competition in commerce. Whenever the commission shall have reason to believe that any such person, partnership, or corporation, has been or is using any unfair method of competition in commerce, and if it shall appear to the commission that a proceeding by it in respect thereof would be to the interest of the public, it shall issue and serve upon such person, partnership, or corporation a complaint stating its charges in that respect, and containing a notice of a hearing upon a day and at a place therein fixed at least thirty days after the service of said complaint.

　연방대법원의 다수의견6)은 '불공정 경쟁'이라는 용어는 법에 의하여 정의된 바 없어서 그 의미는 명확하지 않은데, 불공정 경쟁은 '법률문제'(matter of law)로서 최종적으로 판단하는 것은 '연방거래위원회가 아니라 법원'이라고 판시하였다. 그러면서 Gratz 등이 한 행위가 연방거래위원회가 한 판단과 달리 불공정 경쟁에 해당하지 않는다고 판시하였다.

　한편, 소수의견7)은 Section 5(section 8836e)에 의할 때 연방거래위원회가 어떤 행위가 상사관계에 있어 불공정 행위가 행해졌거나 행해지고 있다고 믿을 만한 이유가 있었다면 이에 따른 조치를 취할 수 있으며, 이는 의회가 그러한 불공정 행위가 일반적 관행이 되는 것을 막기 위하여 위원회에 그러한 권한을 부여한 것인바, 연방거래위원회가 문제되는 행위가 불공정 행위라고 판단할 만한 충분하고 합리적인 근거가 있었다는 이유로 그 판단을 존중해야 한다고 보았다.

　이 판결은 쉐브론 기준이 확립되기 전에 나온 판결로서, 겉으로 보기에는 행정판단 존중원리의 적용 여부에 대한 쟁점이 아니라 법률에 정해진 요건의 해석 권한이 궁극적으로 누구에게 있는지를 판단한 판결이라고 볼 수 있다. 다만, 판결의 내용을 실질적으로 살펴볼 때 불공정 경쟁이라는 요건의 해석 권한이 법원에 있음을 천명하면서, 법원이 연방거래위원회의 판단을 갈음할 수 있다고 본 것이므로 행정판단을 존중하지 않는 심사를 한 판결 또는 행정판단 존중의 정도를 매우 낮게 인정한 판결이라고 볼 수 있다.

나. 내셔널 석유회사 판결(1973)

　그후의 사건으로서 연방거래위원회의 판단에 대한 사법심사가 쟁

---

6) McReynolds 대법관 등 7인
7) Brandies 대법관 등 2인

점이 된 것으로 내셔널 석유회사(National Petroleum) 판결8)이 있다. 이 판결 역시 쉐브론 판결이 등장하기 전의 사건인데 연방거래위원회의 규칙제정권한을 넓게 인정하면서도 위원회의 판단을 존중하는 범위를 제한하는 판시를 하였는바 이를 주목할 필요가 있다.

이 사건의 사실관계는 다음과 같다. 연방거래위원회는 연방거래위원회법에 따라 불공정하거나 기만적인 거래행위에 대하여 중지명령(cease and desist order)을 내릴 권한을 가지고 있었는데, 그 동안 연방거래위원회는 구체적인 사건에서의 재결절차를 통하여 해당 행위가 불공정하거나 기만적인 거래행위에 해당하는지 여부를 판단하여 왔다. 그러던 중 연방거래위원회는 '거래규제규칙'(Trade Regulation Rule)의 제정을 통하여, 불공정하거나 기만적인 거래행위의 내용을 미리 정해 두기로 하면서, 1971년에는 석유판매업자가 석유를 판매함에 있어서 성분비율의 표시를 하지 않는 행위를 불공정 또는 기만적 행위로 본다는 내용의 규칙을 제정하였다.

위 규칙이 제정되자 내셔널 석유회사 등 석유판매업자 단체는 소를 제기하여, 연방거래위원회가 제정한 위 규칙은 근거법인 연방거래위원회법에 반하는 것이라고 주장하였다. 즉, 원고들은 연방거래위원회법은 연방거래위원회에 재결 절차에 관한 규칙제정권만을 부여하였을 뿐, 무엇이 불공정하고 기만적인 행위에 해당하는지에 관한 실체적인 기준에 관한 규칙제정권까지 부여한 것은 아니라고 주장하였다.

이에 대하여 연방항소법원(D.C. Circuit)은 법률상 연방거래위원회의 규칙제정 권한을 부여한 것인지가 모호한 것으로 보면서, 그러한 상황에서는 연방거래위원회가 한 권한 행사를 긍정적으로 해석할 수 있다는 이유와 함께 실체적 기준이 제정됨으로 인하여 얻게 되는

---

8) *National Petroleum Refiners Assn. v. FTC*, 482 F.2d 672 (D.C. Cir. 1973), cert. denied, 415 U.S. 951 (1974).

효용도 있다는 것을 근거로 하여 원고들의 청구를 기각하였다.

한편, 이 사건에서 연방거래위원회는, '사법부는 연방거래위원회가 한 판단을 존중해야 한다'고 주장하였는데, 법원은 그에 대한 응답으로 법원이 행정판단을 존중하여야 하는 사안에 관한 하나의 기준을 제시하기도 하였다. 즉 법원은 행정판단 존중원리는 해당 행정기관에 대하여 그 '기관의 특별한 능력이나 전문성 요구하는 사안'(require special agency competence or expertise)에 적용될 여지가 크다고 설시하면서 이 사건은 연방거래위원회의 판단이 곧바로 존중되어야 하는, 전문성이 특별히 요구되는 사건은 아니라고 판단하였다.9) 이 판결에 대하여 석유판매업자 단체가 연방대법원에 상고하였으나 상고허가신청이 받아들여지지 아니하였다.

다. 매톡스 판결(1985)

매톡스(Mattox) 판결10)은 쉐브론 판결이 나온 직후인 1985년의 판결로서, 연방거래위원회가 한 판단에 대하여 쉐브론 판결을 인용하면서 그 판단에 대한 존중이 이루어져야 함을 밝혔다는 점에서 의미가 있다.

이 사건의 사실관계는 다음과 같다. 이 사건은 1976년의 Hart-Scott-Rodino Act의 규정과 그 해석에 관한 쟁점을 다루고 있다. 즉, 위 법은 인수합병을 하려는 경우 인수합병에 앞서 그 사실을 연방거래위원회에 알려야 하는 의무를 부과하되, 위 법의 제7A(h)조11)는 그 의무

---

9) 482 F.2d 672, 694 (D.C. Cir. 1973).

10) *Mattox v. FTC*, 752 F.2d 116 (5th Cir. 1985).

11) "Any information or documentary material filed with the Assistant Attorney General or the Federal Trade Commission pursuant to this section shall be exempt from disclosure under section 552 of Title 5, and no such information or documentary material may be made public, except as may be relevant to

에 따라 인수합병 전에 제출된 서류(premerger notification materials)는 대중(public)에 공개되어서는 안 된다고 규정하고 있었다.

그런데 그 후 텍사스 주 법무부장관은 연방거래위원회에, 주 법무부장관으로서 관련된 법 집행을 위하여 필요하다는 이유로 연방거래위원회가 제출받은 서류의 제공을 요청하였다. 이때 텍사스 주 법무부장관은, 요청하는 서류를 법 집행에만 활용하려고 하는 것이고 그 이외에는 비밀을 유지하겠다고 서약하였다. 이에 대하여 연방거래위원회는, 설령 그 자료를 요청한 기관이 법 집행기관이고, 법 집행기관이 비밀을 유지하겠다고 약속했더라도, 위 법령의 해석상 해당 서류는 공개할 수 없다고 판단하면서 텍사스 주 법무부장관의 요청을 거부하였다. 이에 텍사스 주 법무부장관이 소를 제기하였다.

이 사건에서 미국 연방항소법원(5th Circuit)은 1984년에 선고된 쉐브론 판결을 직접 인용하면서, 위 법령의 해석에 관하여 연방거래위원회의 판단에 존중이 부여되어야 한다면서 연방거래위원회가 한 비공개 처분이 정당하다고 판시하였다.12) 이 판결은 비록 하급심 판결이기는 하지만 독립규제위원회인 연방거래위원회에 대하여도 쉐브론 판결에 따른 판단존중이 적용된다는 것을 쉐브론 판결 이후 처음으로 명시적으로 판단하였다는 것에 중요한 의의가 있다.

라. 삭스 백화점 판결(1993)

그 이후에도 연방거래위원회의 판단을 존중한 판결이 이어졌다. 1993년에 나온 삭스 백화점(Sak's Fifth Ave) 판결13) 역시 쉐브론 판결

---

any administrative or judicial action or proceeding. Nothing in this section is intended to prevent disclosure to either body of Congress or to any duly authorized committee or subcommittee of the Congress."

12) "We are persuaded that the views of the Antitrust Division and the FTC are entitled to deference in the reading of HSR."

을 인용하면서 위원회의 판단을 존중한 사건이다.

이 사건의 사실관계는 다음과 같다. 1991년 11월 26일 원고인 Estiverne이라는 사람이 Sak's Fifth Avenue 백화점을 방문하여 시계를 사려고 하였는데, 결제하기 위한 수표책을 두고 온 것을 깨닫고 우선 백화점에서 돌아온 후 비서에게 자신이 서명한 수표와 신분증 등을 주면서 그 수표를 백화점에 가져가서 대금을 지급하라고 하였다. 백화점의 직원이 그 수표를 전달받았으나, 그 백화점의 점원은 백화점의 정책에 따라 수표의 사전 승인요청을 하였는데 사전 승인을 담당한 JBS라는 회사로부터 승인이 이루어지지 않자 그 수표의 수취를 거부하였다. Estiverne는 JBS와 Sak's Fifth Avenue 백화점을 상대로 소를 제기하면서, 그 수표가 곧바로 받아들여지지 않고 사전 승인 요청이라는 절차를 거치게 한 다음 결국 수취를 거절한 것은 그가 흑인이었기 때문이라고 주장하였고, 나아가 Sak's Fifth Avenue 백화점과 JBS가 그의 신용상태를 조회한 것은 개인정보의 침해에 해당한다고 주장하였다. 이에 대하여 피고는 인종에 따른 차별적 취급이라는 원고의 주장은 이유 없고, 관련 법령(15 U.S. Code §1681b, Fair Credit Reporting Act)[14]에 따라 정당하게 개인정보를 이용할 수 있는 요건에 해당하는 경우라고 항변하였다.

이 판결은 여러 논점을 포함하고 있지만, 본 연구의 주제와 관련된 부분은 피고가 항변한 Fair Credit Reporting Act(FCRA)의 적용과 관련된 것이다. 특히 JBS의 report가 해당 법령[15]에서 말하는 'consumer

---

[13] *Estiverne v. Sak's Fifth Avenue*, 9 F.3d 1171 (5th Cir. 1993).

[14] 15 U.S. Code §1681b Permissible purposes of consumer reports

  (F) otherwise has a legitimate business need for the information--

    (i) in connection with a business transaction that is initiated by the consumer; or

    (ii) to review an account to determine whether the consumer continues to meet the terms of the account.

report'에 해당하는 것인지 그리고 Sak's Fifth Avenue 백화점이 consumer report를 이용할 수 있는 '정당한 사업상의 필요'(legitimate business need)가 있었는지에 관한 해석이 중요한 쟁점이었다.

연방거래위원회는 종래 주석서 등을 통하여 '상인에게 어떤 고객의 수표가 기존에 거절된 적이 있는지를 알려주는 리스트'가 'consumer report'에 해당한다고 해석하고 있었다. 이 사건에서 법원은 쉐브론 판결을 명시적으로 언급하면서, 비록 그 주석서가 법은 아니지만 입법자가 이 쟁점에 관하여 명확히 언급을 하지 않고 있는 상태에서 이 사건에서 문제가 된 법령(FCRA)을 적용하는 기관인 연방거래위원회가 이 사건에서 문제된 report를 법령에서 말하는 consumer report 라고 해석하였다면 쉐브론 기준에 따라 이를 존중해야 한다고 판시하였다.

이 판결은 비록 하급심 판결이지만, 명시적으로 쉐브론 판결을 인용하여 연방거래위원회의 판단을 존중해야 한다는 판시를 하였다는 점, 위원회가 한 주석서의 해석에 관하여도 이를 존중한다고 해석될 만한 판시를 하였다는 점에서 연방거래위원회의 판단 존중의 범위

---

15) 15 U.S. Code §1681a
　　(d) Consumer report
　　(1) In general
　　　　The term "consumer report" means any written, oral, or other communication of any information by a consumer reporting agency bearing on a consumer's credit worthiness, credit standing, credit capacity, character, general reputation, personal characteristics, or mode of living which is used or expected to be used or collected in whole or in part for the purpose of serving as a factor in establishing the consumer's eligibility for--
　　　　　　(A) credit or insurance to be used primarily for personal, family, or household purposes;
　　　　　　(B) employment purposes; or
　　　　　　(C) any other purpose authorized under section 1681b of this title.

를 상당히 폭넓게 본 판결로 볼 수 있다.

마. 캘리포니아 치과의사 협회 판결(1999)

쉐브론 판결이 나오고 난 후, 연방대법원에서 연방거래위원회와 관련된 사건에서 쉐브론 기준을 명시적으로 언급하면서 그 적용 여부를 처음으로 다룬 판결로는 1999년의 캘리포니아 치과의사 협회 판결이 있다.[16][17]

이 사건의 사실관계는 다음과 같다. 캘리포니아 주 치과의사의 3/4 가량이 소속되어 있는 비영리 주립 전문직 단체인 캘리포니아 치과의사 협회는 그 회원들에게 저렴한 보험 상품과 재정 지원을 제공하고 로비, 소송, 마케팅, 대중과의 교류 등에 관하여 회원들에게 이익이 되는 프로그램을 제공하였다. 한편 위 협회는 협회 회원들에게 광고와 관련한 권고 의견과 가이드라인을 제시하면서 광고를 규제하였는데, 연방거래위원회는 그러한 광고 규제가 공정거래법 제5조에 위반된다고 보고 캘리포니아 치과의사 협회에 대한 제재처분을 내렸다. 이에 위 협회는 위 사안이 연방거래위원회의 권한 범위 내에 속한 것이 아니라는 등의 이유로 이에 불복하는 소를 제기하였다.

결국 이 사건의 쟁점은, 연방거래위원회가 과연 캘리포니아 치과의사 협회와 같은 단체에도 그 권한을 행사할 수 있는지 여부였다. 문제되는 법령은 "위원회는 'persons, partnerships or corporations'[18]에 대한 권한을 가진다"고 규정하고 있었기 때문에, 결국 캘리포니아 치과의사 협회가 위에서 말하는 corporations[19]에 포함되는지가

---

16) *California Dental Assn. v. FTC*, 526 U.S. 756 (1999).

17) 쉐브론 판결 이후에 나온, 앞서 소개한 연방거래위원회에 관한 두 판결은 연방대법원 판결이 아닌 하급심 판결이었다.

18) 15 U.S. Code §45(a)(2).

19) 이와 관련하여 15 U.S. Code §44는 다음과 같이 이를 정의하고 있었다.

문제되는 것이었다. 연방거래위원회는, 캘리포니아 치과의사 협회는 비록 비영리단체이기는 하지만, 활동은 실질적으로 그 회원들의 이익을 위한 것이므로 위원회의 권한이 미친다고 주장하였고, 자신의 해석에 합리성이 있으므로 쉐브론 기준에 따라 판단존중(deference)이 부여되어야 한다고 주장하였다.

그러나 연방대법원은 "이 사건은 판단존중(deference)이 문제되는 사건이 아니지만, 연방거래위원회의 준비서면에서 주장되고 있는 해석이 통상적인 해석의 원칙에 비추어 이 사건 법규의 더 정확한 해석이기 때문"에 위원회의 판단이 정당하다고 보았다. 즉 연방거래위원회가 주장한 일반적인 행정판단 존중원리를 근거로 한 것이 아니라, 법규의 해석 그 자체의 정당성을 이유로 관할에 관한 연방거래위원회의 손을 들어 주었다.[20]

이 판결은 결론에 있어서는 이 사건이 연방거래위원회의 권한 범위 내에 있다는 점을 확인하여 주었으나, 쉐브론 기준을 적용한 것은 아니었다.

"Corporation" shall be deemed to include any company, trust, so-called Massachusetts trust, or association, incorporated or unincorporated, which is organized to carry on business for its own profit or that of its members, and has shares of capital or capital stock or certificates of interest, and any company, trust, so-called Massachusetts trust, or association, incorporated or unincorporated, without shares of capital or capital stock or certificates of interest, except partnerships, which is organized to carry on business for its own profit or that of its members.

[20] 이처럼 연방거래위원회의 권한에 관한 해석은 그 정당성을 인정하였으나, 결론적으로는 다른 쟁점, 즉 연방거래위원회가 반경쟁 행위를 판단하는 방식에 있어 적용한 원칙에 잘못이 있다는 이유로 해당 사건을 파기하였다.

바. 감자 농장주 협동조합 판결(2011)

연방법원 1심 판결이기는 하지만 최근에 명시적으로 연방거래위원회의 판단에 관하여 쉐브론 기준을 적용하여야 함을 밝힌 사건[21]이 있다.

이 사건의 사실관계는 다음과 같다. 원고들(감자 매입회사)은, 피고들(감자 판매업자)이 감자 농장주들의 협동조합을 조직하여 감자의 가격을 올리기 위하여 일부러 수확량을 줄이는 것에 동의하고, 실제로 수확량을 줄이는 불공정 거래 행위를 하였으며, 이로 인하여 원고들이 피고들로부터 직접 감자를 충분히 구매하지 못하여 손해를 입었다고 주장하며 소를 제기하였다.

이 사건에서 원고들은, 피고들이 감자 농장주들에게 감자 재고를 버리거나 감자의 생산을 억제하는 데에 필요한 자금까지 지원하였다고 주장하였다. 나아가 원고들은, 피고들의 행위가 감자의 가격을 고정시키거나 상승시켰다고 주장하면서 이러한 행위는 반독점법에 위배된 것이라고 주장하였다. 피고들은 이 사건에서는 7 U.S. Code §291(Capper-Volstead Act)[22]와 15 U.S. Code §17[23]에 의하여 농업협동

---

[21] 834 F.Supp.2d 1141 (D.Idaho 2011).

[22] 7 U.S. Code §291

"Persons engaged in the production of agricultural products as farmers, planters, ranchmen, dairymen, nut or fruit growers may act together in associations, corporate or otherwise, with or without capital stock, in collectively processing, preparing for market, handling, and marketing in interstate and foreign commerce, such products of persons so engaged. Such associations may have marketing agencies in common; and such associations and their members may make the necessary contracts and agreements to effect such purposes: Provided, however, That such associations are operated for the mutual benefit of the members thereof...."

[23] "Nothing contained in the antitrust laws shall be construed to forbid the existence and operation of labor, agricultural or horticultural organizations

조합에는 반독점법이 적용되지 않는다고 주장하면서 원고들의 주장을 반박하였다. 이에 대하여 원고들은 재차 7 U.S. Code §291(Capper-Volstead Act)가 명시적으로 적용을 제외한다고 규정한 영역(acreage reductions, production restrictions, or collusive crop planning)을 해석해 볼 때, 피고들의 항변은 이유 없다고 주장하였다.

법원은, 7 U.S. Code §291(Capper-Volstead Act)의 적용 제외와 관련한 문언에는 모호한 점이 있는바, 연방거래위원회는 이 사건의 생산 제한이 위 법에 의하여 적용 제외되는 범위에 포함되지 않는다고 해석한 것이고, 그 해석이 합리적 방법 중 하나라면, 쉐브론 기준에 따라 행정판단을 존중해야 한다고 판시하였는바,[24] 쉐브론 기준을 명시적으로 언급하고 이에 따른 판단을 하였다는 점에서 의미가 있다.

사. 분석

미국의 독립규제위원회이자 일반경쟁규제기관인 연방거래위원회의 처분 등에 행정존중 등이 적용될 수 있는지에 관하여 다룬 미국 연방법원의 판결을 살펴보았다. 연방 하급심 법원 판결 중에는 명시적으로 쉐브론 법리의 적용을 인정한 판결들이 있었다. 1심은 감자 농장주 협동조합 판결, 항소심은 1985년 매톡스(Mattox) 판결과 1993년의 삭스 백화점(Sak's Fifth Ave) 판결이 대표적이다. 한편, 연방대법

---

instituted for the purposes of mutual help ... or forbid or restrain individual members of such organizations from lawfully carrying out the legitimate objects thereof; nor shall such organizations, or the members thereof, be held or construed to be illegal combinations or conspiracies in restraint of trade under the antitrust laws."

[24] "Federal agencies have also recognized that production limitations are not permitted under Capper-Volstead. To the degree there is ambiguity in the statute on this issue, agencies with jurisdiction over the statute are typically entitled to Chevron deference, and their decisions would be persuasive."

원 판결 중에 쉐브론 판결 등을 언급하면서 행정판단 존중이 인정된다고 보고 그대로 연방거래위원회의 판단의 유효성까지 인정해 준 판결은 찾아보기 어려웠지만, 쉐브론 판결이 심사기준으로 적용될 수 있다고 해석이 가능한 캘리포니아 치과의사 협회 판결(California Dental Association) 등을 발견할 수 있었다.

3. 증권거래위원회 판결례

연방거래위원회에 이어 증권거래위원회의 판단에 대한 사법심사 사례를 마찬가지로 판결 시간 순서대로 소개한다.

가. 체너리 판결(1947)

우선 쉐브론 판결이 나오기 전인 1947년의 사건으로서 "법률용어의 광범위성으로 인하여 행정청이 명백하게 그 재량을 남용한 것이 아닌 한 행정청의 판단을 배척할 수 없다"고 본 체너리(Chenery) 판결[25]을 소개하기로 한다.

이 사건의 사실관계는 다음과 같다. 이 사건에서는 '1935년 공익사업지주회사법'(Public Utility Holding Company Act of 1935)에 따른 구조개편 신청에 대한 증권거래위원회(SEC)의 승인거부처분이 문제되었다. 증권거래위원회는 구조개편 신청의 승인에 관련된 일반적 기준이나 규칙을 사전에 제정하지는 않은 상태였는데, 재결을 통하여 증권거래위원회는 경영진에 의한 주식거래를 승인거부 사유로 제시하면서 구조개편 승인을 거부하였다. 이에 대하여 원고는, 증권거래위원회가 사전에 경영진의 주식거래를 금지하는 규칙 등을 제

---

[25] *SEC v. Chenery Corp.*, 332 U.S. 194 (1947).

정하지 않은 상태였는데 재결을 통하여 당해 거래를 근거로 구조개
편을 불승인하는 것은 불공정하다고 주장하면서 소를 제기하였다.[26]

연방대법원은, 법률에서 사용된 불확정개념에 관하여 행정이 명
백하게 그 재량을 남용한 것이 아닌 한 행정청의 판단을 배척할 수
없다고 판시하면서 재결을 통하여 판단할지 규칙을 사전에 제정할
지에 관한 선택은 행정기관의 재량에 속한다고 판시하였다. 즉, 연방
대법원은 가능한 경우에는 사전에 규칙을 제정하는 것이 바람직하
다고 보면서도, 여러 사정상 규칙을 제정하지 않은 채 재결로 판단
을 하였더라도 이를 가지고 위법하다고 할 수 없다고 보았다.

이 판결에서 연방대법원은, 증권거래위원회가 다루는 주제가 고
도의 전문성이 요구된다면서 일반행정기관보다 더 넓게 증권거래위
원회의 판단을 존중해야 한다는 것으로 해석될 수 있는 판시를 하였
다. 연방대법원은 행정기관이 가능한 경우에는 규칙제정을 선택하
는 것이 바람직하지만, 행정청이 사전에 합리적으로 예측하기 어렵
거나, 관련된 규정이 없는 상태에서 잠정적인 결정을 할 수밖에 없
는 문제이거나 일반 규정으로는 해결하기 어려운 고도로 전문적(so
specialized)[27]인 경우에는 재결에 의하여 판단하더라도 허용될 수 있

---

[26] 332 U.S. 194, 196-197 (1947); 임성훈, 「불확정개념의 해석·적용에 대한 사법
심사에 관한 연구: 한국·미국·독일법의 비교를 중심으로」, 서울대학교 박
사학위 논문, 2012, 129면 참조.

[27] "In other words, problems may arise in a case which the administrative agency
could not reasonably foresee, problems which must be solved despite the
absence of a relevant general rule. Or the agency may not have had sufficient
experience with a particular problem to warrant rigidifying its tentative
judgment into a hard and fast rule. Or the problem may be so specialized and
varying in nature as to be impossible of capture within the boundaries of a
general rule. In those situations, the agency must retain power to deal with the
problems on a case-to-case basis if the administrative process is to be
effective. There is thus a very definite place for the case-by-case evolution of

다고 보았다. 즉, 사전에 규칙을 제정할지 재결로 판단할지에 관하여
는 증권거래위원회의 재량으로 본 것이다.

이 판결은 앞서 본 판시 부분 이외에도, 연방대법원이 기존에는
일반행정기관이 재결을 통하여 비로소 기준설정을 하거나 구체적
판단을 하는 것의 적법성을 인정하는 데에는 대체로 소극적인 태도
를 보여왔다는 점[28] 때문에, 증권거래위원회에 더 폭넓은 판단 권한
을 인정하고 이를 존중한 판결로도 중요한 의미를 지니는 것으로 평
가된다.

나. 타이커 판결(1999)

쉐브론 판결이 있은 후, 증권거래위원회의 판단에 관하여 쉐브론
기준의 적용 여부가 쟁점이 된 사건으로 1999년의 타이커(Teicher)
판결[29]이 있다.

이 판결의 사실관계는 다음과 같다. 원고인 Teicher는 1985년에 한
등록 증권중개회사의 대표로 고용되었는데, 위 회사의 대표로 활동
하는 와중에 다른 회사를 설립하였다. 새로 설립한 회사 역시 증권
에 투자하면서 유상으로 투자 관련 자문을 제공하는 업무를 하고 있
었으나, 위 회사는 증권거래위원회에 등록을 하지는 않은 상태였다.

Teicher는 로펌 변호사 등으로부터 장래에 있을 인수합병에 관한
정보나 미공개정보를 취득하여 오면서, 이러한 정보를 이용하여 주
식을 매수하거나 매도하였다. Teicher가 미공개 중요 정보를 이용한

---

statutory standards. And the choice made between proceeding by general rule
or by individual, ad hoc litigation is one that lies primarily in the informed
discretion of the administrative agency."

[28] 임성훈, 「불확정개념의 해석·적용에 대한 사법심사에 관한 연구: 한국·미
국·독일법의 비교를 중심으로」, 서울대학교 박사학위 논문, 2012, 129면.

[29] *Teicher v. SEC*, 177 F.3d 1016 (D.C. Cir. 1999).

주식의 매도 및 매수를 하였다는 사실이 드러나자, 이에 대한 조사
가 이루어졌고 조사 후에 Teicher는 미공개 정보를 이용하여 주식을
거래하였다는 이유로 기소되었으며 형사재판에서 유죄판결로 확정
되었다. 그러자 증권거래위원회는 이에 대한 후속조치로서 Teicher
에게 등록 및 무등록 투자 자문사를 포함한 증권업을 하지 못하도록
하는 행정명령을 내렸다.

Teicher는 위 명령의 당부에 관하여 다투었다. Teicher는 행정명령
의 근거가 되는 법령[1940년 Investment Advisers Act의 제203(f)조30)]에
의할 때 '등록된' 투자 자문업 이외에 '미등록' 투자 자문업에 대하여
까지 제재를 가하는 것은 법령상 인정되는 증권거래위원회의 권한
을 넘은 것이라고 주장하였다.

이에 대하여 연방항소법원(D.C. Circuit)은, 증권거래위원회의 판단
에 관하여 명시적으로 쉐브론 기준을 적용하여 판단을 하였다. 즉,
증권거래위원회의 법규 해석을 심사해 볼 때, 위원회가 한 해당 법
규와 관련하여 불명확성이 존재하지 않고, 설령 불명확성이 있다고
하더라도 쉐브론 기준에 의하면 그 해석은 합리적이어서, 그에 대한
존중이 이루어질 수 있다고 판시하였다. 이 판결에 대하여 원고가
연방대법원에 상고하였으나 상고허가가 이루어지지 않아 위 판결이
그대로 확정되었다.

이 판결은 비록 연방대법원의 판결은 아니지만, 증권거래위원회
가 관련된 법규의 해석을 할 때 쉐브론 기준에 따른 판단 존중을 적

---

30) "The Commission, by order, shall censure or place limitations on the activities
of any person associated, seeking to become associated, or, at the time of the
alleged misconduct, associated or seeking to become associated with an
investment adviser, or suspend for a period not exceeding twelve months or
bar any such person from being associated with an investment adviser, if the
Commission finds ..., that such censure, placing of limitations, suspension, or
bar is in the public interest and that such person."

용할 수 있음을 분명히 밝힌 사례로서 의미 있다. 나아가 쉐브론 기준에 따른 합리성 판단을 어떻게 하는지를 직접적으로 보여준 판결이기도 하다.

다. 잰드포드 판결(2002)

2000년대에 이르러 증권거래위원회의 판단을 어느 범위에서 존중할 수 있는지 여부를 다룬 연방대법원 판결로서, 2002년의 잰드포드(Zandford) 판결[31]이 있다.

이 판결의 사실관계는 다음과 같다. 한 증권 중개인(Zandford)이, 고령의 고객에게 권유하여 그와 정신지체가 있는 그의 딸의 공동 명의의 투자 계좌를 개설하도록 한 다음, 그로부터 그 계좌의 유지·관리 및 사전 승인 없이 증권 거래를 할 수 있는 권한을 위임받았다. 수년 후 그 고령의 고객이 사망하였는데, 당시 그 고객 명의로 개설된 투자 계좌에는 아무 자금이 남아 있지 않았다. 이에 증권 중개인은, 고객의 주식을 팔고 그 수익을 개인적인 용도로 사용하였다는 이유로 전자금융사기(wire fraud) 혐의로 기소되었다. 나아가 증권거래위원회는 그 증권 중개인이 고객을 기망하고 고객의 재산을 동의 없이 유용하였다는 이유로 1934년 증권거래법(Securities Exchange Act) 제10(b)[32]조와 규칙 10b-5[33]를 근거로 하여 민사소송도 제기하

---

[31] *SEC v. Zandford*, 535 U.S. 813 (2002).

[32] "unlawful for any person ... [t]o use or employ, in connection with the purchase or sale of any security ..., any manipulative or deceptive device or contrivance in contravention of such rules and regulations as the [SEC] may prescribe."

[33] 17 C.F.R. §240.10b-5

It shall be unlawful for any person, directly or indirectly, by the use of any means or instrumentality of interstate commerce, or of the mails or of any facility of any national securities exchange,

였다.

형사 사건에서는 유죄판결이 선고되었고, 이에 위 민사소송의 1심에서도 원고 승소 판결이 선고되었다. 그런데 항소심(4th Circuit)은, 피고의 행위가 위 법령에서 규정하고 있는 요건인 '증권의 매수 또는 매도와 관련하여'(in connection with the purchase or sale of any security)라는 요건을 충족한다고 볼 증거가 없다는 이유로 1심과 달리 판단하였다. 즉, 피고의 행위는 고객의 자산을 훔치려는 것이었지 특정한 증권거래를 조작하려는 것이 아니었으므로, 이러한 행위는 시장 질서를 어지럽히는 것과는 관계가 없다는 이유였다. 이에 증권거래위원회가 상고하였다.

연방대법원은, 피고의 행위가 '증권의 매수 또는 매도와 관련하여'(in connection with the purchase or sale of any security)라는 요건을 충족한다고 판단하였다. 의회가 위 법률을 제정할 때 의도한 것은 증권 시장의 공정을 확보하고, 이를 통하여 1929년 금융시장 붕괴 이후에 잃은 투자자의 신뢰를 회복하기 위한 것이었다고 보고, 의회가 이를 위하여 증권 시장에 적용될 고도의 윤리 기준을 제정하고자 한 것이라고 보았다. 이러한 바탕에서 증권거래법은 기계적·제한적으로 해석될 것이 아니라, 보다 유연하게 해석되어야 한다고 보았다. 그러면서 연방대법원은 쉐브론(Chevron) 대신 미드(Mead) 판결을 인용하면서, 다소 모호한 문언에 대한 증권거래위원회의 해석이 합리적인 이상 그 해석에 대한 존중(deference)이 이루어져야 한다고 선언

(a) To employ any device, scheme, or artifice to defraud,

(b) To make any untrue statement of a material fact or to omit to state a material fact necessary in order to make the statements made, in the light of the circumstances under which they were made, not misleading, or

(c) To engage in any act, practice, or course of business which operates or would operate as a fraud or deceit upon any person,

in connection with the purchase or sale of any security

하였다.34) 구체적으로 연방대법원은, 증권거래위원회나 법원 어느 기관도 증권거래법에 위반되기 위하여는 특정한 증권 가치에 대한 허위가 있음을 요구한 적이 없었다는 점, 피고의 행위와 증권의 거래는 분리되어서 생각할 수는 없는 것이라는 점, 피고가 한 증권의 매매행위는 거의 사기와 연결되는 것으로서 전체적으로 보면 이 법에 위배되는 행위라고 볼 수 있다는 점 등을 들어 증권거래위원회의 해석이 합리적인 범위 내에 있다고 볼 수 있고 따라서 그 판단을 존중하여야 한다고 판시하였다.

라. 에드워드 판결(2004)

이 판결35)의 사실관계는 다음과 같다. 한 투자자(Edwards)는 공중전화를 자신이 우선 구매한 다음에 다시 이를 리스하여 원 회사로 하여금 운영하도록 하는 방식(Lease Back)의 거래를 통해, 결국 투자자로서는 고정된 월 사용료를 정기적으로 받고 있었다. 증권거래위원회는, Edwards가 한 위 거래가 증권거래법의 적용 대상이 되는 것을 전제로 하여, 그 과정에서 위 Edwards가 1933년 증권거래법 및 1934년 증권거래법과 규칙 10b-5의 사기방지 규정을 위반하였다면서, 위 투자자가 대표로 있는 회사(ETS Payphones)를 상대로 가처분(preliminary injunction)을 제기하였다.

결국 이 사건은, 전형적인 투자나 증권 거래가 아닌 위 행위가 과연 증권거래법이 적용되는 '투자계약'(investment contracts)에 해당하는지가 쟁점이었다. 만약 이에 해당하지 않는다면, 증권거래위원회가 제재를 할 수도 없고, 증권거래법이 적용될 수도 없기 때문이었다.

---

34) "This interpretation of the statute's ambiguous text in the context of formal adjudication is entitled to deference."
35) *SEC v. Edwards*, 540 U.S. 389 (2004).

연방 1심법원은, 증권거래위원회의 주장을 받아들이고 해당 회사를 운영하는 Edwards에게 향후 해당 행위를 금지할 것을 명하는 가처분을 발령하면서 나아가 Edwards의 재산을 압류하였다. Edwards는 위 행위가 증권의 거래와는 관련이 없는 것으로서 증권거래위원회가 이에 관여할 권한이 없다는 이유로 항소하였다. 항소심(11th Circuit)은 1심과는 달리 위 행위가 '투자계약'(investment contracts)에 해당하지 않는다고 판단하였다. 이에 증권거래위원회가 상고하였다.36)

이 사건에서 연방대법원은, 고정적인 금원을 받기로 하면서 공중전화를 구입하고 이를 다시 리스하는 거래가 '투자계약'(investment contracts)에 해당한다고 하였고, 따라서 증권거래법이 적용된다고 보았다. 법원은 종래 이 투자계약의 의미에 대하여 해석을 한 바 있었는데,37) 투자계약의 정의는 유연하게 해석될 수 있는 것으로서, 고정된 금원만을 지급받는 것과 유동적인 금원을 지급받는 것이 투자의 개념을 해석함에 있어 차이를 발생시킬 이유가 없다고 보았다. 그러한 맥락에서 연방대법원은, 단어에만 천착하여 법의 목적 달성에 방해를 초래하는 해석을 하지 않아야 할 뿐 아니라, 증권거래위원회도 꾸준히 고정적인 금원을 지급받더라도 투자가 될 수 있다는 해석을 해 왔다는 이유로 원심을 취소하였다.

이 판결은, 명시적으로 쉐브론 기준 등을 인용하고 있지는 않지만, 그 논리나 취지에서 사법부가 증권거래위원회의 판단을 두텁게 존중해야 한다는 내용을 담은 판결로 의미가 있다.

---

36) 이 항소심 판결에 대하여 쉐브론 기준이 적용되었어야 한다는 비판이 일었다. 대표적으로 Richard G. Himelrick, *Judicial Deference to SEC Precedent*, 9-WIR PIABA B.J. 61 (2002), 65-68 참조.

37) *SEC v. W.J. Howey*, 328 US. 293 (1946).

마. 분석

독립규제기관으로서 전문규제기관인 증권거래위원회의 처분 등에 행정판단 존중원리가 어떻게 적용될 수 있는지에 관하여 각종 연방법원 판결을 살펴보았다. 명시적으로 쉐브론 판결이나 미드 판결을 인용하면서 판단의 존중을 선언한 판결도 있었고, 명시적으로 선례를 언급하지는 아니하였으나 증권거래위원회의 판단을 존중한 판결도 있었다. 한편, 앞서 본 판결을 통하여 증권거래위원회가 한 판단을 연방거래위원회에 대한 판단에 비하여 더 두텁게 존중하는 경향을 발견할 수 있기도 하였다. 판결 이유를 통하여 유추해 보건대, 법원이 증권거래위원회가 다루는 주제가 고도의 전문성이 요구되는 영역으로 인식하고 있기 때문으로 생각된다. 앞서 전문적 영역에 관하여는 더욱 행정판단을 존중하는 경향이 있음을 실증적 통계를 통하여 살펴본 바 있고,[38] 그중 경제규제와 관련하여서는 행정기관 승소의 비율이 전체 평균보다 높았음을 알 수 있는데 같은 맥락에서 판례의 경향성을 납득할 수 있다.

4. 연방통신위원회 판결례

연방거래위원회, 증권거래위원회에 이어 다음으로 연방통신위원회의 판단을 다룬 사례를 살펴본다.

가. 퍼시피카 재단 판결(1978)

연방통신위원회의 판단에 관하여 쉐브론 판결이 선고되기 전의

---

38) 제3장 제5절 참조.

사건으로서, 연방통신위원회의 해석을 존중하는 판시를 한 판결로 1978년의 퍼시피카 재단(Pacifica Foundation) 판결[39]이 있다.

사실관계는 다음과 같다. 한 라디오 방송국이 만든 풍자적인 방송을 하는 라디오 프로그램에서, 다소 방송에 적절하지 않은 말들이 사용되었다. 어린 아들과 함께 차를 타고 가면서 이 방송을 들은 한 아버지는 연방통신위원회에 이 라디오 방송국에 대하여 문제제기를 하였다.

연방통신위원회는 관련 법령[18 U.S. Code § 1464(1976 ed.)][40]을 근거로 하여 이 방송에 문제가 있는지 및 이를 이유로 제재를 하여야 하는지를 판단하였다. 연방통신위원회는 그 방송에서의 사용된 문제된 언어는 특별히 공격적인 방법으로 성적인 행동을 묘사하고 있었다고 하면서, 그 방송에서 사용된 언어는 위 규정을 근거로 금지되어야 하는 내용이었다고 판단하였다.

이러한 연방통신위원회의 해석과 처분에 대하여, 해당 방송국이 불복하여 소를 제기하였다. 연방항소법원(D.C. Circuit)은 연방통신위원회의 해석이 타당하지 않다고 보아 이를 취소하였다(이때 3인의 판사 중 2인이 연방통신위원회의 해석이 타당하지 않다고 보았고 1인의 판사는 위원회의 해석이 타당하다고 보았다). 이에 대하여 위원회가 불복하자 연방대법원이 상고허가신청을 받아들였다.

연방대법원은, 연방통신위원회가 최초에 한 해석이 타당하다고 보아 그 해석이 잘못되었음을 전제로 그 처분을 취소한 연방항소법원의 판결을 파기하였다. 이 판결에서 연방대법원은, 연방통신위원회의 판단에 관한 일반적인 심사기준을 천명한 것은 아니지만 구체

---

[39] *FCC v. Pacifica Foundation*, 438 U.S. 726 (1978).

[40] "Whoever utters any obscene, indecent, or profane language by means of radio communication shall be fined under this title or imprisoned not more than two years, or both."

적으로 여러 사정을 들어 위원회가 처음에 한 판단이 적법하다고 보았는데, 그 논증 과정에서 위원회가 문제 되는 해당 규정을 그동안 어떻게 해석해 왔는지를 논거로 삼았다는 점, 위원회의 해석을 두고 그 해석에 동의할 수 있는지 여부를 판단하였다는 점 등을 고려해 볼 때 기본적으로 연방통신위원회의 판단을 존중하는 입장에서 논증을 출발한 것으로 해석할 수 있다. 결국, 이 판결은 쉐브론 판결이 선고되기 전의 사건이지만, 그 전부터 연방대법원이 연방통신위원회의 해석을 존중하는 판시를 해 왔음을 추단할 수 있는 판결로서 의미가 있다고 할 것이다.

나. 캐피털 전화회사 판결(1985)

쉐브론 판결이 있은 직후의 사건으로서, 연방통신위원회 결정의 효력을 다툰 사건 중에 캐피털 전화회사(Capital Telephone) 판결[41]이 있다. 이 판결은 연방통신위원회의 판단에 대하여, 일반행정기관에 대한 판단에 대한 것보다 더 강한 표현('highly deferential', 'broad discretion')을 사용하면서 연방통신위원회에 폭넓은 존중이 부여되어야 한다는 점을 밝힌 판결로서 매우 중요한 의미가 있다.

이 사건은 연방통신위원회의 경쟁법 위반에 대한 판단의 당부를 다툰 사건이었다. 이 사건에서 Capital Telephone은 경쟁 사업자인 New York Telephone이 여러 차례에 걸친 Guardband Violations(전화회사로 하여금 무선 공중 통신 사업자에 대한 차별을 하지 못하도록 하는 내용에 관한 의무 위반)를 하였다는 내용으로 연방통신위원회에 진정을 제기하였다. 위원회는 Capital Telephone이 진정한 여러 사유 중 하나만 받아들여 New York Telephone에 제재처분을 하고, 나머지 신청에 대하여는 이를 받아들이지 아니하였다. 이에 Capital

---

[41] *Capital Telephone Co. Inc. v. FCC*, 777 F.2d 868 (2d Cir. 1985).

Telephone은 신청이 기각된 부분에 관한 연방통신위원회 판단에 대하여, New York Telephone은 인용된 부분에 관한 위원회의 판단에 대하여 각기 그 판단이 부당하다면서 불복하였고 각 불복에 관하여 법원이 이를 판단하게 되었다.

연방항소법원(2nd Circuit)은, 우선 이 사건의 심사 기준에 대하여 적시하면서 연방통신위원회의 명령은 '자의적이거나 전단적이거나 합리적 근거를 결여한 경우'(arbitrary, capricious or lacking in any rational basis)가 아닌 이상 그대로 유지되어야 한다고 설시하였다.[42] 그러면서 연방통신위원회의 판단은 높은 정도로 존중되어야(highly deferential)한다고 판시하였다. 법원은 더 나아가 연방통신위원회의 판단에는 넓은 재량(broad discretion)이 존재한다는 것까지 명확히 밝혔다.[43]

이 판결은, 연방통신위원회가 다른 기관에 비하여 더 넓은 재량을 가지고 있고, 법원은 연방통신위원회의 판단을 매우 두텁게 존중해야 한다는 점을 명백히 밝혔다는 점에서 상당히 중요한 의미를 지닌다.

다. 엠씨아이 통신회사 판결(1994)

1994년 판결로서, 연방통신위원회의 해석에 대하여 쉐브론 기준이 적용될 수 있는지 여부가 쟁점이 된 엠씨아이 통신회사(MCI Telecommunications) 사건[44] 또한 중요한 판결 중 하나이다.

---

[42] "At the outset, we note we must uphold the FCC order unless it is arbitrary, capricious, or lacking in any rational basis."

[43] 제5장에서 상세히 살펴볼 바와 같이, 우리나라의 판례는 사안의 특수성, 전문성으로 인하여 행정기관의 재량에 더 두터운 존중을 할 필요가 있는 경우 '폭넓은 재량'이 있다고 줄곧 표현하여 왔는데 미국에서도 행정판단의 존중의 정도를 두텁게 하면서 'broad discretion'이라는 표현을 사용한 것이 흥미롭다.

이 사건은 미국 연방 법률상, 통신사업자로 하여금 연방통신위원회에 이용요금표를 작성하여 제출할 의무를 부과한 것에 관한 사건이었다. 관련 법률에는, 통신사업자에게 이용요금표를 작성하여 제출하도록 함과 동시에, 연방통신위원회가 그 이용요금표 작성 및 제출 의무의 요건을 변경(modify)할 수 있다고 규정하고 있었다[47 U.S. Code Section 203(b)].[45] 이에 연방통신위원회는, 신규시장진입자와 시장지배력이 작은 원거리 통신사업자에 대하여는 이용요금표의 작성을 면제하는 세부규칙을 제정하였다. 이에 대하여, 이용요금표 작성 및 제출 의무가 있는 기존의 시장지배력을 갖춘 통신사업자인 AT&T가, 위와 같이 일부 사업자에게 이용요금표의 작성과 제출 의무를 '면제'해 주는 것이 위 법령에 반한다는 이유로 연방통신위원회를 상대로 소를 제기하였다.

이 사건에서는 결국 법령상의 'modify'라는 요건을 가지고, 연방통신위원회가 일부 사업자를 대상으로 그 의무 자체를 면제해 주는 것이 가능한 것인지가 쟁점이 되었다. 이에 관하여 연방통신위원회는 'modify'라는 용어는 그 사전적 정의가 '기본적이고 중요한 변화를 초래하는 것'이라고 되어 있음을 이유로, 일부 사업자에 대한 의무 면제도 합리적인 해석의 범위 안에 있고, 따라서 쉐브론 기준에 따라 행정청의 해석에 대한 존중이 이루어져야 한다고 주장하였다.

연방대법원의 판단은 5명의 다수의견과 4명의 소수의견으로 나뉘었고, 5명의 다수의견(Scalia, Rehnquist, Kennedy, Thomas, Ginsburg)은

---

[44] *MCI Telecommunications Corp. v. American Telephone & Telegraph Co.*, 512 U.S. 218 (1994).

[45] (2) The Commission may, in its discretion and for good cause shown, modify any requirement made by or under the authority of this section either in particular instances or by general order applicable to special circumstances or conditions except that the Commission may not require the notice period specified in paragraph (1) to be more than one hundred and twenty days.

연방통신위원회의 그러한 해석이 법령의 문언의 범위를 넘어선 것이어서 그 판단이 존중받을 수 없다고 판시하였다. 그와 달리 이 판결의 반대의견(O'connor, Stevens, Blackmun, Souter)은 이 사건은 쉐브론 기준에 따른 판단 존중이 이루어질 수 있는 사안이라고 보았다.[46]

이 판결을 통해 연방통신위원회의 판단에 쉐브론 기준이 적용될 수 있다는 점에 관하여는 당시 연방대법원의 의견이 일치된 것을 알 수 있다. 다만, 합리적 해석의 범위와 그 한계에 관하여 대법관들 사이에 의견이 나뉘었던 것으로서, 이 판결은 독립규제위원회의 판단 존중의 범위와 그 한계를 가늠하는 데 매우 중요한 의미를 지니는 판결이라고 할 수 있다.

라. 풀래니 판결(1995)

1995년의 풀래니(Fulani) 판결[47]은 연방통신위원회가 한 '방송'에 관한 판단에서, 법원이 쉐브론 기준을 원용하면서 매우 존중적으로 심사한 사건으로서 의미가 있다.

이 사건의 사실관계는 다음과 같다. 이 사건은 '1934년 통신법'(Communications Act of 1934) 조항(47 U.S. Code § 315[48])의 해석에 관

---

46) "this is surely a paradigm case for judicial deference to the agency's interpretation", "The Commission's use of the "discretion" expressly conferred by § 203(b)(2) reflects "a reasonable accommodation of manifestly competing interests and is entitled to deference"

47) *Fulani v. FCC*, 49 F.3d 904 (2d Cir. 1995).

48) 47 U.S. Code §315. Candidates for public office

(a) Equal opportunities requirement; censorship prohibition; allowance of station use; news appearances exception; public interest; public issues discussion opportunities

If any licensee shall permit any person who is a legally qualified candidate for any public office to use a broadcasting station, he shall afford equal

한 것이었는데, 위 법은 공직후보자에 대하여 방송에 관한 '동등한 기회와 시간'(equal opportunities, equal time)을 보장해 줄 것을 의무화하고 있었다. 1992년 ABC방송은 '로스 페로는 누구인가?'(Who is Ross Perot?)라는 특별 방송을 내보내면서 1992년 미국 대통령 선거에 출마한 독립 후보자인 Ross Perot를 위 방송에 출연시켰다. 원고인 Fulani 역시 또 다른 독립 후보자였는데, 위 규정을 근거로 하여 동일하게 ABC 방송에 출연하게 해 달라는 요청을 하였으나 ABC가 이를 거부하였고 Fulani는 연방통신위원회에 청원을 제기하였다.

한편 이 사건에서 문제가 된 위 법령에는, 동등한 기회와 시간을 보장해 주어야 하는 것의 예외로서 '순수한 뉴스 인터뷰'(bona fide news interview)를 적시하고 있었는데, 연방통신위원회는 이 사건에

---

opportunities to all other such candidates for that office in the use of such broadcasting station: Provided, That such licensee shall have no power of censorship over the material broadcast under the provisions of this section. No obligation is imposed under this subsection upon any licensee to allow the use of its station by any such candidate. Appearance by a legally qualified candidate on any--

(1) bona fide newscast,

(2) bona fide news interview,

(3) bona fide news documentary (if the appearance of the candidate is incidental to the presentation of the subject or subjects covered by the news documentary), or

(4) on-the-spot coverage of bona fide news events (including but not limited to political conventions and activities incidental thereto),

shall not be deemed to be use of a broadcasting station within the meaning of this subsection. Nothing in the foregoing sentence shall be construed as relieving broadcasters, in connection with the presentation of newscasts, news interviews, news documentaries, and on-the-spot coverage of news events, from the obligation imposed upon them under this chapter to operate in the public interest and to afford reasonable opportunity for the discussion of conflicting views on issues of public importance.

대하여 위 예외 요건에 해당하는 것으로 볼 수 있고 따라서 ABC 방송사가 위 법을 위반한 것이 아니라고 판단하였다. Fulani는 이에 불복하여 소를 제기하였다.

결국 이 사건은 위 면제 요건인 '순수한 뉴스 인터뷰'(bona fide news interview)라는 면제 요건에 해당하는지가 쟁점이었다. 연방항소법원(2nd Circuit)은 연방통신위원회의 판단에 관하여 매우 존중적인 심사("highly deferential")가 이루어져야 한다고 설시하면서,[49] 그러한 행정판단 존중적 심사의 기준으로 볼 때 연방통신위원회의 판단에 합리성이 있어 위법이 없다고 판단하였다.[50]

이 판결은 연방통신위원회의 판단에 대하여 쉐브론 기준을 명시적으로 적용하였다는 점에서 의미가 있고, 쉐브론 기준을 적용하면서도 연방통신위원회의 판단에 대하여는 일반적으로 사용하는 'deferential'이라는 표현보다 더 두터운 존중을 의미하는 'highly deferential'이라는 설시를 하였다는 점에서 상당한 의미를 지닌다. 연방통신위원회의 판단에 대하여 일반행정기관보다 더 두터운 존중을 하여야 한다는 가능성은, 1984년의 캐피털 전화회사(Capital Telephone) 판결을 통하여 일부 제시된 바 있었으나, 그 사건은 쉐브론 기준이 아닌 자의금지 기준에 대한 사건이었다는 점에서, 이 판결로 인하여 이제는 자의금지 기준이나 쉐브론 기준을 막론하고 연방통신위원회에 대하여는 일반행정기관보다 더 두터운 존중이 이루어진다는 점이 보다 더 명확해졌다고 할 수 있다.

---

[49] "We note at the outset that the general standard of review to be applied in connection with final orders of the FCC is a 'highly deferential one.'"

[50] "Viewing the FCC's decision through the lens of this standard of review, we find that there was a reasonable basis for the FCC's finding that Jennings, and not Perot, was in control of the proceedings."

마. 걸프 전력 판결(2002) 및 버라이즌 판결(2002)

2002년에, 연방통신위원회의 판단에 관하여 쉐브론 기준에 따라 그 적법성이 명시적으로 인정된 연방대법원 판결 두 건이 있었다. 1994년 엠씨아이 통신회사(MCI Telecommunications) 판결에서, 연방대법원이 연방통신위원회의 판단에 대한 쉐브론 기준의 적용 가능성을 밝히기는 하였으나, 그 사건에서는 쉐브론 기준이 적용상의 한계를 넘었다고 판시하였으므로 아래에서 소개할 2002년의 두 가지 연방대법원 판결이 독자적인 의미를 가진다.

우선 걸프 전력(Gulf Power) 판결(2002)[51]에 관하여 본다. 이 사건은 '전신주 설치법'(Pole Attachment Act)의 해석과 적용이 문제 된 사건이었다. 위 법은 연방통신위원회로 하여금 전화나 전기를 위한 전신주에 장비 등을 부속시키는 경우에 관한 비용, 조건 등을 정할 수 있는 권한을 부여하였는데, 어느 범위까지 위 법령의 적용 대상이 되는지가 쟁점이 된 사건이었다.

이 사건에서 연방통신위원회는, 케이블에 고속 인터넷 접속이 가능하도록 기능을 추가했다고 하더라도, 마찬가지로 규제의 대상이 된다고 판단하였다. 즉 법원은, 법령에 의한 전신주의 정의와 관련하여 '케이블 텔레비전 시스템이나 텔레커뮤니케이션 서비스 제공자에 의하여 설치된 것을 포함한다'고 한 규정의 문언 해석으로 이 사건의 쟁점이 해결될 수 있다고 보면서, 위 법에 다소 모호한 부분이 있을 때 연방통신위원회가 그 법령을 해석한 것이 합리적이라면, 쉐브론 기준에 의하여 연방통신위원회의 판단에 존중이 부여될 수 있다고 판시하였다.[52] 그러한 이유로 연방통신위원회의 판단이 적법

---

51) *National Cable & Telecommunications Assn., Inc. v. Gulf Power Co.*, 534 U.S. 327 (2002).

52) "This is our own, best reading of the statute, which we find unambiguous. If

하다고 보았다.

다음으로 버라이즌(Verizon) 판결53)에 대하여 본다. 통신에서의 경쟁을 촉진하기 위하여 제정된 1996년 통신법(Telecommunications Act)은 신규 사업자가 기존 사업자의 통신망을 임대할 수 있다고 규정하면서(47 U.S. Code §251) 연방통신위원회가 통신망 임대료에 관하여 각 주의 위원회(State Utility Commissions)가 만들 징수 요금에 관한 근거 규정을 두었다[47 U.S. Code §252(d)].54) 위 법령에는 징수요금에 관하여 '정당하고 합리적인 요금'(just and reasonable rates)이라고 규정하고 있었고, 연방통신위원회는 이를 보다 구체적으로 해석하였는데, 시장참여자들은 위와 같은 위원회의 구체적 해석이 정당하거나 합리적인 것이라고 볼 수 없다는 이유로 이에 불복하였다.

그러자 연방대법원은, 연방통신위원회의 판단에 대한 쉐브론 기준과 그에 따른 판단존중(deference)을 명시적으로 언급하면서, 당사자가 연방통신위원회의 판단의 비합리성을 증명하지 못하였으므로 연방통신위원회 판단의 유효성은 그대로 유지된다고 판시하였다.55)

---

the statute were thought ambiguous, however, the FCC's reading must be accepted nonetheless, provided it is a reasonable interpretation."

53) *Verizon Communications Inc. v. FCC*, 535 U.S. 467 (2002).

54) 47 U.S. Code §252(d) Pricing standards

(1) Interconnection and network element charges

Determinations by a State commission of the just and reasonable rate for the interconnection of facilities and equipment for purposes of subsection (c)(2) of section 251 of this title, and the just and reasonable rate for network elements for purposes of subsection (c)(3) of such section--(이하 생략).

55) "The FCC can require state commissions to set the rates charged by incumbents for leased elements on a forward-looking basis untied to the incumbents' investment. Because the incumbents have not met their burden of showing unreasonableness to defeat the deference due the FCC."

바. 브랜드 엑스 판결(2005) 및 폭스 TV 판결(2009)

2005년과 2009년에 연방대법원에서 연방통신위원회의 판단에 대한 사법심사를 다룬 판결로는 앞서 본 브랜드 엑스(Brand X) 판결과 폭스 TV(Fox TV) 판결이 있다. 이 각 판결은 연방통신위원회의 판단 존중에 관한 연방대법원 사건으로는 매우 중요한 사건임은 틀림없으나, 이미 앞에서 구체적인 내용을 소개하였으므로56) 여기에서는 위 사건들 역시 연방통신위원회에 대한 사건이었음을 밝히는 정도로만 하고 구체적인 내용의 소개는 생략한다.

사. 알링턴 시 판결(2013)

그 후 연방통신위원회의 판단에 관하여 연방대법원이 다룬 최근 사건으로는 2013년의 알링턴 시(City of Arlington) 판결57)이 있다.

이 사건의 사실관계는 다음과 같다. 무선 통신 서비스 사업자는, 무선 통신탑을 설치하기 전에 반드시 주와 지방 정부로부터 허가를 받아야 하는데, 이에 관하여 1934년 통신법(Telecommunications Act)은 지방정부가 그러한 신청에 관하여 '합리적인 기간'(within a reasonable period of time) 안에 응답할 것을 의무화하는 규정을 두었다. 그런데 실제로 지방 정부의 허가신청에 대한 응답이 매우 지체되는 현상이 발생하자, 연방통신위원회는 2009년 규칙을 제정하여 합리적인 기간의 범위를 "기존의 건물에 부착하는 것에 대한 경우는 신청일로부터 90일 이내, 새로이 구조물을 설치하는 것에 대한 경우는 신청일로부터 150일 이내"라고 규정하였다.

이에 대하여 지방정부들은, 연방통신위원회가 이러한 기간적 한

---

56) 브랜드 엑스 판결은 제3장 제3절, 폭스 TV 판결은 제4장 제2절 각 참조.
57) *City of Arlington v. FCC*, 569 U.S. 290 (2013).

계를 설정할 권한이 없다고 주장하면서 소를 제기하였다. 그러면서
쉐브론 기준에 따른 행정판단의 존중은 자기 권한의 범위 자체를 정
하는 사안에는 적용될 수 없다는 주장을 하였는데, 연방항소법원(5th
Circuit)은 이와 같은 사안에서도 쉐브론 기준에 따른 판단 존중이 이
루어질 수 있다고 보았다. 이에 관하여 상고가 이루어졌다.

연방대법원은 이 쟁점에 관하여 6:3으로 의견이 나뉘었는데 다수
의견(Scalia 대법관 등)은 연방 행정기관의 관할 범위에 관하여 모호
한 내용이 있을 경우, 법령 내용의 합리적 해석에 관하여 해당 행정
기관의 재량을 존중하여야 한다고 판시하면서, 위 연방통신위원회
의 권한 행사가 적법하다고 판시하였다. 반면 3인의 소수의견
(Roberts 대법원장 등)은 연방 행정기관의 권한 범위와 관련하여서는,
행정기관의 해석에 관하여 의회가 그 입법 권한을 해당 행정기관에
위임시킨 것이라는 법원의 판단이 이미 존재하는 경우가 아닌 한,
쉐브론 기준을 적용하는 것에 신중해야 한다는 의견을 제시하였다.
한편, 이 판결에서 Breyer 대법관은 보충의견을 제시하였는데, 행정
기관의 전문성(expertise)을 하나의 주된 근거로 들면서, 연방통신위
원회의 판단이 적법하다는 데 의견을 같이 하였다.58)59)

---

58) "The case before us offers an example. The relevant statutory provision
requires state or local governments to act on wireless siting applications
"within a reasonable period of time after" a wireless service provider files such
a request. 47 U.S.C. § 332(c)(7)(B)(ii). The Federal Communications Commission
(FCC) argued that this provision granted it a degree of leeway in determining
the amount of time that is reasonable. Many factors favor the agency's view:
(1) the language of the Telecommunications Act grants the FCC broad
authority (including rulemaking authority) to administer the Act; (2) the words
are open-ended—i.e. "ambiguous"; (3) the provision concerns an interstitial
administrative matter, in respect to which the agency's expertise could have
an important role to play; and (4) the matter, in context, is complex, likely
making the agency's expertise useful in helping to answer the "reasonableness"

아. 분석

독립규제위원회이자 전문규제기관인 연방통신위원회의 판단에 대한 사법심사 기준이 어떠해야 하는지에 관한 구체적인 판결례를 살펴보았다. 앞에서 본 연방거래위원회나 증권거래위원회에 비하여 더 풍부한 사례가 발견되었다. 나아가 명시적으로 연방통신위원회에 대하여는 다른 일반행정기관에 비하여 그 존중의 정도가 높다는 취지의 판시("highly deferential", "broad discretion")도 발견할 수 있었다. 위에서 든 사정을 고려해 볼 때, 연방통신위원회는 연방거래위원회, 증권거래위원회, 연방통신위원회 사이에서는 연방대법원으로부터 가장 행정판단의 존중 범위를 두텁게 부여받는 기관으로 볼 수 있다.

5. 보론(비교대상 기관 사례)

이하에서는, 독립규제위원회는 아니지만 행정판단 존중원리를 다룬 그 밖의 행정기관의 사례를 살펴보고자 한다. 이를 통하여 독립규제위원회의 판단에 보다 특수한 취급이 인정되고 있는지를 가늠해 볼 수 있다.

---

question that the statute poses."

59) 이 판결에 관하여 위 쟁점 이외에 'rule'과 'standard'의 차이를 확인시켜 주었다는 점에서 의의를 찾는 문헌도 있다[Emily Deddens, *Rules versus Standards in City of Arlington v. FCC*, 133 S. Ct. 1863 (2013), 37 Harv. J.L & Pub. Pol'y 695 (2014) 참조].

가. 미국 환경보호청

우선 독립규제위원회는 아니지만, 독립행정기관(independent agency)
에 해당하면서 환경이라는 전문적 분야의 규제정책을 다루는 미국
환경보호청(Environmental Protection Agency, EPA)[60]의 사례를 살펴볼
필요가 있다. 쉐브론 기준이 바로 환경보호청에 대하여 나온 판결인
만큼 환경보호청에 쉐브론 기준이 적용될 수 있는 것은 분명하다.
다만 여기에서 환경보호청에 대한 구체적인 판결을 추가로 더 살펴
보려는 것은, 환경보호청과 같은 독립행정기관에 적용되는 행정판
단 존중원리가 독립규제위원회나 일반행정기관에 대한 적용과 차이
가 있는지 여부를 귀납적으로 확인하기 위한 시도이다. Chevron 판

---

[60] 환경보호청은 1970년 설치된 독립행정기관이다. 1950~60년대에 환경에 대
한 관심이 높아지고 환경파괴에 대한 우려가 커지면서 환경을 전문적으로
다룰 행정기관의 필요성이 대두되었다. 1970년 닉슨 대통령은 여러 부처에
산재되어 있는 환경 관련 문제를 통합하여, 이를 다룰 환경보호청의 설치
안을 제안하였고, 상원과 하원에서 그 법안이 통과됨으로써 설치되었다.
　환경보호청은 환경 규제를 위한 규칙제정권을 보유하고 있는데, 환경
관련 상위 법률의 내용을 구체화하거나 그 내용을 해석하는 규칙을 발령
하고 이를 집행한다. 환경보호청은 10개의 지역적 조직이 있고 27개의 산
하 연구소를 두고 있다. 주된 업무로는 각종 환경 관련 법령의 국가적 기
준의 설정과 유지, 환경영향평가, 환경 관련 연구와 교육 등이 있다. 산하
조직으로는 Office of Administrator(OA), Office of Administration and
Resources Management(OARM), Office of Air and Radiation(OAR), Office of
Chemical Safety and Pollution Prevention(OCSPP), Office of the Chief Financial
Officer(OCFO), Office of Enforcement and Compliance Assurance(OECA), Office
of Environmental Information(OEI), Office of General Counsel(OGC), Office of
Inspector General(OIG), Office of International and Tribal Affairs(OITA), Office
of Research and Development(ORD), Office of Land and Emergency
Management(OLEM), Office of Water(OW) 등이 있다.
　2018년 기준으로 약 14,000명의 직원이 소속되어 있고 그 직원 중 절반
이상이 환경과 과학 관련한 전문가 내지 과학자로 알려져 있다.

결은 이미 상세히 소개한 바 있으므로 이를 제외하고 그 외에 환경
보호청에 대하여 행정판단 존중원리가 적용된 대표적 사례로서 1985
년의 Chemical Manufacturers 판결과 1994년의 PUD No. 1 판결을 소
개하기로 한다.

　1985년의 Chemical Manufacturers 판결[61]은 천연자원보호위원회
(Natural Resources Defense Council, NRDC)가 환경보호청을 상대로,
독성 물질의 간접적 배출을 허용하는 기준 설정과 관련한 규칙의 위
법성을 주장하면서, 소를 제기한 사건이다. 이 사건에서 천연자원보
호위원회는 환경보호청의 규칙은, 청정수질법(Clean Water Act, CWA)
제301(l)조,[62] 즉 환경보호청이 독성 물질을 포함하는 규제에 관하여
어떠한 요건도 수정할 수 없다는 조항을 위배한 것이라고 주장하였
으나, 연방대법원은 쉐브론 판결을 인용하면서 법령의 문언이나 입
법 연혁, 법령의 목적 등을 모두 종합해 보더라도, 환경보호청의 법
령 해석이 그 권한의 범위를 벗어났거나 합리성이 없다고 볼 수 없
다고 판시하였다. 특히 연방대법원이 이 사건에서 환경보호청에 '상당
한 재량존중이 부여되어야 한다'(is entitled to considerable deference)고
판시하였는바 통상적으로 사용되는 판례상의 표현이 'is entitled to
deference'라는 점에서 일반행정기관에 대한 존중보다 한층 더 높은
존중을 부여한 것으로 해석할 수도 있다.

　PUD No. 1 판결(1994)[63]도 있는바, 행정판단에 대한 심사기준과

---

[61] *Chemical Manufacturers Association v. Natural Resources Defense Council, Inc.*, 470 U.S. 116 (1985).

[62] (l) Toxic pollutants

　　Other than as provided in subsection (n) of this section, the Administrator may not modify any requirement of this section as it applies to any specific pollutant which is on the toxic pollutant list under section 1317(a)(1) of this title.

[63] *PUD No. 1 of Jefferson Cty. v. Washington Dept. of Ecology*, 511 U.S. 700

관련된 쟁점 이외에도 다른 여러 쟁점으로 잘 알려진 판결이다. 워싱턴 주 제퍼슨 카운티의 Public Utility District(PUD)는 연방 소유의 땅에 흐르는 강 위에 수소 발전소를 세우려고 계획하고 있었다. 청정수질법(Clean Water Act, CWA)에 의하면, PUD는 이 시설을 운영하기 위해서는 허가를 받아야 했다. 환경보호청에 의하여 승인된 매우 엄격한 수질 기준을 가지고 있었던 워싱턴 주 환경청은 PUD에 여러 가지 조건을 부과한 허가를 내 주었는데, 그 조건 중에는 연어와 송어 종을 보호하기 위한 최소한의 유량을 확보할 것이 포함되어 있었다.

위 조건에 대하여 당사자가 불복을 제기하자 주 정부 행정 심판위원회는 워싱턴 주 환경청이 그 조건을 부과함에 있어서 그 권한을 남용했다고 판단하였다. 그러나 주 1심 법원은, 위 부과된 조건이 어류를 보호하기 위하여 필수적인 것이라고 보아 위 제한이 적법하다고 보았고, 이에 PUD가 상소하였는데, 워싱턴 주 대법원은 1심 법원의 판단이 옳다고 보아 상고를 기각하였으며 이에 위 사건에 대하여 연방대법원에 최종적인 상고가 제기되었다. 연방대법원의 다수의견은, 쉐브론 판결을 언급하면서 워싱턴 주의 최소 수량 부과 의무조건에 관하여 연방환경청이 한 법령 해석은 합리적이고, 그러므로 그 해석에는 판단존중(deference)이 부여되어야 한다고 판시하였다.[64]

나. 미국 보건복지부

또 하나의 비교사례로서 미국 보건복지부(Department of Health and Human Service)의 판단에 대한 사건을 살펴보기로 한다. 대표적인 판결로 Shalala 사건(1994)[65]이 있다. 이 사건에서는, 장관이 미국

(1994).

[64] 511 U.S. 700, 712 (1994).

[65] *Thomas Jefferson Univ. v. Shalala*, 512 U.S. 504 (1994).

에서 시행되고 있는 사회보장제도인 메디케어와 관련하여, 비용 재
분배를 금지하는 규칙에 따라 특정한 교육비의 배상이 이루어지지
않는다고 판단하자, 그 판단의 당부를 다툰 사건이었다.[66] 1심과 항
소심은 그 판단이 타당하다고 판시하였고, 연방대법원 역시 그 해석
이 타당하다고 판시하였다.

이러한 판단을 하면서 연방대법원은 이 사건이 행정기관이 스스
로 정한 규정의 해석에 해당한다고 보고, 행정기관의 판단에 '실질적
인 판단존중'(substantial deference)을 부여해야 한다거나, '넓은 판단
존중'(broad deference)을 부여해야 한다고 설시하였다. 그 이유로서
미국 보건복지부가 문제되는 법령에 관한 소관 부처인 데다가, 해당
사안이 '복잡하고 고도로 기술적'(complex and highly technical)인 부
분을 다루고 있다는 것을 근거로 제시하였다.[67]

---

[66] 문제되는 법령은 다음과 같다.

(c) Definitions. For purposes of this section, the following definitions apply:
(중략)

Redistribution of costs means an attempt by a provider to increase the
amount, or to expand the types, of the costs of educational activities that are
allowed for Medicare payment purposes by claiming costs that previously were
not claimed by the provider and were considered costs of an educational
institution. For example, costs for a school of nursing or allied health
education or a medical school that were incurred by an educational institution
and were not allowable to the provider in its prospective payment or
rate-of-increase limit base year cost report, or graduate medical education per
resident amount calculated under §§ 413.75 through 413.83, are not allowable
costs in subsequent fiscal years.

[67] "As petitioner's challenge is to the Secretary's interpretation of her own
regulation, the Secretary's interpretation must be given controlling effect
unless it is plainly erroneous or inconsistent with the regulation. Broad
deference is all the more warranted here because the regulation concerns a
complex and highly technical program in which the identification and
classification of relevant criteria require significant expertise and entail the

이 판결은 비록 보건복지부가 계서제·독임제 행정기관이기는 하지만 전문적이고 기술적인 분야를 다루는 기관인 만큼, 그 밖의 일반행정기관에 비하여 더 넓은 판단존중이 이루어질 수 있다는 점을 시사한다고 할 수 있다.

다. 미국 노동부

이번에는 미국 노동부(Department of Labor)가 문제된 사안을 살펴본다. 1991년의 Martin 사건[68]이 대표적이다. 이 사안은 미국 노동부장관이, 사업자에게 호흡기 보호 시스템을 의무화하는 법령(Occupational Safety and Health Act)에 따라 노동부장관이 공포한 규칙을 위반하였다는 이유로 벌금을 부과한 일에서 비롯되었다. 사업자는 위 벌금 부과에 불복하였는데, 처분에 대한 불복이 있는 경우 그 판단을 일차적으로 담당하는 위원회(Occupational Safety and Health Review Commission)[69]가 노동부장관이 내린 벌금을 무효화하자, 이에 대하여 소가 제기되었다. 연방항소법원(10th Circuit)은 노동부장관의 벌금을 무효화한 위원회의 판단이 정당하다고 보았다.

상고심에서 연방대법원은, 연방항소법원의 판결을 파기하고 노동부장관의 원처분이 적법하였다고 판시하였다. 연방대법원은, 법원으로서는 만약 노동부장관의 견해와 위원회(Commission)의 견해가 상충할 때 두 의견 모두 합리적인 범위 내에 있는 경우라면, 상충하는 두 의견 중 우선 장관의 해석에 판단존중(deference)을 부여하여야 한다고 판시하였다. 그 이유로서 장관은 법의 집행자로서 위원회(Commission)가 접하는 것보다 훨씬 더 많은 규제 문제를 평소에 접

---

exercise of judgment grounded in policy concerns."
[68] Martin v. OSHRC, 499 U.S. 144 (1991).
[69] 우리나라의 행정심판위원회에 유사한 기관으로 볼 수 있다.

하게 되므로 장관이 규제 법령의 해석에 더욱 전문성을 가지게 될 가능성이 크다는 점을 언급하였는데, 행정판단 존중에 있어 사법부가 비중있게 여기는 요소로서의 전문성에 관한 매우 중요한 시사점을 준 사건이라고 볼 수 있다.70)

라. 미국 법무부

마지막으로 미국 법무부(Department of Justice)에 관하여 문제된 사례를 하나 소개한다. 이는 2006년의 Gonzales 판결71)이다. 이 사건은 오리건 주의 존엄사법(ODWDA)과 관련한 것이었다. 1994년에 주민투표를 통하여 제정된 오리건 주의 존엄사법은, 치명적인 불치병 환자의 요구에 의하여 위 법이 규정한 특정한 안전장치를 따라 독극물을 처방한 주 면허 의사에게 민형사상의 책임을 면제하여 주는 내용이 담겨 있었고, 위 법률에 따른 의사의 처방 약물은 연방통제물질법(The Controlled Substances Act, CSA)에 의하여 규제된다는 내용이 있었다. 그런데 미국 법무부가 오리건 주의 존엄사법이 생긴 이후에, 연방통제물질법을 기존과 달리 해석하기로 하는 규칙을 두자, 법무부의 위 해석이 위법하다는 주장을 한 사건이었다.72)

---

70) 결국 이 사건에서 연방대법원은, 위원회(commission)가 가진 합의제성보다 장관이 가진 전문성을 더 중요하게 본 것이다.

71) *Gonzales v. Oregon*, 546 U.S. 243 (2006).

72) 구체적인 사실관계는 다음과 같다. 위 연방통제물질법에서는 약물을 5가지 목록으로 분류하고 제조, 분배, 처방 및 보유를 처벌하는 규제 장치를 마련한 뒤, 분류 1에 해당하는 약물은 접근과 사용이 가장 강하게 통제되고 분류 5에 해당하는 약물은 가장 완화된 규제가 적용된다는 내용이다. 연방통제물질법은 법무부장관에게 약물을 추가, 삭제하거나 재분류할 권한을 부여하고 있었고, 또한 공익에 부합하지 않는 경우 법무부장관이 의사등록을 거부, 취소, 정지할 권한을 부여하였다. 이와 관련하여 법무부가 제정한 1971년 행정규칙은 통제약물 처방전은 '합법적인 의료 목적을 위해서만'

이 사건에서는 결국 법무부의 해석에 쉐브론 기준이 적용되어야 하는지가 쟁점이 되었는데, 대법원의 다수의견은 쉐브론 기준을 적용하지 아니하였다. 법원은, 행정청 법해석 존중 원칙은 그 전문성에 주로 기인하는 것인데 "법무부 장관은 그러한 전문성을 가지고 있다고 볼 수 없다"고 판시하였다.73) 그러면서 이 사건에는 쉐브론 기준을 적용될 수 없고 그보다 약한 스키드모어 기준이 적용될 수 있는데 이 기준에 의하더라도 그 판단의 존중이 이루어지기 위한 설득이 이루어지지 않는다고 보았다.74)

발급이 가능하다고 규정하고 있었다.

그런데 2001년 법무부장관의 법해석규칙은 1971년 행정규칙을 해석함에 있어 존엄사를 위한 약물사용은 합법적인 의료목적을 위한 것이 아니므로 연방통제물질법 위반이라고 규정하였다. 이 법해석규칙의 무효 여부가 쟁점이 되었다. 법무부는 해당 해석규정이 쉐브론 판결이 적용되어야 한다고 주장하였는데, 그 이유로 연방통제물질법은 존엄사를 명시적으로 규정하지 않았고, 2001년 법해석규칙은 1971년 행정규칙을 해석한 것이며, 오리건 주법인 존엄사법은 연방 규제와 충돌되므로 연방법 우선조항(preemption)이 적용된다고 주장하였다[546 U.S. 243, 248-252 (2006)].

73) "The deference here is tempered by the Attorney General's lack of expertise in this area and the apparent absence of any consultation with anyone outside the Department of Justice who might aid in a reasoned judgment. In any event, under Skidmore, we follow an agency's rule only to the extent it is persuasive, and for the reasons given and for further reasons set out below, we do not find the Attorney General's opinion persuasive."

74) 이에 대하여 Roberts 대법원장을 비롯한 소수의견은 법무부의 법해석규칙이 권한 내의 규칙으로서 존중의 대상이 된다고 보았다. 그 근거로서, 연방통제물질법의 '통제'라는 용어는 '약물'을 목적어로 할 때는 분류표의 변경이라는 법령상 정의된 뜻으로 사용되지만, '통제물질 생산, 유통, 투여'를 목적어로 할 때는 사전적 의미의 '통제'로 해석되어야 하므로 법무부장관의 행정규칙제정권은 약물 생산, 투여를 통제하는 것을 내용으로 할 수 있다고 보았다. 나아가 소수의견은 법무부장관은 공익에 위반된다고 판단할 때 의사등록을 취소할 권한이 있는데, 존엄사를 위해 약물을 사용하는 것은 적법한 의료목적이 아니라는 것이 의학계의 일반적인 견해이고, '공익

이 판결은 법 일반에 대하여 다루는 법무부가 특정한 분야를 깊이 있게 다루는 보건복지부나 노동부에 비하여 행정판단 존중의 측면에서 동일한 취급을 받지 못할 가능성을 시사해 준다. 즉 ① 연방대법원은 법무부에 관하여 쉐브론 기준을 적용하지 않고 그보다 낮은 스키드모어 기준을 적용한 점, ② 그 이유로 법무부가 해당 영역에 있어 전문성이 높지 않다는 점을 밝힌 점, ③ 스키드모어 기준에 의한 설득 기준을 적용하였으면서도 그 충족 기준에 해당하지 아니한다고 판단한 점 등에 비추어 볼 때 일반행정기관 사이에서도 그 전문성 유무나 정도에 따라 행정판단 존중원리의 적용 여부가 다를 수 있음을 보여준다고 할 수 있다.

을 저해한다'라는 표현은 법무부장관에게 광범위한 재량권을 묵시적으로 부여한 것으로 볼 수 있다는 것을 주된 논거로 하였다. 이에 더하여 존엄사에 대한 것은 사실 과학적이고 의료적인 판단이라기보다는 가치판단에 대한 것이므로 법무부장관에 권한이 있다고 해석하는 것이 오히려 상식적일 수 있다는 것도 그 논거로 덧붙였다[546 U.S. 243, 275-299 (2006)].

제4절 소결

이 장에서는, 제3장에서 본 쉐브론 기준 등 행정판단 존중원리가 과연 독립규제위원회에 대하여 그대로 적용될 수 있는지에 관한 미국의 논의를 살펴보았다. 이에 관하여는, 일반행정기관과 동일하게 적용될 수 있다는 견해, 독립규제위원회의 특수성에 비추어 그 판단 존중의 범위가 더 넓어야 한다는 견해, 독임제·계서제에 비하여 민주적 정당성이나 책임성이 떨어지므로 판단 존중의 범위를 좁히고 사법심사를 더 강하게 해야 한다는 견해 등이 있었다. 연방대법원은 브랜드 엑스 판결이나 폭스 TV 판결 등에서 독립규제위원회에 대하여도 최소한 일반행정기관과 동일한 정도로는 자의금지 기준과 쉐브론 기준을 적용하고 있음을 알 수 있었다.

한편 연방거래위원회, 증권거래위원회, 연방통신위원회 등 대표적인 독립규제위원회에 대한 구체적인 사례도 살펴보았는데 그 과정에서 일반론으로까지 확립된 것은 아니지만 독립규제위원회에 대한 판단존중의 정도가 일반행정기관보다 더 높다는 것을 추론할 만한 여러 판시를 확인할 수 있었다. 특히 일반행정기관에 대하여는 사용하지 않는 표현인 '고도로 존중'(highly deferential)이나 '넓은 재량'(broad discretion)이라는 표현이 사용되었는바 그 존중의 정도가 높다는 점을 시사하기에 충분한 것으로 생각한다. 그 밖에 독립규제위원회에 대한 비교사례로서 독립행정기관인 환경보호청(EPA)과 일반행정기관으로서 미국 보건복지부, 노동부, 법무부의 사례를 살펴보았는바, 연방법원은 독립행정기관과 그 밖의 기관을 구별하는 것으로 볼 수 있고, 같은 행정각부 사이에서도 전문성의 정도에 따라 그 판단 존중의 정도를 다소 달리하는 경향이 있음을 알 수 있었다.

제 5 장 우리나라의 판례이론 및 독립규제위원회에 대한 각종 판결례

제1절 개관

제3, 4장에서 확인한 미국 논의에 이어, 제5장에서는 우리나라의 논의를 살펴보기로 한다.

종래 우리나라의 행정소송법, 행정구제법 영역에서는, 본안 이전 단계의 원고적격·대상적격 논의에 비하여, 본안에서의 사법심사 기준에 관하여는 그 논의가 활발하게 전개되지 못한 측면이 있다. 그러나 아래에서 볼 판결례를 분석해 보면, 우리나라에서도 사안의 특수성, 작용법적 요소, 절차적 특수성을 고려하여 사법심사 기준의 차등화를 시도한 논의가 상당 수준으로 축적되어 있음을 확인할 수 있다.

앞서 미국 관련 논의를 검토하면서, 일반행정기관의 판단에 대한 사법심사 기준을 우선 살펴본 후, 이를 바탕으로 독립규제위원회에 대한 적용을 검토한 바 있다. 제5장에서도 우선 우리나라의 행정소송에서 적용되는 사법심사 기준 일반에 관한 논의를 먼저 검토하고 (제2절), 이를 바탕으로 우리나라의 대표적인 독립규제위원회인 공정거래위원회, 금융위원회, 방송통신위원회가 한 처분등[1])에 대한 사

---

1) 미국 부분의 논의를 소개함에 있어 행정기관의 '판단'이라는 용어를 사용하였는데, 그 이유가 미국 연방법원이 사법심사의 대상으로 삼는 것이 행정기관의 처분이나 재량행위 이외에도 사실판단, 법률해석과 법 적용을 포함하기 때문이라는 점을 앞서 밝힌 바 있다. 그런데 우리나라는 아래에서 보듯이 사실판단, 기속행위 등에는 전면적 심사가 이루어지고 있고, 재량판단을 중심으로 심사기준 내지 심사강도의 논의가 이루어지고 있으며, 우리나라 행정소송법상 대상적격을 '처분등'이라고 표현하고 있는바(행정소송법 제2조 제1항 제1호), 이러한 사정을 두루 고려하면 일률적으로 '판단'이라는 용어를 사용하는 것이 적절하지 않은 측면이 있다. 따라서 맥락에 맞게 '판단', '재량판단', '처분등'이라는 용어를 사용하기로 한다.

법심사 사례와, 그때 적용된 사법심사 기준에 관하여 분석해 봄으로써(제3절), 앞서 검토한 미국과의 비교를 시도해 보고 시사점을 도출해 본다.

제2절 행정소송에서의 사법심사 기준 일반

1. 예비적 고찰 – 미국 논의와의 구조 차이

앞서 미국의 논의에서는, 행정기관이 한 판단의 종류와 유형을 세분화하지 않은 채, 판단에 대한 존중 여부 및 그와 관련된 각종 심사기준의 문제를 다루었다. 그러나 우리나라는 그 논의의 평면이 다소 다르다.

우리나라는 독일과 유사하게 행정기관이 한 판단 중 재량행위에 한하여 그 판단의 존중이나 심사강도에 관한 이론을 논하고 있고, 사실관계 확정이나 기속행위에 관하여는 행정기관의 판단을 존중해야 한다는 논의 자체를 발견할 수 없다. 즉 이 부분은 법원이 처음부터 완전히 다시 심사를 하는 것으로 이해되어 왔다. 결국, 행정기관의 재량 판단은 물론 법해석, 심지어 사실관계에 대한 판단에까지 일응의 존중을 인정하는 미국에 비하여, 사법심사 기준 및 강도가 문제 되는 대상의 범위가 기본적으로 좁다.

이하에서는, 미국과의 이러한 구조적 차이를 전제한 채, 우리나라에서의 행정판단에 관한 기준과 사법심사 강도에 관하여 논한다. 재량행위를 중심으로 논의하므로 ① 우선 기속행위와 재량행위를 어떻게 구별해 왔는지에 관한 논의를 살펴보고, ② 기속행위와 재량행위에 대하여 각기 어떠한 기준으로 심사하는지를 검토하며, ③ 재량행위 중 보다 폭넓은 재량을 인정하는 심사기준을 적용하는 것으로 판례가 인정하여 온 각종 유형을 검토하는 방식으로 우리나라의 사법심사 기준 일반에 관하여 살펴본다.

2. 본안심사의 첫 단계로서의
기속행위·재량행위의 준별 등

　우리나라에서는 사실인정과 기속행위에 관하여는 전면적인 사법심사가 이루어지고 재량행위를 중심으로 사법심사 기준이나 강도에 관한 논의가 이루어지므로, 사법심사 기준에 관한 논의의 출발점은 기속행위와 재량행위를 구별하는 것이 될 수밖에 없다. 기속행위와 재량행위를 어떻게 구별할 것인지는 그 자체로 매우 심도 깊고 방대한 논의가 전개되어 온 행정작용법의 중요하고 핵심적인 주제이지만, 이하에서는 본 연구의 전개에 필요한 정도로만 간략히 소개하기로 한다.

가. 기속행위·재량행위 및 요건재량설·효과재량설

　이를 설명하는 학자마다 그 정의를 다소 달리 하고 있기는 하나 대체로 기속행위는 '행정행위의 요건 및 법적 결과(효과)가 일의적으로 명확하게 규정되어 있어서 법을 집행함에 있어서 행정청에게 어떠한 선택의 자유도 인정되지 않고 법을 기계적으로 적용하는 행정행위'를 의미하고, 재량행위는 '행정결정에 있어 행정청에게 선택의 자유가 인정되는 행정행위'를 의미한다.[1]

　한편, 종래 기속행위와 재량행위의 구별기준과 관련하여 요건재량설[2]과 효과재량설[3]이 제시되어 왔다. 그러나 종래 논의되었던 위

---

[1] 박균성, 「행정법론(상)(제19판)」, 박영사, 2020, 308면.
[2] 요건재량설은 행정재량이 요건사실의 존부의 인정에 있어서 인정된다는 견해로서, 법률의 규정이 처분의 요건에 관하여 아무런 규정을 두지 않은 경우(공백규정)나 행정의 종국목적인 공익상의 필요만을 요건으로 정하고 있는 경우에는 재량행위이고 개개의 행정활동에 특유한 중간목적을 요건으로 규정하고 있는 경우에는 기속행위라고 보는 견해이다[김동희, 「행정

요건재량설이나 효과재량설은 과거의 오스트리아와 독일에서 주로 전개되었던 논의로서 우리나라에서는 이미 극복이 되었다고 보고 있고, 최근에는 학설상으로도 ① 행정법규의 규정방식, ② 그 취지·목적 및 행정행위의 성질 등을 함께 고려하여 개별적으로 판단하여야 한다는 견해가 점차 설득력을 얻어가고 있다.[4]

우리 판례 역시 처음에 "어느 행정행위가 기속행위인지 재량행위인지 나아가 재량행위라고 할지라도 기속재량행위인지 또는 자유재량에 속하는 것인지의 여부는 이를 일률적으로 규정지을 수는 없는 것이고, 당해 처분의 근거가 된 규정의 형식이나 체제 또는 문언에 따라 개별적으로 판단하여야 한다."고 판시하였다가,[5] 그 이후에 이를 보다 구체화하여 "행정행위가 그 재량성의 유무 및 범위와 관련하여 이른바 기속행위 내지 기속재량행위와 재량행위 내지 자유재량행위로 구분된다고 할 때, 그 구분은 당해 행위의 근거가 된 법규의 체재·형식과 그 문언, 당해 행위가 속하는 행정 분야의 주된 목적

법 Ⅰ(제24판)」, 박영사, 2018, 271면; 박균성, 「행정법론(상)(제19판)」, 박영사, 2020, 333면 이하; 오준근, "재량행위의 판단기준과 재량행위의 투명화를 위한 법제정비방안", 법제 통권 제570호, 2005, 8면; 이영창, "환경소송에서 행정청의 재량에 대한 사법심사의 방법과 한계", 사법논집 제49집, 2009, 241면 이하 참조].

[3] 효과재량설은, 행정재량은 법률효과의 선택(행정행위를 행할 것인지의 여부와 행한다고 할 경우 어떠한 종류의 행위를 행할 것인지의 선택)에 있어서 인정된다는 견해로서, 국민의 권리·이익을 제한하거나 새로운 의무를 부과하는 침해적 행위는 원칙적으로 기속행위이고, 국민에게 권리나 이익을 부여하는 수익적 행위는 원칙적으로 재량행위로 보는 견해이다[김동희, 「행정법 Ⅰ(제24판)」, 박영사, 2018, 271-272면; 박균성, 「행정법론(상)(제19판)」, 2020, 박영사, 333면 이하; 오준근, "재량행위의 판단기준과 재량행위의 투명화를 위한 법제정비방안", 법제 통권 제570호, 2005, 8면; 이상철, "기속·재량행위와 행정재량문제", 현대법학의 발자취와 새지평, 338면].

[4] 오준근, "재량행위의 판단기준과 재량행위의 투명화를 위한 법제정비방안", 법제 통권 제570호, 2005, 9면 참조.

[5] 대법원 1995. 12. 12. 선고 94누12302 판결.

과 특성, 당해 행위 자체의 개별적 성질과 유형 등을 모두 고려하여
판단하여야 한다."고 판시하였는바[6] 그 기준이 다소 추상적이라는
부분은 지적이 있을 수는 있겠으나 현재로서는 가장 적절하게 그 구
별 기준을 밝히고 있다고 볼 수 있다.

나. 재량과 판단여지의 구분

다음으로 재량과 판단여지의 구분에 관하여 본다. 이는 불확정개
념에 관하여 문제 되는데, 불확정개념이란 요건규정에 불확정적·추
상적·다의적 개념을 사용한 경우를 말하는 것이다. 오늘날 행정환경
이 과거와 달리 매우 복잡해져서 확정적·일의적인 개념으로만 규정
할 수 없게 되자 부득이 불확정개념으로 규정하고 있는 경우가 많다.

판단여지와 재량을 구분하는 견해는, 불확정개념으로 정해진 요
건의 판단에서는 하나의 판단만이 옳은 것이므로 선택의 자유가 인
정될 수 없고, 예외적으로 판단의 여지만이 인정될 수 있기 때문에,
판단여지는 선택의 자유를 의미하는 재량과 구분하여야 한다고 본
다. 이 견해에 의하면 판단여지는 요건의 판단에서 예외적으로 인정
되며 재량은 효과의 선택에서 인정된다.

판단여지 긍정설이 판단여지가 인정되는 예외적 영역이라고 주장
하는 부분은 주로 ① 행정청의 비대체적 결정(학생의 성적평가나 공
무원의 근무평정 등 사람의 인격·적성·능력 등에 관한 행정청의 판
단 등), ② 독립된 합의제 기관의 구속적 가치평가(예술작품의 가치,
물질의 유해성 등에 대한 전문가들로 구성된 집단의 가치평가 등),
③ 예측결정(미래예측적 성질을 가진 행정결정, 리스크에 대한 판단),
④ 형성적 결정 등이 있는데, 판단여지 긍정설은 이와 같은 특별한

---

[6] 대법원 2001. 2. 9. 선고 98두17593 판결, 대법원 2018. 10. 4. 선고 2014두
37702 판결 등.

사안이나 결정상황과 관련해서는 법원의 사후적 사법심사가 사실상 불가능하거나 바람직하지 않으므로, 이러한 경우에는 요건에 사용된 불확정개념의 적용에 관하여 법원의 사법심사가 제한된다고 본다.[7]

한편 판단여지와 재량을 구분하지 않는 반대견해도 있다. 이 견해는 재량과 판단여지를 구분하지 않고, 판단여지가 인정될 수 있는 경우도 재량이 인정되는 것으로 본다. 즉 행정법규는 통상 행정행위의 요건을 정하는 '요건법규'와, 요건에 해당하는 경우에 행위를 할 것인가의 여부 및 여러 행위를 할 수 있는 경우에는 어떤 행위를 할 것인가를 정하는 '효과법규'로 구성된다고 보면서 판단여지 부정설은 어떤 사실이 행정법규가 정한 '요건'에 해당하는가 아닌가에 관한 행정청의 판단에 행정청의 재량이 존재한다고 보면 충분하고 판단여지라는 개념을 인정할 필요가 없다는 견해이다.

우리 판례는 재량과 판단여지를 구분하지 않고, 판단여지가 인정될 수 있는 경우도 재량권이 인정되는 것으로 본다.[8] 대법원은 "토지의 형질변경허가는 그 금지요건이 불확정개념으로 규정되어 있어 그 금지요건에 해당하는지 여부를 판단함에 있어서 행정청에게 재량권이 부여되어 있다고 할 것이므로, 같은 법에 의하여 지정된 도시지역 안에서 토지의 형질변경행위를 수반하는 건축허가는 결국 재량행위에 속한다."라고 하면서 "이 사건 건축허가신청을 반려한 이 사건 처분에 사실오인이나 비례·평등의 원칙 위배 등 재량권의 범위를 일탈·남용한 위법이 있다고 볼 수는 없다 할 것이다."라고 판시한 바 있는데, 이는 판단여지를 인정하지 않는 태도라고 볼 수 있다.[9]

---

7) 이영창, "환경소송에서 행정청의 재량에 대한 사법심사의 방법과 한계", 사법논집 제49집, 2009, 242면 이하 참조.
8) 대법원 2005. 7. 14. 선고 2004두6181 판결.
9) 다만 대법원 판결 중에도 "판단여지"라는 표현을 쓴 판결도 없지 않아(대법원 2006. 7. 27. 선고 2004두1186 판결, 대법원 2006. 2. 10. 선고 2003두15171 판결, 대법원 2006. 11. 23. 선고 2003두15188 판결 등) 반드시 대법원

생각건대, 판단여지라는 별도의 개념을 설정하기보다는, 불확정
개념에 대한 행정의 자율적·최종적 판단권을 요건부분의 불확정개
념으로 인해 인정되는 재량이라는 의미에서 '요건재량'이라고 하고,
이를 효과의 선택 및 결정에 관해 인정되는 '효과재량'과 구별하는
것으로 충분하다고 할 것이다.10) 즉, ① 일정한 경우 요건부분에 불
확정개념을 사용함으로써 행정기관에 독자적·자율적인 판단권한을
부여하려는 입법부의 의도는 효과재량을 부여하는 경우와 차이가
있다고 보이지 않으며, ② 행정기관의 전문성, 특수성, 능동성 등을
감안하였을 때, 그 판단권은 결국 행정기관에 부여된 '재량'으로서
그 판단 권한의 행사가 한계를 벗어났을 경우에만 위법성을 인정할
수 있다고 보는 것에는 재량에 대한 통제방법과 본질적 차이가 없는
점 등을 고려하면 불확정개념에 대하여 판단여지를 별도로 인정하
지 않고 이를 요건재량으로 파악하는 것이 더 적절하다고 본다.11)

이 판단여지와 재량을 구분하지 않는다고 단정할 수 있을지는 의문이 있
다. 한편 서울고등법원 2013. 6. 20. 선고 2012누16291 판결은 대법원이 판
단여지 부정설을 취하였음을 전제로 하여, 그와 다른 판단여지 인정설이
더 타당하다는 설시를 한 바 있다. 즉, 위 판결에서는 "대법원은 교과용 도
서 검정신청에 대한 문교부장관의 부적격판정취소청구 사건에서 다음과
같이 판결하는데, 이러한 판시는 교과서 검정행위를 행정청에게 자율적인
판단권한이 주어진 재량행위라고 판시하여 '재량'과 '판단여지'를 구별하지
않고 있다고 이해된다." "불확정개념에 관하여 대법원이 채택한 재량설이
나 이 법원이 채택한 판단여지설이나 그 논거를 달리할 뿐, 법원이 민주화
운동관련자 결정의 위법성을 심사하는데 일정 한도로 사법심사가 제한된
다는 결론은 같다."라고 설시한 바 있다.
10) 박정훈, "행정소송의 기능과 구조: 행정소송실무를 위한 방법론적 각성",
    사법연수원 특별실무법관연수, 2003, 32면.
11) 유사한 취지로 조원경, 「행정소송에서의 불확정개념에 대한 사법심사강도:
    독일법·프랑스법·영국법·미국법의 비교법적 고찰을 통한 우리나라 판례의
    검토」, 서울대학교 석사학위 논문, 2003, 96면 참조.

3. 재량 판단에 대한 일반적 심사기준

가. 심사기준의 구체화 과정

우리 법원은 재량행위의 심사기준을 판례를 통하여 점차 구체화하여 왔다. 즉, 우리 판결은 초기부터 자유재량의 경우도 사법심사의 대상이 됨을 분명히 하는 판시를 한 바 있고(대법원 1953. 6. 17. 선고 4286행상6 판결: "행정소송의 대상이 될 수 있는 행정청의 행정처분은 위법의 것이면 족한 것이요 그가 행정청의 자유재량에 속하는 여부는 이를 구별할 필요가 없다.") 그다음 단계로 사법심사 단계에서 보는 자유재량의 한계와 그 기준을 일반적으로 밝힌 바 있다(대법원 1962. 4. 26. 선고 4294행상115 판결: "자유재량에 있어서도 무제한의 재량권은 인정할 수 없고 그 범위의 넓고 좁은 차이는 있다 하더라도 일정한 범위의 한도가 있어야 할 것이며 그 한도는 법의 규정뿐 아니라 관습법 또는 일반적 조리에 의하여 책정하여야 할 것"12)). 그

---

12) 이 판결은 재량의 의미와 행정청의 재량판단 방식에 관하여도 다음과 같이 구체적으로 설시하였다. "현하 법치국가에 있어서의 행정처분은 법의 근거에 의하여야 하고 법이 인정하는 범위 내에서만 할 수 있다 할 것이므로 결국 모든 행정처분은 넓은 의미에 있어서의 법에 기속된 행정처분이라 할 것이다. 그러나 법에 기속된 처분에 있어서도 행정청은 적용하여야 할 법의 구성요건에 해당되는 사실유무를 조사하고 그 사실이 있다고 인정하는 경우에 있어서는 반드시 그 사실에 대하여 법을 적용하여서 일정한 처분을 하지 아니하면 아니 되는 소위 기속처분이 있는바 이 경우에 있어서는 행정청은 무엇이 합목적적이어야 함을 탐구하지 못하고 다만 무엇이 법이어야 함을 판단하는데 불과하며 이에 대하여 법은 단지 행정청으로서 지켜야 할 일정한 준칙을 규정함에 불과하고 그 범위 내에서 행정청이 어떠한 행정처분을 어느 범위 내에서 하느냐함을 행정청의 재량에 일임하므로서 복잡하고도 다기한 사회현상에 따라 구체적 타당성에 적합하도록 처분케 하는 소위 자유재량 처분이 있는바 이 경우에 있어서는 무엇이 법이냐 함을 판단하기 보다는 무엇이 공익이며 어떻게 하는 것이 공익을 위함이요 합목

후 재량행위에 대한 사법심사 기준을 점차 구체화하여 "공익의 원칙이나 평등의 원칙 또는 비례의 원칙 등에 위반하여 재량권을 남용"[13]한 것인지를 심사기준으로 제시하거나 "사실오인, 비례·평등의 원칙 위배, 당해 행위의 목적 위반이나 동기의 부정 유무 등"[14]을 기준으로 재량의 일탈·남용을 심사한다고 설시하여 왔다.

이처럼 판례의 기준이 점차 구체화되어 왔는바, 현시점에서 행정행위에 대한 본안심사의 기준으로 활용되는 것을 정리하면 다음과 같다. 우선 ① 기속행위와 재량행위를 구별하고, ② 기속행위의 경우 "그 법규에 대한 원칙적인 기속성으로 인하여 법원이 사실인정과 관련 법규의 해석·적용을 통하여 일정한 결론을 도출한 후 그 결론에 비추어 행정청이 한 판단의 적법 여부를 독자의 입장에서 판정하는 방식에 의하게 되고", 재량행위의 경우 "행정청의 재량에 기한 공익판단의 여지를 감안하여 법원은 독자의 결론을 도출함이 없이 당해 행위에 재량권의 일탈·남용이 있는지 여부만을 심사하게 되"며, ③ 재량권의 일탈·남용 여부에 대한 심사는 "사실오인, 비례·평등의 원칙 위배, 당해 행위의 목적 위반이나 동기의 부정 유무 등을 그 판단 대상으로 한다".[15] 여기서의 재량권의 일탈·남용에 대하여는 그 행정행위의 효력을 다투는 사람이 증명책임을 진다.[16]

적 적인가를 행정청의 자유재량에 의하여 결정케 하고 그 결정에 따라 일정한 처분을 하도록 하는 것이나 이와 같은 자유재량에 있어서도 무제한의 재량권은 인정 할 수 없고 그 범위의 넓고 좁은 차이는 있다 하더라도 일정한 범위의 한도가 있어야 할 것이며 그 한도는 법의규정 뿐 아니라 관습법 또는 일반적 조리에 의하여 책정하여야 할 것이다."

[13] 대법원 1982. 9. 28. 선고 82누2 판결.
[14] 대법원 2001. 2. 9. 선고 98두17593 판결.
[15] 대법원 2001. 2. 9. 선고 98두17593 판결.
[16] 대법원 1987. 12. 8. 선고 87누861 판결.

나. 본안에 관한 세밀한 심사기준의 부재

앞에서 본 바와 같이, 우리나라에서도 행정기관의 판단을 사법부가 어떠한 기준으로 심사하여야 하는지에 관하여, 나름대로의 이론과 법리가 발전되어 왔고 세분화되어 왔다. 다만, 구체적인 사안에서 사법부가 행정기관의 재량 판단을 얼마나 두텁게 존중할지의 문제, 즉 심사강도의 문제에 대하여는 상대적으로 세밀한 논의가 부족하였던 것이 사실이다.

즉, 우리 사법부도 재량 판단에 대한 심사에 있어서, 행정기관의 일차적 판단을 대체하지 않아야 한다는 심사기준을 제시하고 있기는 하나(위 98두17593 판결 등), 미국에서 발달되어 온 행정판단 존중원리와 같이, 어떠한 경우에 그 판단을 존중하여야 하는지, 그 한계는 무엇인지, 존중의 정도는 어떠해야 하는지 등의 세밀한 기준 정립의 논의까지는 이루어지지 못하였다.

그렇다고 하여 우리나라에서 법원이 행정기관의 판단을 존중한 사례들이 없는 것은 아니다. 대표적으로 사법심사를 하면서 행정기관에 '폭넓은 재량'이 인정된다고 판시한 사례들인데, 이러한 사례를 귀납적으로 살펴봄으로써(이에 대하여는 제3절에서 상세하게 다룬다) 사안에 따른 행정판단 존중원리의 구체적 모습을 발견할 수 있다.

행정소송에서는 본안에 대한 심사기준 논의가 그리 발달하지 않았으나, 행정소송에 비하여 헌법소송에서 심사기준이 보다 더 정치하게 발달하여 왔는바 이를 참고할 필요도 있다. 예컨대 헌법재판소는 침해를 주장하는 기본권의 유형에 따라 과잉금지원칙, 자의금지 기준 등[17] 적용하는 심사기준을 세분화하고 있고, 같은 심사기준을

---

[17] 일반적으로 입법에 의한 국민의 기본권의 침해를 주장할 때, 헌법 제37조 제2항에 의한 과잉금지원칙을 심사기준으로 삼고, 평등위반 여부를 심사하는 경우에는 자의금지 기준 등을 주로 적용한다.

적용하더라도 기본권의 성격에 따라 심사강도를 다소 달리하고 있다.[18] 헌법소송에서 본안의 심사기준과 강도를 상당히 세밀하게 제시함으로써, 입법부에는 입법형성권 행사에 있어 일응의 기준으로 활용되도록 하고, 행정부에는 공권력의 행사와 불행사에 있어 기본권을 침해하지 않도록 하는 가이드라인을 제시하고 있다.

---

[18] 예컨대, 헌법재판소는 자유권과 그 외의 기본권(사회적 기본권, 청구권적 기본권 등)을 구별하여, 자유권에 비하여 그 외의 기본권에 입법형성권을 넓게 인정함으로써 완화된 심사를 하고 있고, 평등원칙 위반 문제에 있어서도 일반적으로는 자의금지 기준을 활용하되, 헌법에서 특별히 평등을 요구하고 있는 경우에는 엄격한 비례성 심사를 활용하고 있다.

제3절 판례상 인정되는 행정판단 존중 영역 및 심사기준

1. 개관

앞에서 설명한 바와 같이, 우리 판례가 행정기관의 재량적 판단을 더욱 존중해야 한다고 본 사안이나 영역이 존재한다. 그러한 사안에서 우리 판례가 자주 사용하는 표현은 '폭넓은 재량'이라는 표현이다. 구체적으로 어떠한 경우에 '폭넓은 재량'이 인정되는지에 대하여는 판례상으로도 별다른 기준이 정확히 제시된 바 없고, 이론상으로도 체계적으로 정리되어 있지 아니하다.

폭넓은 재량이 인정되는 분야나 영역이 어디인지를 분석하는 것은 그 자체로 의미가 있을 뿐 아니라, 본 연구가 연구의 대상으로 삼는 독립규제위원회 및 그 기관이 가지는 전문성 내지 전문분야와 깊은 관련이 있다. 이하에서는 지금까지 우리나라 대법원 및 하급심이 다룬 여러 판결을 두루 살펴보고, 판례를 통하여 '폭넓은 재량'이 인정되어 온 영역이 어디인지를 살펴보고자 한다.

우리나라 법원이 행정기관에 폭넓은 재량을 인정한 판례를 살펴봄에 있어서는, 판시 내용을 고려하여 ① 사안의 특수성을 주로 고려한 판결례 유형(2. 부분), ② 문제되는 행정작용의 작용법적 성질을 주로 고려한 판결례 유형(3.의 가. 부분), ③ 행정작용이 이루어진 절차적 요소를 주로 고려한 판결례 유형(3.의 나. 부분)으로 나누어 살펴보기로 한다.

2. 사안적 특수성을 고려한 행정판단 존중 유형

가. 개관

우리나라 판례상 행정기관의 판단에 '폭넓은 존중'을 부여하면서 다소 완화된 사법심사 기준을 적용한 유형이 몇 가지 있는데 그 중 첫 번째로 사안의 특수성을 고려한 유형을 살펴본다.

아래에서 소개할 유형은, 일반적 재량 통제 기준보다 심사기준이 완화되어 있는데, 완화되어 있는 각 유형 사이에서도 완화의 정도가 다소 다른 것으로 보인다. 이하에서는 분야에 따른 심사기준을 엄격한 것부터 완화된 것 순서로 소개하되, 일반 재량 통제(1단계)와의 구별을 위하여 위 각 유형을 2-1단계(전문적·기술적 판단), 2-2단계 (정책적·미래예측적 판단), 2-3단계(계획재량) 및 2-4단계(비대체적 결정)로 분류하여 소개한다.[1]

나. 전문적·기술적 판단 영역(2-1단계)

1) 심사기준 및 재량의 한계

첫 번째 유형으로 꼽을 수 있는 것은, 전문적·기술적 판단이 요구되는 영역이다. 아래 각 사례에서 구체적으로 보듯이 이 유형에 관하여 법원은 행정기관의 판단을 "가능한 존중" 또는 "특별한 사정이 없는 한 존중"하여야 한다고 밝히면서, 그럼에도 불구하고 그 처분의 효력을 인정할 수 없는 한계로 "사실인정에 중대한 오류가 있는 경우", "판단이 객관적으로 불합리하거나 부당한 경우", "재량권 행사가 객관적이고 합리적인 범위를 벗어난 경우" 등을 제시한다.

---

[1] 이러한 단계는, 우리나라 판례의 설시를 유형별로 분석한 것을 토대로 필자가 분류한 것이다.

일반 재량 통제(1단계)와 구별하여 폭넓은 재량을 인정하는 영역을 통틀어 2단계라고 했을 때, 전문적·기술적 판단 영역은 그 밖의 영역인 정책적·미래예측적 판단 영역, 계획재량 영역, 비대체적 결정 영역보다는 다소 높은 심사강도, 즉 판단 존중의 여지가 다소 낮은 것으로 분류할 수 있어 이를 '2-1단계'라고 부르기로 한다.

2) 대표적 사례

'전문적 판단'이나 '기술적 판단'이 요구되는 영역의 대표적 사례를 몇 가지 소개하면 다음과 같다. ① 신의료기술의 안전성·유효성 평가 등에 관하여 대법원은 이러한 분야는 "고도의 의료·보건상의 전문성을 요하므로, 행정청이 국민의 건강을 보호하고 증진하려는 목적에서 의료법 등 관계 법령이 정하는 바에 따라 이에 대하여 전문적인 판단을 하였다면, 판단의 기초가 된 사실인정에 중대한 오류가 있거나 판단이 객관적으로 불합리하거나 부당하다는 등의 특별한 사정이 없는 한 존중되어야" 한다고 판시한 바 있고,[2] ② 문화재 보호와 관련된 발굴허가신청에 관하여도 "행정청이 매장문화재의 원형보존이라는 목표를 추구하기 위하여 문화재보호법 등 관계 법령이 정하는 바에 따라 내린 전문적·기술적 판단은 특별히 다른 사정이 없는 한 이를 최대한 존중하여야 한다"고 판시한 바 있으며,[3] ③ 예방접종으로 인한 장애 등의 인정 권한을 보건복지가족부장관에게 인정한 것과 관련하여 "예방접종과 장애 등 사이에 인과관계가 있는지 여부를 판단하는 것은 고도의 전문적 의학 지식이나 기술이 필요"하고 "전국적으로 일관되고 통일된 해석이 필요한 점을 감안한 것"이므로 "그 인정에 관한 보건복지가족부장관의 결정은 가능한 한

---

[2] 대법원 2016. 1. 28. 선고 2013두21120 판결.
[3] 대법원 2000. 10. 27. 선고 99두264 판결.

존중되어야 한다"고 판시하면서 다만 "객관적이고 합리적인 재량권의 범위 내에서 타당한 결정을 하여야 하고 그렇지 않을 경우" 재량권을 남용한 것으로 위법하게 된다고 판단한 바 있다.[4]

다. 정책적·미래예측적 판단 영역(2-2단계)

1) 심사기준 및 재량의 한계

두 번째 유형으로 꼽을 수 있는 것은 정책적·미래예측적 판단이 요구되는 영역이다. 아래 각 사례에서 구체적으로 보듯이 이 유형에 관하여 법원은 행정청에 "폭넓은 재량이 인정된다"거나 행정청의 판단이 "폭넓게 존중될 필요가 있다"고 밝히면서도, 그 처분의 효력을 인정할 수 없는 한계로 "일응의 합리성이 부정되는 경우", "현저히 합리적이지 않은 경우", "형평이나 비례의 원칙에 뚜렷하게 배치되는 경우" 등을 들고 있다.

정책적·미래예측적 판단은 전문적·기술적 판단 영역과 전체적으로 유사한 정도의 심사강도이기는 하나 판례가 제시한 기준과 한계에 비추어 볼 때 그보다는 낮은 '2-2단계'로 볼 수 있다. 계획재량, 비대체적 결정에 비하여는 다소 높은 심사강도를 보이는 것으로 볼 수 있다.

2) 대표적 사례

구체적 사례를 보면, 대법원은 ① 민법상 비영리법인 설립 허가와 관련하여 이를 "주무관청의 정책적 판단에 따른 재량에 맡겨져 있다"고 보면서 "주무관청이 그와 같은 결론에 이르게 된 판단과정에 일응의 합리성이 있음을 부정할 수 없는 경우에는, 다른 특별한 사

---

4) 대법원 2014. 5. 16. 선고 2014두274 판결.

정이 없는 한 그 불허가처분에 재량권을 일탈·남용한 위법이 있다고 할 수 없다"고 판시하였고,5) ② 국가 고위공무원의 정책적 판단과 관련하여서도 "정책을 수립·시행하는 고위공무원이 국가적인 사업을 추진하는 경우에, 당시 정부의 정책, 산업 분야의 경제적 영향 등 다양한 정책적 요소에 대한 고도의 전문적 판단이 요구되므로 상당히 폭넓은 재량이 인정"된다고 판시한 바 있다.6) 나아가 ③ 정책적 판단·미래예측적 판단이 요구되는 대표적인 영역인 환경 영역에 관하여 대법원은 "'자연환경·생활환경에 미치는 영향'과 같이 장래에 발생할 불확실한 상황과 파급효과에 대한 예측이 필요한 요건에 관한 행정청의 재량적 판단은 그 내용이 현저히 합리적이지 않다거나 상반되는 이익이나 가치를 대비해 볼 때 형평이나 비례의 원칙에 뚜렷하게 배치되는 등의 사정이 없는 한 폭넓게 존중될 필요가 있"으므로 이러한 사항은 적합 여부 결정에 관한 재량권의 일탈·남용 여부를 심사하여 판단할 때에도 고려하여야 한다고 판시한 바 있다.7)

또한 ④ 담배산업에 관한 구체적인 규제결정과 관련하여 법원은 "담배산업의 특성상 입법자는 담배에 대하여 국민보건과 세수확보를 위한 규제에 있어서 일반 상품과는 달리 광범위한 입법형성의 자유를 가지고, 입법자로부터 위임받아 담배산업에 관한 구체적인 규제정책을 결정하는 행정청도 위와 같은 입법 목적을 실현하기 위한 정책을 결정함에 있어 폭넓은 재량을 가진다"고 판단하면서, "행정청이 선택한 규제방법이 담배산업의 규율에 관한 입법 목적을 달성하는 데 합리적인 수단이라고 인정될 경우 이는 행정청의 적법한 재량의 범위 내의 행위로서 정당하다 할 것이고, 그 과정에서 국민의 기본권이 제한되는 결과가 초래된다 할지라도 곧바로 행정청이 선

---

5) 대법원 1996. 9. 10. 선고 95누18437 판결.
6) 대법원 2017. 12. 22. 선고 2016두38167 판결.
7) 대법원 2017. 10. 31. 선고 2017두46783 판결.

택한 정책결정이 헌법이나 법률에 위반된 것이라고 보기는 어렵다"고 판시하였다. 이는 규제정책의 성격, 폭넓은 재량의 부여, 그 경우의 한계 등을 종합적으로 고려하여 설시한 판결로서 의미가 있다.[8]

나아가 ⑤ 환경부장관이 한 배출권 할당신청에 대한 거부처분에 관하여 다툰 사안에서, 환경부장관이 고려해야 할 항목으로 '계획기간 중 할당대상업체의 예상성장률'이 있는데 "행정청으로서는 배출권거래법령과 배출권거래제의 취지나 목적 등을 고려하여 할당대상업체의 예상성장률을 어느 범위 내에서 반영할 것인지에 관하여 폭넓은 재량을 가지고 있"고, "사업계획의 변경은 예측이 용이하지 않을뿐더러 예상성장률을 반영한 사업계획은 계획기간 중 언제든지 무산될 수 있"다는 이유로 행정청의 판단을 그대로 유지한 판결도 있다.[9]

라. 계획재량 영역(2-3단계)

1) 심사기준 및 재량의 한계

세 번째 유형으로 꼽을 수 있는 것은 도시계획[10] 등과 관련한 계획재량 영역이다. 아래 각 사례에서 구체적으로 보듯이, 이 유형에 관하여 법원은 "광범위한 형성의 자유"를 가진다거나, "상당한 재량"이 인정된다거나, "광범위한 계획재량" 또는 "폭넓은 재량"이 인정된다고 밝히고 있다. 그 처분의 효력을 인정할 수 없는 한계로 판례는

---

8) 서울고등법원 2008. 1. 9. 선고 2007누13397 판결. 위 판결에 대하여 상고가 이루어졌으나 상고기각 판결이 선고되었다(대법원 2008. 4. 11. 선고 2008두2019 판결).

9) 서울행정법원 2017. 2. 2. 선고 2015구합55493 판결.

10) 도시계획법은 '토지의 합리적 사용'을 목적으로 제정된 법률이고, 도시계획은 그 목적을 달성하기 위한 중간적 수단을 의미하는 것이다(김종보, "도시계획변경거부의 처분성", 특별법연구 제8권, 2006, 5면).

"재산권을 본질적으로 침해하는 경우", "이익형량을 전혀 하지 아니한 경우", "이익형량의 고려대상에 마땅히 포함시켜야 할 사랑을 누락한 경우", "이익형량에 있어 정당성·객관성이 결여된 경우" 등을 제시하고 있다.

이 기준과 한계는 앞서 본 전문적·기술적 영역 및 정책적·미래예측적 판단 영역에 비하여 다소 존중의 범위가 크고 심사강도가 낮은 것으로 볼 수 있어 이를 '2-3단계'라고 분류한다.

2) 대표적 사례

계획재량과 관련하여, 대법원은 ① 행정계획을 "전문적·기술적 판단을 기초로 하여 도시의 건설·정비·개량 등과 같은 특정한 행정목표를 달성하기 위하여 서로 관련되는 행정수단을 종합·조정함으로써 장래의 일정한 시점에 있어서 일정한 질서를 실현하기 위한 활동기준으로 설정된 것"으로 보고 "관계 법령에는 추상적인 행정목표와 절차만이 규정되어 있을 뿐 행정계획의 내용에 관하여는 별다른 규정을 두고 있지 아니하므로 행정주체는 구체적인 행정계획을 입안·결정함에 있어서 비교적 광범위한 형성의 자유"를 가진다고 판시하면서, 다만 "이익형량을 전혀 하지 아니하거나 이익형량의 고려 대상에 마땅히 포함시켜야 할 사항을 누락한 경우 또는 이익형량을 하였으나 정당성과 객관성이 결여된 경우" 그 한계를 넘어 위법하다고 판시한 바 있다.[11]

또한 대법원은, ② 도시환경정비사업에서의 관리처분계획의 구체적인 내용의 수립에 관하여 이를 계획재량행위에 해당한다고 보고 여기에 "상당한 재량이 인정된다"고 하면서, "토지등소유자들 사이에 다소 불균형이 초래된다고 하더라도 그것이 특정 토지등소유자

---

[11] 대법원 2006. 9. 8. 선고 2003두5426 판결.

의 재산권을 본질적으로 침해하는 것이 아닌 한" 이를 위법하다고 볼 수 없다고 판시한 바 있고,12) ③ 주택건설사업계획사전결정 신청을 불허가한 지방자치단체장의 처분에 관하여 판단하면서 "행정주체가 구체적인 도시계획을 입안·결정함에 있어서 비교적 광범위한 계획재량을 갖고 있다"고 밝히면서도 그 한계로서 "이익형량을 전혀 하지 아니하거나 이익형량의 고려대상에 마땅히 포함시켜야 할 사항을 누락한 경우 또는 이익형량을 하였으나 정당성·객관성이 결여된 경우"는 그 재량의 한계를 벗어난 것이라고 판시한 바 있다.13)

또한 ④ 하급심 판결이기는 하지만 도시정비법상 정비구역 지정과 관련하여서 "도시정비법상 주택재개발구역의 지정은 관계 행정청이 법령의 범위 내에서 도시기능 회복의 필요성이나 불량한 주거환경의 정비 및 효율적 개량을 위한 도시정책상의 전문적, 기술적 판단을 기초로 하는 것으로서 폭넓은 재량이 인정"된다고 판시한 바 있는데,14) 계획재량이라고 보면서도 그 안에는 앞에서 본 '2-1단계'에 해당하는 전문적·기술적 판단의 요소도 포함된다고 본 것으로 이해할 수 있다.

마. 비대체적 결정 영역(2-4단계)

1) 심사기준 및 재량의 한계

시험, 합격자 선정, 승진임용 등의 영역 등은 종래 소위 '비대체적 결정 영역'이라고 불리기도 했는데, 전통적으로 행정청에 폭넓은 재량이 부여되어 있는 영역이라고 할 수 있다. 아래 각 사례에서 구체

---

12) 대법원 2014. 3. 27. 선고 2011두24057 판결.
13) 대법원 1998. 4. 24. 선고 97누1501 판결, 대법원 2015. 12. 10. 선고 2011두32515 판결 등.
14) 부산고등법원 2015. 4. 15. 선고 2013누3221 판결.

적으로 보듯이 이 유형에 관하여 법원은 "폭넓은 재량의 영역", "당부를 심사하기에는 적절하지 않음", "가급적 존중", "징계처분에서와는 비교할 수 없을 정도로 광범위한 재량"이 인정된다고 밝히고 있다. 한편, 그 처분의 효력을 인정할 수 없는 한계로 "헌법이나 법률에의 위반", "지나친 합리성 결여", "객관적 정당성 상실", "사실인정에의 중대한 오류"를 들고 있다.

특히 최근 대법원 판결 중에는 "관련 법령 규정에 위반되지 아니하고 사회통념상 합리성을 갖춘 사유에 따른 것이라는 일응의 주장·증명"이 있기만 하면 쉽사리 위법하다고 판결하여서는 안 된다는 판시까지 등장하였는바, 앞서 본 세 가지 영역에 비하여 더욱 행정기관 판단 존중의 범위가 크고 심사강도가 낮은 것으로 볼 수 있어 이를 '2-4단계'로 분류한다.

2) 대표적 사례

대표적으로, ① 사법시험 과락 기준 사건에서 대법원은 시험을 시행함에 있어 과락제도와 같은 합격자의 선정에 대한 방법의 채택은 "그것이 헌법이나 법률에 위반되지 않고 지나치게 합리성이 결여되지 않는 이상 시험시행자의 고유한 정책판단에 맡겨진 것으로서 폭넓은 재량의 영역에 속하는 사항"이라고 판시한 바 있고,[15] ② 수능시험이나 대학 입학전형과 관련하여, "출제 및 배점, 정답의 결정, 채점이나 면접의 방식, 점수의 구체적인 산정 방법 및 기준, 합격자의 선정 등은 원칙적으로 시험 시행자의 고유한 정책 판단 또는 전형절차 주관자의 자율적 판단에 맡겨진 것으로서 폭넓은 재량에 속하는 사항"이라고 하면서, 그 한계로 "방법이나 기준이 헌법이나 법률에 위반되거나 지나치게 합리성이 결여되고 객관적 정당성을 상실한

---

15) 대법원 2007. 1. 11. 선고 2004두10432 판결.

경우 또는 시험이나 입학전형의 목적, 관계 법령 등의 취지에 비추어 현저하게 불합리하거나 부당하여 재량권을 일탈 내지 남용하였다고 판단되는 경우"에 한하여 이를 위법하다고 보아야 한다고 판시한 사례가 있으며,[16] ③ 또한 대법원은 평가 중 정성평가와 관련하여 정성평가의 결과는 "판단의 기초가 된 사실인정에 중대한 오류가 있거나 그 판단이 사회통념상 현저하게 타당성을 잃어 객관적으로 불합리하다는 등의 특별한 사정이 없는 한 법원이 그 당부를 심사하기에는 적절하지 않으므로 가급적 존중되어야 한다."고 판시한 바 있다.[17]

④ 나아가 최근에 나온 판결 중에는 공무원에 대한 승진임용 관련하여 매우 폭넓은 재량을 인정한 판결이 있는데, 승진후보자 명부에 포함된 후보자들에 대하여 일정한 심사를 진행하여 승진여부를 결정한 판단에 관하여 "공무원 승진임용에 관해서는 임용권자에게 일반 국민에 대한 행정처분이나 공무원에 대한 징계처분에서와는 비교할 수 없을 정도의 광범위한 재량[18]이 부여되어 있다. 따라서 승진후보자 명부에 포함된 후보자를 승진임용에서 제외하는 결정이 공무원의 자격을 정한 관련 법령 규정에 위반되지 아니하고 사회통념상 합리성을 갖춘 사유에 따른 것이라는 일응의 주장·증명이 있다면 쉽사리 위법하다고 판단하여서는 아니 된다."[19]고 판시하였다. 이

---

[16] 대법원 2007. 12. 13. 선고 2005다66770 판결 등.

[17] 대법원 2018. 6. 15. 선고 2016두57564 판결.

[18] 밑줄은 필자가 강조를 위하여 덧붙인 것이다. 이하 같다.

[19] 대법원 2018. 3. 27. 선고 2015두47492 판결. 최근에도 형사사건이기는 하지만 임용권자가 승진임용에 관한 부당한 영향을 미쳤는지가 문제된 지방공무원법위반 사건에서 같은 취지의 판시가 있었다(대법원 2022. 2. 11. 선고 2021도13197 판결: "지방공무원의 승진임용에 관해서는 임용권자에게 일반 국민에 대한 행정처분이나 공무원에 대한 징계처분에서와는 비교할 수 없을 정도의 광범위한 재량이 부여되어 있다. 따라서 승진임용자의 자격을 정한 관련 법령 규정에 위배되지 아니하고 사회통념상 합리성을 갖춘 사유에 따른 것이라는 일응의 주장·증명이 있다면 쉽사리 위법하다고 판단하여

판결은 승진임용에 관해서는 징계처분에서와는 '비교할 수 없을 정
도의 광범위한 재량'이 있고, 사회통념상 합리성을 갖춘 사유에 따른
것이라는 '일응의' 주장·증명만 있으면 쉽사리 위법하다고 판단하면
안 된다고 보아 심사기준은 물론 증명책임까지 크게 완화하였다는
점에서 주목할 필요가 있다.

바. 그 밖의 영역

위에서 든 구체적 영역에 따른 분류로 삼기에는 다소 적절하지 않
지만 사안의 특수성에 의하여 행정판단을 폭넓게 존중하는 그 밖의
사례군도 있다.

1) 행정기관이 스스로 마련한 재량준칙 적용 사안

우선 행정기관이 재량을 행사하기 위한 재량준칙을 스스로 마련
하고 이를 해석·적용한 경우 우리 법원은 비교적 폭넓게 그 판단을
존중해 오고 있다. 몇 가지를 소개하면, ① 자동차운수사업법에 의한
면허발급의 우선순위 등에 관한 기준에 관하여, 그 기준이 객관적으
로 보아 합리적이 아니라거나 타당하지 아니하여 재량권을 남용한
위법한 것으로 인정되지 아니하는 이상 행정청의 의사는 가급적 존

서는 아니 된다. 특히 임용권자의 인사와 관련한 행위에 대하여 형사처벌
을 하는 경우에는 임용권자의 광범위한 인사재량권을 고려하여 해당 규정
으로 인하여 임용권자의 인사재량을 부당히 박탈하는 결과가 초래되지 않
도록 처벌규정을 엄격하게 해석·적용하여야 할 것이다. 따라서 '누구든지
시험 또는 임용에 관하여 고의로 방해하거나 부당한 영향을 미치는 행위를
하여서는 아니 된다.'라고 규정하는 지방공무원법 제42조의 '임용에 관하
여 부당한 영향을 미치는 행위'에 해당하는지를 판단함에 있어서도 임용권
자가 합리적인 재량의 범위 내에서 인사에 관한 행위를 하였다면 쉽사리
구성요건해당성을 인정하여서는 아니 된다."

중되어야 한다고 본 판결.[20] ② 개발제한구역 안에서 지정목적에 지장이 없는지 여부를 가리는 데 필요한 기준은 행정청의 재량에 속하는 것으로서, 그 기준이 객관적으로 합리적이거나 타당하지 않다고 볼 만한 특별한 사정이 없는 이상 행정청의 의사는 가급적 존중되어야 한다는 판결.[21] ③ 폐기물처리업체 허가를 받기 위한 최소한의 요건에 필요한 사업계획의 적정 여부와 관련한 기준을 마련한 사건에서 그러한 기준이 객관적으로 합리적이 아니라거나 타당하지 않다고 볼 만한 다른 특별한 사정이 없는 이상 행정청의 의사가 존중되어야 한다고 본 판결[22] 등이 있다.

2) 군 관련 사안

또한 아주 그 사례가 다양하게 축적된 것은 아니지만 우리 법원이 폭넓은 재량을 인정한 분야 중 하나가 군(軍) 관련 영역이다. 예컨대, 대법원은 장교 등 군인의 전역허가 여부는 전역심사위원회 등 관계기관에서 원칙적으로 '자유재량에 의하여 판단할 사항'으로서 군의 특수성에 비추어 '명백한 법규 위반이 없는 이상' 군 당국의 판단을 존중하여야 할 것이라는 판시를 지속적으로 해 오고 있다.[23] 장교의

---

20) 대법원 1993. 10. 12. 선고 93누4243 판결.
21) 대법원 1998. 9. 8. 선고 98두8759 판결.
22) 대법원 1998. 4. 28. 선고 97누21086 판결.
23) "원고의 현역근무 정년이 약 11개월 남았고, 후임자가 항공장교의 최고 서열인 항공처장에 재직하고 있는 사정하에서, 원고에 대하여, 재교육조치도 취하지 않았음은 부당하다는 원심인정은 당시 군에서 이와 같은 조치를 취할 가치가 있는 여부는 해군참모총장이나 전역심사위원회, 현역복무자 조사위원회에서 원칙적으로 자유재량에 의하여 판단할 일이고, 또 위 금전각출, 차용행위 등으로 말미암아 원고는 부하의 신뢰와 존경심을 상실하게 되어 지휘 및 통솔능력이 부족한 자에 해당한 여부도 그 판단은 위와 같이 원칙적으로 자유재량에 의하여 판단할 사항이므로서 군의 특수성에 비추어 명백한 법규 위반이 없는 이상 군당국의 판단을 존중하여야 한다. 군장

전역은 신분을 상실시키는 박탈적 처분으로서 기본권과의 관련성이 큰 영역인데도 불구하고 "명백한 법규 위반"이 없다면 군 당국의 판단을 존중하여야 한다고 여러 차례에 걸쳐 판시한 바 있다.

교의 신분도 명백히 위법 혹은 심히 부당한 이유에 의하여 박탈당하였다고 인정되면 이 장교를 보호함은 사법부의 책임이나 본건은 기록상 이에 해당 아니 된다고 본다."(대법원 1980. 9. 9. 선고 80누291 판결).

"현역복무 부적합 여부를 판정함에 있어서는 참모총장이나 전역심사위원회 등 관계 기관에서 원칙적으로 자유재량에 의하여 판단할 사항으로서 군의 특수성에 비추어 명백한 법규위반이 없는 이상 군 당국의 판단을 존중하여야 할 것"(대법원 1997. 5. 9. 선고 97누2948 판결).

"장교 등 군인의 전역허가 여부는 전역심사위원회 등 관계 기관에서 원칙적으로 자유재량에 의하여 판단할 사항으로서 군의 특수성에 비추어 명백한 법규 위반이 없는 이상 군 당국의 판단을 존중하여야 할 것"(대법원 1998. 10. 13. 선고 98두12253 판결).

"군인사법상 현역복무부적합 여부를 판정함에 있어서는 참모총장이나 전역심사위원회 등 관계 기관에서 원칙적으로 자유재량에 의하여 판단할 사항으로서 군의 특수성에 비추어 명백한 법규위반이 없는 이상 군 당국의 판단을 존중하여야 한다."(대법원 2004. 4. 27. 선고 2004두107 판결).

"장교로 임용하기 위한 적극적 요건의 결격 사유에 해당되는 것인지의 여부는 병무행정의 주무기관인 병무청장이 원칙적으로 자유재량에 의하여 판단할 사항으로서 원고가 특히 의무병과 사관후보생의 병적에 편입되어 있었던 자라는 점을 고려하여 보더라도 (위와 같이 사관후보생의 병적에 편입시킨 것만으로 이를 수익적 행정행위라고 보기도 어렵다) 국방의 의무를 수행하기 위한 조직인 군인사의 특수성에 비추어 병무청장이 원고에 대하여 한 위의 판단은 존중되어야 할 것인데다가, 위에서 본 병역법시행령 제85조 제2항 의 규정에 의하면 피고에게는 그가 받은 통보에 대한 실질적 심사의 권한도 없는 것이라고 할 것인즉 원고를 장교임용결격자에 해당하게 된 자라고 통보한 병무청장의 위 조치에 다른 명백한 법령위반이 있었다고 볼 자료가 없는 본건에서 그 통보에 따라 행한 피고의 본건 각 처분에 원고가 위에서 주장하는 바와 같은 위법이 있다고 볼 수도 없는 것이라 하겠다."(광주고등법원 1990. 5. 1. 선고 89구182 판결).

3) 지방자치단체 자치사무 사안

하급심 중에는 지방자치단체 자치사무에 관하여 "각 지방자치단체는 비교적 광범위한 자치입법권을 갖고 있으므로, 그 판단이 객관적으로 명백하게 잘못되었거나 사회통념에 비추어 현저하게 타당성을 잃어 불합리하다고 인정할만한 특별한 사정이 없는 이상 가능한 한 이를 존중하여야 한다."고 판시한 판결이 있는데,[24] 자치사무의 특성 및 지방자치단체의 자치권의 성질을 고려하여 이에 관하여 광범위한 형성의 자유를 인정한 판결로서, 심사기준을 완화한 유형 중 하나라고 볼 수 있을 것이다.

사. 검토 및 분석

지금까지 우리나라에서 폭넓은 재량이 인정된 판결을 유형화하여 살펴보았는데, 재량의 범위를 넓게 인정하는 것은 공통적이지만 사안 유형에 따라 다소 판시의 표현을 달리하는 것을 알 수 있다. 각 유형에 따라 법원이 설시한 한계와 심사기준의 내용을 분석하면 각 유형에 따른 차이를 발견할 수 있다.

우리 판례가 폭넓은 재량이 인정되는 사례들을 본격적으로 비교하여 그 재량의 범위가 다를 수 있음을 명시적으로 밝힌 바는 없으므로, 아래와 같이 판시 내용과 이유만을 기초로 하여 그 재량의 범위를 구별하는 것이 판례를 정확하게 분석한 것이 아니라는 지적도 있을 수 있다. 다만, 실증적으로 볼 때 동일한 유형에서의 판결 이유가 반복되고 있고, 다른 유형과는 서로 판결 이유를 달리 하고 있는 이상 그와 같이 판례를 분석하여 유형화하는 것도 그 자체로 유의미하다고 본다.

---

[24] 광주고등법원(전주) 2019. 2. 16. 선고 2018누1874 판결.

앞에서 본 폭넓은 재량이 인정되는 네 가지 영역과 일반 재량행위에 대한 심사기준의 판결례의 이유 설시와 그 재량의 한계를 비교해 보면 아래 표와 같다.

[표 9] 판례 설시를 통하여 분석한 유형별 사법심사 기준과 강도[25]

유형 및 단계	판례 설시에 따른 사법심사 기준	판례 설시에 따른 재량 존중의 한계
일반 재량 영역 (1단계)	"재량권의 일탈·남용이 있는지 여부 판단"	"사실오인, 비례·평등의 원칙 위배"
전문적· 기술적 판단 영역 (2-1단계)	"가능한 존중" "특별한 사정이 없는 한 존중"	"사실인정에 중대한 오류가 있는 경우" "판단이 객관적으로 불합리하거나 부당한 경우" "재량권 행사가 객관적이고 합리적인 범위를 벗어난 경우"
정책적· 미래예측적 판단 영역 (2-2단계)	"행정청에 폭넓은 재량이 인정" "폭넓게 존중"	"일응의 합리성이 부정되는 경우" "현저히 합리적이지 않은 경우" "형평이나 비례의 원칙에 뚜렷하게 배치되는 경우"
계획재량 영역 (2-3단계)	"광범위한 형성의 자유" "상당한 재량" "광범위한 계획재량"	"재산권을 본질적으로 침해하는 경우" "이익형량을 전혀 하지 아니한 경우" "이익형량의 고려대상에 마땅히 포함시켜야 할 사랑을 누락한 경우" "이익형량에 있어 정당성·객관성이 결여된 경우"
비대체적 결정 영역 (2-4단계)	"폭넓은 재량의 영역" "당부를 심사하기에는 적절하지 않음" "가급적 존중" "징계처분에서와는 비교할 수 없을 정도로 광범위한 재량"	"지나친 합리성 결여" "객관적 정당성 상실" "사실인정에의 중대한 오류" "관련 법령 규정에 위반되지 아니하고 사회통념상 합리성을 갖춘 사유에 따른 것이라는 일응의 주장·증명조차 없는 경우"

한편, 판결 중에는 폭넓은 재량이 인정된 위 각 영역이 중첩되어 있는 경우도 어렵지 않게 찾아볼 수 있다. 예컨대, 전문적 판단 영역과 비대체적 결정 영역이 혼합되어 있는 사례,26) 전문적·기술적 판단 영역과 정책적·미래예측적 영역이 혼합되어 있는 사례,27)28) 전문

---

25) 대법원이 한 여러 판시의 이유를 귀납적으로 분석한 결과를 나름대로 분석하고 그 심사기준과 강도를 유형화하여 필자가 직접 표로 만든 것이다.

26) "대학교수 등의 임용 여부는 임용권자가 교육법상 대학교수 등에게 요구되는 고도의 전문적인 학식과 교수능력 및 인격 등의 사정을 고려하여 합목적적으로 판단할 자유재량에 속하는 것이고, 임용권자의 대학교수 등으로의 임용거부가 사회통념상 현저히 타당성을 잃었다고 볼 만한 특별한 사정이 없는 이상 재량권을 남용하였다고 볼 수 없다."(대법원 1998. 1. 23. 선고 96누12641 판결).

27) "마을버스운송사업면허의 허용 여부는 사업구역의 교통수요, 노선결정, 운송업체의 수송능력, 공급능력 등에 관하여 기술적·전문적인 판단을 요하는 분야로서 이에 관한 행정처분은 운수행정을 통한 공익실현과 아울러 합목적성을 추구하기 위하여 보다 구체적 타당성에 적합한 기준에 의하여야 할 것이므로 그 범위 내에서는 법령이 특별히 규정한 바가 없으면 행정청의 재량에 속하는 것이라고 보아야 할 것이고, 마을버스 한정면허시 확정되는 마을버스 노선을 정함에 있어서도 기존 일반노선버스의 노선과의 중복 허용 정도에 대한 판단도 행정청의 재량에 속한다고 할 것이며, 노선의 중복 정도는 마을버스 노선과 각 일반버스노선을 개별적으로 대비하여 판단하여야 한다."(대법원 2002. 6. 28. 선고 2001두10028 판결).

28) "「국토의 계획 및 이용에 관한 법률」 제43조 제1항, 제2항, 「도시·군계획시설의 결정·구조 및 설치기준에 관한 규칙」 제2조 제1항, 제5조, 제29조, 제30조, 주차장법 제6조, 제12조 제1항, 제6항, 주차장법 시행규칙 제5조, 제6조, 제7조의2 등 관계 규정을 종합하면, 행정주체는 주차행정상의 목표달성을 위하여 기반시설인 노외주차장 설치를 위한 도시·군관리계획(이하 '주차장설치계획'이라고 한다)을 입안·결정할 때 그 전문적·기술적·정책적 판단에 따라 그 필요성과 구체적인 내용을 결정할 수 있는 비교적 폭넓은 형성의 재량을 가지며, 도시·군관리계획에는 장기성·종합성이 요구되므로 노외주차장을 설치하고자 하는 해당 지역의 설치계획 입안·결정 당시의 주차수요와 장래의 주차수요, 해당 지역의 토지이용현황, 노외주차장 이용자의 보행 거리와 보행자를 위한 도로상황 등을 종합적으로 고려하여 노외주차장을 설치할 필요성이 있는지를 판단할 수 있다."(대법원 2018. 6. 28.

적·기술적 판단 영역과 계획재량 영역이 혼합되어 있는 사례29) 등이 대표적이다.

3. 작용법적 요소 및 절차적 요소를 고려한 행정판단 존중 유형

앞에서 행정기관의 판단을 폭넓게 존중한 특수한 영역에 관하여 살펴보았는데, 구체적인 영역에 관한 것은 아니지만 행정행위의 작용법적 성질을 기초로 삼아 폭넓은 재량을 인정한 사례들도 있고, 조직법적 고려와 해당 처분등을 내린 행정기관의 성질을 고려하여 폭넓은 재량을 인정한 사례도 있는바 이하에서는 이에 관하여 본다.

가. 작용법적 요소의 고려

작용법적 요소를 고려한 대표적인 예로서 수익적 행정행위가 있다. 즉, 수익적 행정행위에 관하여 법원은 여러 차례에 걸쳐 행정청에 폭넓은 재량이 부여된다고 판시한 바 있다.

몇 가지 소개하면, 대법원은 ① 명예퇴직과 관련하여 이를 수익적 행정행위로 보면서 행정기관이 명예퇴직수당 수급권의 형성에 관한 폭넓은 재량이 있다고 판시한 바 있고,30) ② 보조금 교부와 관련하여

선고 2018두35490, 35506 판결).

29) "택지개발 예정지구 지정처분은 건설교통부장관이 법령의 범위 내에서 도시지역의 시급한 주택난 해소를 위한 택지를 개발·공급할 목적으로 주택정책상의 전문적·기술적 판단에 기초하여 행하는 일종의 행정계획으로서 재량행위라고 할 것이므로 그 재량권의 일탈·남용이 없는 이상 그 처분을 위법하다고 할 수 없다."(대법원 1997. 9. 26. 선고 96누10096 판결).

30) 대법원 2016. 5. 24. 선고 2013두14863 판결.

서도 이를 수익적 행정행위로 보아 교부대상의 선정과 취소, 기준과
범위 등에 관하여 교부기관에 상당히 폭넓은 재량이 부여되어 있다
고 판시한 바 있다.[31] 또한 ③ 「공익사업을 위한 토지 등의 취득 및
보상에 관한 법률」의 이주대책수립과 관련하여서도 이를 시혜적인
것으로 보면서 시혜적인 이주대책대상자에 대한 이주대책 수립 등
의 내용을 어떻게 정할 것인지에 관하여는 사업시행자에게 폭넓은
재량이 있다고 판시한 바 있고,[32] ④ 귀화나 「출입국관리법」상의 체
류자격 연장 등 설권적 행위에 관하여 허가권자에게는 폭넓은 재량
이 있다고 판단하기도 하였다.[33][34]

---

[31] 대법원 2018. 8. 30. 선고 2017두56193 판결 등.

[32] 대법원 2015. 7. 23. 선고 2012두22911 판결.

[33] "법무부장관이 귀화 요건의 충족 여부 및 귀화 허가에 대한 폭넓은 재량을
가진다."(서울행정법원 2016. 3. 4. 선고 2015구합75244 판결).

[34] 한편, 귀화허가의 성질과 관련하여 이를 기속행위로 본 하급심 판결을 대
법원이 파기한 사례가 있다. 즉, 서울고등법원 2009. 10. 6. 선고 2009누
11135 판결은 "국적법 제4조는 대한민국의 국적을 취득한 사실이 없는 외
국인은 법무부장관의 귀화허가를 받아 대한민국 국적을 취득할 수 있고,
법무부장관은 귀화허가를 신청한 자에 대하여 동법 제5조 내지 제7조의 규
정에 의한 귀화요건을 갖추었는지 여부를 심사한 후 그 요건을 갖춘 자라
고 인정되면 귀화를 허가하도록 규정하고 있는바, 귀화제도는 선천적 국적
취득과 관계없이 국내법에서 정한 요건을 충족하는 외국인에 대하여 대한
민국 국민으로서의 자격을 부여하는 제도로서, 귀화의 요건을 정하는 것은
국가의 배타적인 관할권에 속하는 영역으로 국가 정책을 충분히 반영할
수 있도록 입법자의 재량에 맡겨져 있다고 할 수 있으나, 일단 그 요건이
법으로 규정된 이상 대한민국 국민으로서의 자격이 부여되는지 여부에 따
라 그 사람의 권리·의무에 미치는 영향이 매우 크기 때문에 법이 정한 귀
화의 요건은 반드시 명확하고 엄격하게 해석·적용되어야 할 것이고, 만약
법이 정한 요건을 모두 충족하는 외국인에 대하여는 국적법 제4조의 규정
취지상 법무부장관은 귀화를 허가하여야 하고, 달리 불허가할 수 있는 재
량의 여지가 없다고 보인다."라고 판시하면서 이를 기속행위로 보았다.
  이에 대한 상고심(대법원 2010. 7. 15. 선고 2009두19069 판결)에서 대법
원은 "국적법 제4조 제1항은 '외국인은 법무부장관의 귀화허가를 받아 대

나. 절차적 요소의 고려

행정기관의 절차적 특수성을 고려하여 사법심사 기준을 제시한 판결도 찾아볼 수 있다. 즉, 행정기관의 절차적 특수성이 사법심사의 기준 내지 강도에 반영되어야 함을 밝힌 판결을 다수 확인할 수 있다.[35]

예컨대, 대법원 2016. 1. 28. 선고 2013두21120 판결은 신의료기술에 관한 평가를 시행함에 있어 「의료법」 제54조[36]에 의하여 보건복

한민국의 국적을 취득할 수 있다'라고 규정하고, 그 제2항은 '법무부장관은 귀화요건을 갖추었는지를 심사한 후 그 요건을 갖춘 자에게만 귀화를 허가한다.'라고 정하고 있는데, 위 각 규정의 문언만으로는 법무부장관이 법률이 정하는 귀화요건을 갖춘 외국인에게 반드시 귀화를 허가하여야 한다는 취지인지 반드시 명확하다고 할 수 없다. 그런데 국적은 국민의 자격을 결정짓는 것이고, 이를 취득한 사람은 국가의 주권자가 되는 동시에 국가의 속인적 통치권의 대상이 되므로, 귀화허가는 외국인에게 대한민국 국적을 부여함으로써 국민으로서의 법적 지위를 포괄적으로 설정하는 행위에 해당한다. 한편 국적법 등 관계 법령 어디에도 외국인에게 대한민국의 국적을 취득할 권리를 부여하였다고 볼 만한 규정이 없다. 이와 같은 귀화허가의 근거규정의 형식과 문언, 귀화허가의 내용과 특성 등을 고려하여 보면, 법무부장관은 귀화신청인이 법률이 정하는 귀화요건을 갖추었다고 하더라도 귀화를 허가할 것인지 여부에 관하여 재량권을 가진다고 봄이 상당하다."라고 판시하면서 기속행위로 본 원심판결을 파기하였다.

35) 아래에서 소개할 각 판결에서 행정기관 내부에 설치된 위원회('신의료기술평가위원회' 및 '사학분쟁조정위원회')는 수평적인 3인 이상의 위원들로 구성되었다는 점에서 합의제 기구이기는 하나, 제3절에서 주로 다루는 독립규제위원회와는 성격이 다르다. 즉, 독립규제위원회는 위원들의 심의와 의결을 거치면 그 의견이 그대로 대외적으로 표명되어 효력이 발생하는 것인 반면, 여기서의 각 위원회는 보건복지부 또는 교육부 산하에 설치된 심의기구로서 그 심의기구 그 자체가 대외적으로 행정청의 의사를 표명할 수는 없다는 점에서 차이가 있고, 이러한 측면을 감안할 때, 아래의 각 판결에서 위원회의 심의를 거쳤다는 요소를 사법심사에 고려하는 것은 '기관적 요소'를 고려하였다기보다는 '절차적 요소'를 고려한 것으로 분류함이 상당하다.

36) 제54조(신의료기술평가위원회의 설치 등) ① 보건복지부장관은 신의료기술

지부에 설치되는 '신의료기술평가위원회'의 심의를 거쳐 평가된 경우 그 심의 결과에 따라 한 처분은 판단의 기초가 된 사실인정에 중대한 오류가 있거나 그 판단이 객관적으로 불합리하거나 부당하다는 등의 특별한 사정이 없는 한 존중되어야 할 것이라고 판시한 바 있다.

나아가 하급심 판결 중에서는 서울행정법원 2011. 3. 4. 선고 2010구합23873 판결[37]을 소개할 수 있다. 이 사건은 「사립학교법」 제24조의2[38]에 따른 사학분쟁조정위원회를 거친 뒤 그 위원회의 심의결과에 따라 한 판단에 대한 사법심사에 관한 사안이었다. 이 사건에서 법원은 위 조정위원회의 심의결과는 교육에 관한 전문적인 식견에 의하여 내려진 것이고 조정위원회는 학교법인의 정상화 심의를 함에 있어 관계법령[39]에 따라 폭넓은 재량을 가지는 점 등을 종합하여 "사법부로서는 조정위원회가 실질적 심의를 거치지 않았다는 등의 특별한 사정이 없는 한 조정위원회의 심의결과에 따른 정이사 선임 처분의 적법 여부를 심사함에 있어서 그 심의결과를 가급적 존중하는 것이 조정위원회에 관한 입법자의 설계에 부합하는 것으로 판단된다. 따라서 학교법인 정상화에 관한 조정위원회의 재량권 행사에

평가에 관한 사항을 심의하기 위하여 보건복지부에 신의료기술평가위원회(이하 "위원회"라 한다)를 둔다(제2항 이하 생략).

[37] 이 판결은 종국적으로 원고적격과 제소기관 도과 등을 이유로 각하로 확정되었으나 1심의 위 판시 자체의 문제가 지적된 것은 아니므로 재량권 행사에 관한 사법심사 기준에 관한 부분에 한하여 이를 소개한다.

[38] 제24조의2(사학분쟁조정위원회의 설치 및 기능) ① 제25조에 따른 임시이사의 선임과 제25조의2에 따른 임시이사의 해임 및 제25조의3에 따른 임시이사가 선임된 학교법인의 정상화 등에 관한 중요 사항을 심의하기 위하여 교육부장관 소속으로 사학분쟁조정위원회(이하 "조정위원회"라 한다)를 둔다.

[39] 「사립학교법」 제24조의2 제2항 제3호, 제25조의3 제1항, 같은 법 시행령 제9조의6 제3항 등.

대한 사법심사의 강도 역시 최소한의 합리성 여부를 심사하는 정도
로 완화하는 것이 타당하다."고 판시한 바 있다.[40]

다. 소결

　제3장에서 본 미국에서의 행정판단 존중원리와 비교해 볼 때, 우
리나라의 판결은 ① '재량 판단'에 대한 사법심사를 중심으로 논의가
전개되고 있다는 점, ② 미국의 쉐브론 기준과 같이 일반적인 원리로
서의 행정판단(재량) 존중원리까지는 정립되지 않은 점, ③ 해당 처
분 등이 다루고 있는 구체적 영역의 '특수성'을 바탕으로 폭넓은 재량
의 인정과 사법심사 강도의 완화가 주로 논의되고 있는 점 등을 특
징으로 볼 수 있다.

---

[40] "피고는 사립학교법 제24조의2 제4항에 따라 조정위원회의 학교법인 정상
　화 심의결과(이하 '심의결과'라 한다)에 따라야 하고(기속행위), 조정위원회
　는 같은 법 제25조의3 제1항에 따라 정이사 선임에 있어 상당한 재량을 가
　진다. (중략) 또한 사립학교법에 의하면 조정위원회는 대통령, 국회의장, 대
　법원장이 추천하는 11인의 위원으로 구성되고, 조정위원회의 위원이 되려
　면 15년 이상의 법률, 교육, 회계, 교육행정 등의 경력이 필요한 점, 조정위
　원회의 심의결과는 학교법인을 둘러싼 각종 상황을 종합적으로 고려한 것
　으로서 교육에 관한 전문적인 식견에 의하여 내려진 것인 점, 조정위원회
　는 학교법인의 정상화 심의를 함에 있어 사립학교법 제24조의2 제2항 제3
　호, 제25조의3 제1항, 같은 법 시행령 제9조의6 제3항에 따라 폭넓은 재량
　을 가지는 점, 위와 같이 조정위원회를 구성하고 학교법인의 정상화 심의
　에 관하여 폭넓은 재량을 부여한 것이 위헌인 것으로 보이지는 않는 점을
　종합하면, 사법부로서는 조정위원회가 실질적 심의를 거치지 않았다는 등
　의 특별한 사정이 없는 한 조정위원회의 심의결과에 따른 정이사 선임처분
　의 적법 여부를 심사함에 있어서 그 심의결과를 가급적 존중하는 것이 조
　정위원회에 관한 입법자의 설계에 부합하는 것으로 판단된다. 따라서 학교
　법인 정상화에 관한 조정위원회의 재량권 행사에 대한 사법심사의 강도 역
　시 최소한의 합리성 여부를 심사하는 정도로 완화하는 것이 타당하다."(서
　울행정법원 2011. 3. 4. 선고 2010구합23873 판결).

4. 보론 - 행정기관의 '법해석'에 대한 판단존중 여부

앞에서 본 사안은 주로 행정기관의 '재량 행사'에 있어, 그 판단을 존중하는 사례에 관한 것이었다. 이는 우리나라에서는, 사실관계 판단, 법해석 등은 행정기관의 일차적 판단을 존중함이 없이 법원이 전면적으로 다시 심사해야 한다고 보았기 때문이다. 이는 '법해석'에 있어서도 행정기관의 판단을 존중하는 심사를 하는 미국과는 상당히 다른 부분이다.

그런데 최근 우리나라에서도 법해석에 관한 행정기관의 판단을 존중할 여지를 엿볼 수 있는 전원합의체 판결(대법원 2018. 7. 19. 선고 2017다242409 전원합의체 판결)이 있었는바 이를 소개할 필요가 있다.

이 사건의 원고는 과세관청으로부터 부과받은 종합부동산세를 그동안 모두 납부해 왔는데, 원고와 유사한 상황에서 동일한 계산식에 의하여 종합부동산세를 부과받은 다른 납세자가 행정소송을 제기하여 종합부동산세 부과의 계산식이 잘못되었음을 주장하였고, 결국 대법원 판결로 과세관청이 종전에 한 계산식이 시행령에 대한 잘못된 해석에 기한 것임이 밝혀지게 되었다. 이에 원고는 마찬가지로 자신이 과다하게 부과받은 종합부동산세 과세처분이 당연무효임을 주장하면서 부당이득 반환을 구하였다. 과세관청이 원고에게 종합부동산세를 부과할 당시에는 시행령의 해석에 관하여 명확한 기준이나 이에 관한 대법원 판례가 없었던 상태였다.

이 사건에서 다수의견은 다음과 같이 판시하였다.

> 과세처분이 당연무효라고 하기 위하여는 그 처분에 위법사유가 있다는 것만으로는 부족하고 그 하자가 법규의 중요한 부분을 위반한 중대한 것으로서 객관적으로 명백한 것이어야 하며…어느 법률관계나 사실관계에

대하여 어느 법령의 규정을 적용하여 과세처분을 한 경우에 그 법률관계
나 사실관계에 대하여는 그 법령의 규정을 적용할 수 없다는 법리가 명백
히 밝혀져서 해석에 다툼의 여지가 없음에도 과세관청이 그 법령의 규정
을 적용하여 과세처분을 하였다면 그 하자는 중대하고도 명백하다고 할
것이나, 그 법률관계나 사실관계에 대하여 그 법령의 규정을 적용할 수 없
다는 법리가 명백히 밝혀지지 아니하여 해석에 다툼의 여지가 있는 때에
는 과세관청이 이를 잘못 해석하여 과세처분을 하였더라도 이는 과세요건
사실을 오인한 것에 불과하여 그 하자가 명백하다고 할 수 없다.[41][42]

이에 대하여 소수의견은 다음과 같이 판단하였다.

다수의견은 행정행위의 당연무효에 관한 중대명백설을 과세처분에 그
대로 적용함으로써, 충분히 명확하지 못한 법령을 잘못 해석하여 한 과세
관청의 과세처분이라도 그 하자가 명백하지 않아 무효사유가 되지 않는다
고 한다…과세처분에 납세의무에 관한 법령을 잘못 해석한 중대한 하자가
있고, 그로써 납세의무 없는 세금이 부과·납부된 경우, 그 과세처분의 효
력을 무효로 보지 않는 다수의견은 잘못된 법령 해석으로 인한 불이익
을 과세관청이 아닌 납세의무자에게 전가시키는 결과가 되어 납득할 수
없다.

이 판결은 행정청이 한 법령의 해석에 관하여 법원이 이를 어떻게
취급해야 하는지를 정면으로 다루어 이에 관하여 다수의견과 소수
의견이 치열하게 논쟁하였다는 점에서 중요한 의미를 지닌다. 지금
까지 우리나라에서 법령의 해석은 오로지 법원의 권한과 역할이고

---

[41] 이 부분 다수의견의 판시는 대법원 1997. 5. 9. 선고 95다46722 판결에서 처
음으로 설시된 것이다.
[42] 밑줄은 필자가 강조를 위하여 덧붙인 것이다. 이하 같다.

행정부의 법령해석에 존중을 부여한 사례는 찾아보기 어려웠다. 즉, 행정의 판단을 '가급적 존중'해야 한다는 판시는 모두 재량행위에 관한 행정기관의 판단에 대한 것이었지 행정기관의 법령해석에 대한 것은 아니었다.

그런데 위 사건에서는 비록 그 범위와 효력에 있어서는 제한이 있으나 사법부가, 행정부의 법령해석의 효력에 일부나마 가중치를 두어 심사할 수 있음을 밝힌 것이다. 미국 행정법에서 가장 중요한 판결로 여겨지는 쉐브론 판결이 행정기관의 '법해석'에 대한 것이었다는 점에서 이 판결을 미국의 쉐브론 판결과 비교해 볼 여지도 있고, 이 판결에 대하여 사법부가, 행정부가 한 법령해석을 일부나마 존중한 것으로 평가할 여지가 있기도 하다.

그러나 이를 그렇게 해석하더라도 그 존중의 범위는 상당히 제한적이다. 즉, 이 판결은 행정기관이 해석의 다툼의 여지가 있는 법령에 관하여 그 중 어느 하나의 해석을 택하였을 때, 그것이 사후적으로 법원에 의하여 채택되지 않는 해석이라면 정당한 법령해석으로 인정되지 않는다는 것을 전제로 한 것이다. 즉, 제소기간을 도과하였을 때 그 효력을 부인할 수 있는 중대명백한 하자로 볼 것인지가 이 사건의 주된 쟁점인 것인데, 결국 당사자가 제소기간 내에 해당 행정행위의 취소를 구하였다면 행정기관의 법령해석은 사법부에 의하여 전혀 존중받지 못하고 취소되었을 것이라는 점에서 그 존중의 범위가 매우 좁다는 것을 알 수 있다. 다만, 일부 영역에 한정된 것이기는 하지만 존중적 효력을 일부나마 인정한 것으로 볼 수 있는 판결이라는 점에서는 의미가 있다고 할 것이다.

제4절 대표적 독립규제위원회 등에 대한 판결례 분석

1. 개관

제2, 3절에서 재량행위 전반, 그리고 특수한 영역에 관한 사법심사 기준을 살펴보았다면, 이하에서는 본 연구의 주제에 더욱 관련이 깊은 것으로 그 범위를 좁혀 우리나라의 독립규제위원회의 판단을 대상으로 삼은 구체적 사례에 관하여 살펴보기로 한다. 이 부분은 앞에서 본 행정판단 존중의 요소로서의 사안적 요소, 작용법적 요소, 절차적 요소에 이어 기관적 요소에 관한 논의를 보다 구체화하는 것으로 볼 수 있다.

제4장에서 미국의 독립규제위원회에 대하여 여러 구체적 판결례를 심층적으로 분석함으로써 독립규제위원회에 적용되는 기준이 일반행정기관과 다소 다를 수 있음을 귀납적으로 확인한 바 있듯이, 여기에서도 구체적 사례를 통하여 독립규제위원회에 대한 적용상의 특수성이 인정될 수 있는지를 확인하기로 한다. 우리나라에서도 대표적 독립규제위원회가 공정거래위원회, 금융위원회, 방송통신위원회인 데다가, 미국의 논의를 살펴보면서 이에 대응되는 연방거래위원회(FTC), 증권거래위원회(SEC), 연방통신위원회(FCC)에 대한 사례를 살펴보았으므로 우리나라에서도 위 세 기관을 중심으로 살펴본다.

2. 독립규제위원회에 대한 판결례

가. 공정거래위원회 판결례

우리나라의 독립규제위원회 중 가장 많은 판결을 찾을 수 있는 기관이 공정거래위원회이다. 공정거래위원회는 일반경쟁규제기관이므로, 공정거래위원회의 규제 대상이 되는 기업이 많고 그런 까닭에 시정조치 등 처분에 대한 사법심사 사례가 많이 축적되어 있기 때문으로 보인다.[1][2]

1) 과징금 추가감면 사건(2013)

우선 소개할 판결은, 공정거래위원회의 과징금과 관련하여 과징금의 감면 여부가 문제된 판결이다.[3] 이 사건 사실관계는 다음과 같다. 원고(건설회사)는 자신이 가담한 7건의 입찰담합행위에 관하여

---

[1] 공정거래위원회의 시정조치에 대한 소제기 건수는 2015년 91건, 2016년 66건, 2017년 71건, 2018년 86건, 2019년 66건, 2020년 55건이다(공정거래위원회, 「공정거래 백서」, 2022, 86면).

[2] 참고로 공정거래위원회에 대한 행정소송에서 공정거래위원회가 승소한 확률과, 일반행정소송에서의 행정기관 승소율을 비교함으로써 간접적으로나마 공정거래위원회의 판단에 대한 사법심사의 정도 내지 강도에 관한 단서를 파악할 수 있다. 아래의 표에서 볼 때 행정소송(1심)에서 평균적으로 원고가 전부 승소하는 비율이 15.83%(본안 판결 선고 사건 기준)인데, 공정거래위원회에 대한 사건에서 원고가 전부 승소하는 비율(공정거래위원회 전부 패소)이 8.7%라는 점에서 간접적으로나마 공정거래위원회에 대한 판단 존중의 정도가 클 가능성을 추단할 수 있다.

[표] 일반 행정소송의 승소율

본안 판결 수(각하 제외)	원고 승	원고일부승	원고패
13,380	2,118(15.83%)	862(6.17%)	10,436(77.99%)

자료 출처: 법원행정처, 「2022 사법연감」

피고(공정거래위원회)의 조사를 받고, 위 사건들의 피고의 심의 안건
으로 상정되자, 그 후 2건의 다른 부당 공동행위가 더 있었다고 진술
하며 관련 증거자료 제출과 함께 구 「독점규제 및 공정거래에 관한
법률 시행령(2009. 5. 13. 대통령령 제21492호로 개정되기 전의 것) 제
35조 제1항 제4호⁴⁾가 정한 추가감면제도에 따른 감면신청을 하였다.
　　피고는 원고의 위 추가감면 신청이 위 규정이 정한 요건을 갖추었
다고 판단하고, 구 「부당한 공동행위 자진신고자 등에 대한 시정조
치 등 감면제도 운영고시(2009. 5. 19. 공정거래위원회 고시 제2009-9
호로 개정되기 전의 것)」(이하 '감면고시'라 한다) 제16조 제2항⁵⁾이

[표] 공정거래위원회 상대 행정소송에서의 공정거래위원회 승소율

| 처분연도 | 소제기된 시정조치 건수 | 확정된 시정조치 건수 | | | | 계류 중인 시정조치 건수 |
		승소	일부승소	패소	계	
2015	91	49(56.3%)	8(88.9%)	9(10.4%)	87	4
2016	66	40(64.5%)	17(27.4%)	5(8.1%)	62	4
2017	71	47(71.2%)	13(19.7%)	6(9.1%)	66	5
2018	86	46(69.7%)	12(18.2%)	8(12.1%)	66	20
2019	66	25(80.6%)	6(19.4%)	0	31	35
2020	55	8(88.9%)	1(11.1%)	0	9	46
합계	435	215(67.0%)	78(24.3%)	28(8.7%)	321	114

자료 출처: 공정거래위원회, 「공정거래 백서」, 2022.

3) 대법원 2013. 11. 14. 선고 2011두28783 판결.
4) 구 「독점규제 및 공정거래에 관한 법률 시행령(2009. 5. 13. 대통령령 제
　21492호로 개정되기 전의 것)」
　　제35조(자진신고자 등에 대한 감경 또는 면제의 기준 등) ① 법 제22조의
　2(자진신고자 등에 대한 감면 등)제3항의 규정에 따른 시정조치 또는 과
　징금의 감경 또는 면제에 대한 기준은 다음 각 호와 같다.
　　4. 부당한 공동행위로 인하여 과징금 부과 또는 시정조치의 대상이 된
　자가 그 부당한 공동행위 외에 그 자가 관련되어 있는 다른 부당한 공동
　행위에 대하여 제1호 각 목 또는 제2호 각 목의 요건을 충족하는 경우에
　는 그 부당한 공동행위에 대하여 다시 과징금을 감경 또는 면제하고, 시
　정조치를 감경할 수 있다.
5) 구 「부당한 공동행위 자진신고자 등에 대한 시정조치 등 감면제도 운영고

규정한 감경률을 산정하면서, 위 7건의 입찰담합행위의 관련 매출액을 합산한 금액과 위 2건의 다른 공동행위의 관련 매출액을 합산한 금액을 기준으로 양자의 규모를 비교하는 방식으로 감경률을 정한 후, 위 7건의 입찰담합행위에 그 감경률을 각 적용하는 등으로 위 7건에 관한 과징금을 40%씩 감경하여 최종 과징금을 부과하는 처분을 하였다.

원고는, 추가감면제도에 따라 감경률을 정하면서 공동행위의 규모를 비교함에 있어서, 각각의 당해 공동행위의 관련매출액과 자진신고한 각각의 다른 공동행위의 관련매출액을 개별적으로 비교하여 각 감경률을 정하고 이를 중복 적용해야 함에도, 피고는 당해 공동행위의 관련매출액 전부를 합산한 금액과 다른 공동행위의 관련매출액 전부를 합산한 금액을 비교하여 감경률을 정하였으므로 이 사건 처분이 위법하다고 주장하였다. 한편 감면고시는 공동행위가 1개

시(2009. 5. 19. 공정거래위원회 고시 제2009-9호로 개정되기 전의 것)」

제16조(다른 공동행위에 대한 자진신고 등) ① 시행령 제35조 제1항 제4호에 해당하는 경우 위원회는 당해 공동행위에 대하여도 시정조치를 감경할 수 있다.

② 전항의 경우 당해 공동행위에 대하여 부과될 과징금을 20% 감경한다. 다만, 다른 공동행위의 규모가 당해 공동행위보다 큰 경우에는 다음 각 호에 의한다.

1. 다른 공동행위의 규모가 당해 공동행위보다 크고 2배 미만인 경우 : 30% 감경

2. 다른 공동행위의 규모가 당해 공동행위의 2배 이상 4배 미만인 경우 : 50% 감경

3. 다른 공동행위의 규모가 당해 공동행위보다 4배 이상인 경우 : 면제

③ 전항의 공동행위의 규모는 관련 상품 또는 용역의 매출액에 의해 판단한다.

④ 제2항에 의한 감경 이전에 당해 공동행위에 대하여 시행령 제35조 제1항 제1호 내지 제3호의 감경사유가 존재하는 경우에는 기존의 감경비율에 제2항 각호의 감경 비율을 합산하여 일괄 감경한다.

이고 다른 공동행위가 1개임을 전제로 한 규정만 있었을 뿐 이 사건과 같이 공동행위가 여럿이고 다른 공동행위가 여럿인 경우 그 감경률 등을 어떻게 정할 것인지에 관하여는 구체적인 규정을 두고 있지 아니하였다.

이에 대하여 대법원은 "위와 같은 감면고시의 규정은 그 형식 및 내용에 비추어 재량권 행사의 기준으로 마련된 행정청 내부의 사무처리준칙 즉 재량준칙이라 할 것이고, 시행령 제35조 제1항 제4호에 의한 추가감면 신청 시 그에 필요한 기준을 정하는 것은 행정청의 재량에 속하므로 그 기준이 객관적으로 보아 합리적이 아니라든가 타당하지 아니하여 재량권을 남용한 것이라고 인정되지 아니하는 이상 행정청의 의사는 가능한 한 존중되어야 한다."고 판시하였다. 나아가 대법원은 "이러한 재량준칙은 일반적으로 행정조직 내부에서만 효력을 가질 뿐 대외적인 구속력을 갖는 것은 아니므로 행정처분이 이를 위반하였다고 하여 그러한 사정만으로 곧바로 위법하게 되는 것은 아니고, 다만 그 재량준칙이 정한 바에 따라 되풀이 시행되어 행정관행이 이루어지게 되면 평등의 원칙이나 신뢰보호의 원칙에 따라 행정기관은 그 상대방에 대한 관계에서 그 규칙에 따라야 할 자기구속을 받게 되므로, 이러한 경우에는 특별한 사정이 없는 한 그에 반하는 처분은 평등의 원칙이나 신뢰보호의 원칙에 어긋나 재량권을 일탈·남용한 위법한 처분이 된다."고 하면서, "당해 공동행위와 다른 공동행위가 모두 여럿인 경우에 관하여 구체적인 규정이 없는 상태에서 피고가 적용한 기준이 불합리하거나 자의적이지 아니하고, 과징금 부과의 기초가 되는 사실을 오인하는 등의 사유가 없다면 재량권을 일탈·남용한 위법이 있다고 보기 어렵다."고 판시하였다.

이 사건에서 대법원이, ① 공정거래위원회가 스스로 정한 재량준칙의 법적성질과 사법부는 가급적 이를 존중해야 함을 설시한 부분,

특히 ② 구체적인 규정이 없는 상태에서 피고가 적용한 기준이 "과징금제도와 추가감면제도의 입법취지에 반하지 아니하고", "불합리하거나 자의적이지 아니하다"는 이유 등을 들어 그 판단을 존중하는 설시를 한 부분을 주목할 필요가 있다.[6]

2) 공동수급체 부당공동행위 사건(2016)

공정거래위원회에 관한 하급심 판결로서 공정거래위원회의 기관적 특수성을 특히 고려한 판결이 있는데, 여기에서 소개할 필요가 있다.[7][8]

이 사건의 사실관계는 다음과 같다. 원고 등 5개 건설회사는 각기 공동수급체를 구성하여 방파제 축조 공사의 입찰에 참여하였는데 개찰 결과 다른 건설회사 공동수급체가 낙찰을 받았고, 원고가 포함된 공동수급체는 탈락하였다. 그런데 피고(공정거래위원회)는 2014. 12. 12. '원고 등 5개 건설사가 2009년 12월경 이 사건 입찰에 관하여 유선 통화, 대면 회의 등을 통하여 사전에 투찰률 또는 투찰가격을 합의하고 이를 실행함으로써 「독점규제 및 공정거래에 관한 법률」 제19조 제1항 제8호에서 금지하는 부당한 공동행위를 하였다'는 이유로 원고에게 시정명령 및 과징금납부명령을 하였다. 원고는 이 사건 처분이 위법하다면서 행정소송을 제기하였다.

법원은 이 사건 처분이 적법하다고 보아 원고의 청구를 기각하였는데, 원고가 적법절차를 준수하지 않았다고 주장한 데 대하여 다음과 같이 판시하면서 그 주장을 배척한 부분을 주목할 필요가 있다.

---

6) 판시 중 "불합리하거나 자의적이지 아니하다"는 기준 부분은 미국의 자의 금지 기준의 구체적 판단 기준과 매우 유사한 것으로 볼 수 있다.
7) 서울고등법원 2016. 4. 20. 선고 2015누32072 판결.
8) 위 판결에 대하여 원고가 상고하였으나 상고가 기각되어 확정되었다(대법원 2016. 8. 18. 선고 2016두40191 판결).

법원은 "행정목적 실현을 위하여 취해지는 규제수단에 대하여 사법적 체계나 요소를 어느 정도로 적용할 것인지는 기본적으로 제도 형성의 문제로서 입법자의 선택에 달려 있다 할 것이다. 공정거래법에서 행정기관인 피고로 하여금 과징금을 부과하여 제재할 수 있도록 한 것은 부당 공동행위를 비롯한 다양한 불공정 경제행위가 시장에 미치는 부정적 효과 등에 관한 사실수집과 평가는 이에 대한 전문적 지식과 경험을 갖춘 기관9)이 담당하는 것이 보다 바람직하다는 정책적 결단에 입각한 것이라 할 것이고, 과징금의 부과 여부 및 그 액수의 결정권자인 피고는 합의제 행정기관으로서 그 구성에 있어 일정한 정도의 독립성이 보장되어 있고, 과징금 부과절차에서는 통지, 의견진술의 기회 부여 등을 통하여 당사자의 절차적 참여권을 인정하고 있으며, 행정소송을 통한 사법적 사후심사가 보장되어 있는 점 등을 종합적으로 고려할 때, 원고가 내세우는 사유만으로 이 사건 조항에 따른 과징금 부과 절차가 판단 주체의 독립성·중립성에 대한 보장과 실체적 진실발견 방안에 대한 보장이 미흡하여 헌법상 요구되는 적법절차 원칙을 준수하지 않았다고 보기는 어렵다."고 하면서 원고의 청구를 기각하였다.

　위 판결은 공정거래위원회에 대한 전문성에 대한 고려를 명시하였고, 공정거래위원회의 합의제적 특성에 대한 고려도 명시하였다. 나아가 독립규제위원회의 독립성과 절차적 보장에 따른 고려까지 설시하였는바 독립규제위원회가 가진 여러 특징이 사법심사의 기준의 설정에 중요하게 관련될 수 있다는 가능성을 제시해 주었다는 점에서 매우 의미있는 판결로 꼽을 수 있다.

---

9) 밑줄은 필자가 강조를 위하여 덧붙인 것이다. 이하 같다.

나. 금융위원회 판결례

다음으로 금융위원회에 관한 판결을 본다. 여기에서는 금융위원회의 전신인 금융감독위원회를 포함하여 소개할 만한 판결례(하급심 판결 포함)를 검토한다.[10]

1) 상호저축은행 영업인가취소 처분 사건(2012)

이 사건은 상호저축은행에 대한 영업인가취소 처분을 다툰 사건에 관한 대법원 판결[11]인데, 사실관계는 다음과 같다.

원고는 상호저축은행이었는데, 은행의 경영이 부실화되자 피고 (금융위원회)는 원고에게 경영정상화방안을 제출할 것을 요구하였고, 이에 원고가 경영정상화계획을 제출하였음에도, 피고가 경영평가위원회의 평가를 거쳐 이를 승인하지 아니하였다. 예금보험공사는 원고 은행의 부실이 확대되는 상황에서, 보험금지급 후 청산 및 파산으로 정리하는 방안이 공적자금 투입을 최소화하고 예금자의 불편을 줄이는 최선책이라고 보아, 피고에게 원고 은행의 정리방안을 제시하였다. 이에 피고는 당시 「상호저축은행법」 제24조 제2항 제2호 및 제6호[12]의 규정에 의하여 인가를 취소하는 처분을 하였으

---

[10] 금융위원회의 소송 수행건수는 2014년 21건에서 2015년 46건, 2016년 62건 이다(https://www.fsc.go.kr/po010101/72907?srchCtgry=1&curPage=60&srchKey=&srchText=&srchBeginDt=&srchEndDt=, 2022. 12. 27. 확인). 앞서 본 공정거래위원회에 대한 사건 수보다는 다소 적다.

[11] 대법원 2012. 3. 15. 선고 2008두4619 판결.

[12] 당시 「상호저축은행법」 제24조

　② 금융감독위원회는 상호저축은행이 다음 각호의 1에 해당하는 경우에는 6월 이내의 기간을 정하여 영업의 전부정지를 명하거나 영업의 인가를 취소할 수 있다.

　2. 결손으로 인하여 자기자본의 전액이 잠식된 경우

　6. 기타 법령 또는 정관에 위반하거나 재산상태 또는 경영이 건전하지

나 원고는 그 처분의 위법을 주장하면서 그 취소를 구하는 소를 제기하였다.

이 사건에서 대법원은, 피고의 처분에 대한 심사기준으로서 "비례의 원칙 및 형평의 원칙에 반하거나 사회통념상 현저하게 타당성을 잃어 재량권을 일탈·남용한 경우"를 제시한 다음, 여러 사정을 들어13) 피고의 처분에 위법이 없다고 판시하였는데, '현저하게' 타당성을 잃은 경우를 재량일탈 남용의 기준으로 삼았다는 점, 처분 사유중 주된 처분 사유(제2호)가 결국 유지되기 어려운 것이 밝혀졌음에도 불구하고, 보충 규정(제6호)을 적극적으로 해석하고 여러 간접사실을 활용하여 금융위원회의 원처분의 유효성을 인정하는 방식으로 결론을 내린 것을 볼 때, 통상적 재량권 일탈·남용의 일반적 심사기준보다 완화된 기준을 적용하여 금융위원회의 판단을 두텁게 존중한 태도를 취한 것으로 볼 여지가 있다.

못하여 공익을 크게 해할 우려가 있는 경우.

13) 구체적으로 "원고 은행이 법령과 정관 등에 위반하여 실행한 출자자대출로 인정된 235억 5,000만 원이 연체되어 상환되지 아니한 사실, 원고 은행의 2005. 7. 22. 현재 여신채권이 4,341억 원이기는 하나 대손충당금을 반영한 실질가액은 1,969억 원에 불과할 정도로 부실화된 사실, 원고 은행은 피고에게 2004. 11. 29.자 및 2005. 1. 10.자 각 경영정상화를 위한 자구계획서와 2005. 2. 14.자, 2005. 3. 22.자 및 2005. 9. 8.자 각 경영정상화계획서 등을 제출하였으나, 피고는 경영평가위원회의 평가를 거쳐 위 계획의 이행을 통한 자체 경영정상화 가능성이 불투명하다는 이유를 들어 이를 불승인한 사실, 예금보험공사는 원고 은행의 부실이 확대되는 상황에서 보험금지급 후 청산 및 파산으로 정리하는 방안이 공적자금 투입을 최소화하고 예금자의 불편을 줄이는 최선책이라고 보아 피고에게 원고 은행의 정리방안을 제시한 사실 등을 알 수 있고 이러한 사정을 종합해 보면, 원고 은행은 법 제24조 제2항 제6호에 규정된 '기타 법령 또는 정관에 위반하거나 재산상태 또는 경영이 건전하지 못하여 공익을 크게 해할 우려가 있는 경우'에 해당"한다고 판시하였다.

2) 계약이전결정 사건(2007)

다음으로 소개할 판결은 금융위원회의 전신인 금융감독위원회에 관한 하급심 판결[14][15]인데, 금융감독위원회의 특수성이 판시에 고려된 바 있어 이를 소개할 필요가 있다.

이 사건의 사실관계는 다음과 같다. 금융감독위원회는 소외 은행의 부채가 자산을 크게 초과하자 소외 은행을 「금융산업의 구조개선에 관한 법률」(이하 '금산법'이라 한다)에 근거하여 부실금융기관으로 지정하고 경영개선명령을 발령하였다. 소외 은행이 경영개선계획을 제출하였으나 그 실현가능성 등이 의문시되자, 금융감독위원회는 이를 불승인하고 소외 은행이 체결한 예금계약 중 1인당 5,000만 원 미만의 계약은 다른 은행으로 이전하라는 계약이전결정을 내렸다. 이에 대하여 소외 은행의 주주들과 일부 예금자들이 원고가 되어 이 사건 계약이전결정이 위법하다는 이유로 소를 제기하였다.

위 법원은, 이 사건 처분이 적법하다고 보아 원고의 청구를 배척하였는데, 그 이유에서 피고의 처분에 대한 사법심사 기준에 관하여 설시하였다. 다시 말하면, 위 법원은 "금산법 제14조 제2항 등에서 부실금융기관에 대하여 영업정지, 계약이전 등 행정처분을 규정하고 있는 취지는 금융기관의 부실화를 방지하고, 부실금융기관의 조속한 정리를 도모하여 다수 예금자의 권리를 보호하며, 이를 통한 사회·경제적인 부정적 영향을 최소화하고자 함에 있는 것이고, 이를 위하여 피고는 개별 저축은행의 부실 정도, 회생가능성, 제3자 매각 여부, 전체적인 시장상황, 저축은행의 정리가 가져올 지역사회의 파급효과 등을 종합적으로 고려하여 <u>전문적인 고도의 규범판단[16]</u>을

---

14) 서울고등법원 2007. 11. 8. 선고 2006누6835 판결(유사 취지의 하급심 판시로는 서울행정법원 2007. 11. 23 선고 2006구합18522 판결).
15) 이 판결에 대한 상고가 있었으나 상고기각 판결이 선고되어 확정되었다(대법원 2008. 2. 14. 선고 2007두25121 판결).

매개로 부실금융기관에 대하여 어떠한 처분을 할 것인지 여부를 결정하는 것이므로 일정범위의 재량이 부여되어 있는 것이라고 할 것이고, 피고가 위와 같은 판단과정을 거쳐 이 사건 처분을 한 것이라면 그러한 판단이 명백히 잘못되었다고 인정할 만한 사정이 없는 한 그 판단은 정당하다고 보아야 할 것이다."라고 판시하였다.

나아가 처리방안이 다른 은행과 차이가 있어 위법하다는 주장에 관하여도, "피고가 부실저축은행에 대하여 어떠한 처리방안을 선택할 것인지는 처분 시점에 현존하는 개별 저축은행의 부실 정도, 회생가능성, 제3자 매각여부, 전체적인 시장상황, 저축은행의 정리가 가져올 지역사회의 파급효과 등 복합적인 요소를 진단하고 고려하여 결정하는 것이고, 가능한 처리방식의 대안들 중에서 가장 합리적인 방안을 선택할 수 있는 것이며, 그 선택은 고도의 경제적, 정책적 판단으로서 피고의 광범한 재량에 맡겨져 있는 것이고, 다만 그 판단에 있어서 이해관계자와의 이익형량을 전혀 하지 않거나 중요한 조건의 파악이나 설정에 잘못이 있는 등 명백하게 불합리하다고 보이지 않는 한 그 선택은 존중되어야"한다고 판시하였다.

이 판결은, 금융감독위원회가 처분에 나아갈지 여부에 관한 재량 판단과 여러 대안 중 어떠한 방안을 선택할지에 재량 판단에 있어, 전문성과 고도의 규범판단, 광범위한 재량 등의 표현을 적극적으로 사용하면서 금융감독위원회의 판단을 존중한 판결이다. 독립규제위원회에 대한 사법심사 기준을 설정함에 있어 중요하게 참고가 될 만한 판결이라고 할 수 있다.

다. 방송통신위원회 판결례

다음으로 방송통신위원회에 관한 판결을 본다. 여기에서는 방송

---

16) 밑줄은 필자가 강조를 위하여 덧붙인 것이다. 이하 같다.

통신위원회의 전신인 방송위원회를 포함하여 소개할 만한 판결례 (하급심 판결 포함)를 검토한다.

1) 종합유선방송 승인거부처분 사건(2005)

방송통신위원회의 전신인 방송위원회가 한 처분에 대한 사법심사 의 기준을 밝힌 대법원 판결을 먼저 소개한다.[17]

피고(방송위원회[18])는 2000. 12. 30. 53개 종합유선방송 사업구역 에 대하여 승인사항, 추진일정 등 전환승인신청에 관한 사항을 공고 하고, 위 53개 사업구역 중 한 지역의 중계유선방송사업자인 원고로 부터 전환승인신청을 받았다. 피고는 2001. 4. 30. 이 사건 방송구역 에 대하여 전환승인신청을 한 다른 중계유선방송사업자인 피고 보 조참가인을 승인예정사업자로 선정하고 원고의 이 사건 전환승인신 청을 승인하지 아니하는 처분을 하였는바, 이에 대하여 원고가, 자신 에 대하여 한 전환승인거부처분과 피고 보조참가인에 대하여 한 승 인처분의 각 취소를 구하는 소를 제기하였다. 항소심 법원은, 원고의 주장을 받아들여 원고에 대한 전환승인거부처분과 피고 보조참가인 에 대한 승인처분을 취소하는 판결[19]을 선고하였는데[20] 그 판결에

---

17) 대법원 2005. 1. 14. 선고 2003두13045 판결.
18) 2008. 2. 29. 방송위원회는 그 업무를 방송통신위원회와 방송통신심의위원 회로 승계하고 폐지되었다.
19) 서울고등법원 2003. 10. 10. 선고 2003누3606 판결.
20) "피고의 승인처분은 중계유선방송사업자에게 종합유선방송을 영위할 수 있는 권리 등을 부여하는 설권적 행정행위로서 그러한 중계유선방송사업 자를 승인하는 방법과 절차를 택함에 있어 합리적인 범위 내에서 폭넓은 재량권이 있다고 할 것이나, 그 재량권은 이 사건 승인제도의 근본취지에 합치되도록 행사되어야 한다는 내재적인 한계를 가지고 있다 할 것인데, 앞서 본 바와 같이 이 사건 승인제도의 근본취지는 기존의 능력 있는 중계 유선방송사업자에 대하여 종합유선방송사업자의 자격을 부여하여 동일 방송구역 내에 복수의 종합유선방송사업자를 인정한 후 그들간의 공정한

대하여 상고가 제기되었다.

상고심에서 대법원은, "전환승인은 중계유선방송사업자로 하여금 종합유선방송사업을 할 수 있도록 하는 행정행위이고, 피고는 전문성 및 사회 각 분야의 대표성을 갖춘 9인의 방송위원으로 구성되어 방송에 관한 전반적인 사항을 심의·의결하는 합의제 행정기관이라는 점[21] 및 방송법의 관계 규정에 비추어 보면, 피고는 시청자의 권익보호와 민주적 여론형성 및 국민문화의 향상을 도모하고 방송의

> 경쟁을 통하여 케이블티비의 시청기회를 확대하고 유선방송의 시장통합을 유도함으로써 케이블티비산업의 활성화를 도모하는데 있다 할 것이다. 한편, 피고에게 종합유선방송업자를 선정함에 있어 폭넓은 재량이 부여되어 있다 하더라도 이 사건에 있어서와 같이 사전에 일정한 선정기준을 공고하여 그 기준에 따라 사업자를 선정하기로 하였다면 이와 같은 선정방법의 선택을 통하여 피고는 사업자 선정에 관한 자신의 재량권을 행사하였다 할 것이고, 다른 한편 이로써 자신의 재량권을 제한하기로 대외적으로 표시한 것이라 할 것이므로, 피고는 표시된 기준에 따라 사업자를 선정할 의무를 부담하게 된다 할 것인데, 피고가 위와 같은 이 사건 승인제도의 근본취지에 부합하도록 종합유선방송사업 승인신청 공고에서 승인심사의 기본방향으로 '방송법 제10조 제1항에 명시된 심사기준에 부합하는 사업자를 승인함', '유선방송시장통합의 기반조성에 부합하는 사업자를 승인함', '종합유선방송산업의 활성화 및 관련시설투자가 가능한 사업자를 승인함'이라는 기준을 설정한 것은 앞서 본 바와 같다. 따라서, 피고는 심사의 세부적인 판단기준을 설정함에 있어서도 이와 같은 승인심사의 기본방향에 상응할 수 있도록 형성함으로써 이 사건 승인제도의 취지에 부합하는 사업자를 선정할 수 있도록 하여야 하고, 그와 달리 피고에 의하여 설정된 세부적인 판단기준이 위와 같은 승인심사의 기본방향을 관철시킬 수 없도록 설정됨으로써 결과적으로 이 사건 승인제도의 목적을 달성하는 것이 어렵게 되어 있다면 이는 피고가 심사기준을 설정함에 있어 재량권을 일탈하거나 남용한 것이라 할 것이다. 결국, 피고의 참가인에 대한 이 사건 승인처분이 위와 같은 이 사건 승인제도의 근본취지에 합치되는지, 보다 구체적으로는 이 사건 승인심사의 기본방향에 합치되는지 여부가 이 사건 승인처분 및 승인거부처분의 위법성을 판단하는 중요한 기준이 된다 할 것이다."

21) 밑줄은 필자가 강조를 위하여 덧붙인 것이다.

발전과 공공복리의 증진에 이바지한다는 법의 목적 및 위와 같은 전환승인제도를 둔 취지를 고려하여 시청자의 의견청취 및 그 의견의 반영 여부 공표 등의 절차를 거쳐 전환승인의 구체적인 심사기준 및 방법 등을 정할 수 있다고 할 것이고, 이렇게 정해진 기준 및 방법에 따라 심사가 이루어졌음에도 불구하고 그 심사결과에 따른 처분이 위법하다고 하기 위해서는 그 기준 자체가 법령의 규정에 위반되거나 방송법의 목적 및 전환승인제도의 취지에 비추어 객관적으로 합리성 또는 타당성을 현저히 결여한 것이라거나, 그 심사기준에 설정된 각 항목별 평가가 타당성 없이 이루어졌다는 등의 사정이 있어야 할 것이다."라고 판시하면서, 항소심 판결을 파기하였다.

이 사건은 방송위원회의 전문성, 합의제 행정기관성 등을 심사기준에 고려해야 함을 명시적으로 밝힌 점, 재량행위의 심사기준에 있어 행정청의 판단에 상당한 존중의 여지를 부여한 점 등에서 매우 의미가 있다.

2) 게시글 삭제 명령 사건(2013)

이 판결[22]은 하급심 판결로서, 방송통신위원회가 한 게시글 삭제 명령의 적법성을 다툰 사건이다.

원고들은 한 인터넷 사이트를 개설하고 게시판을 설치한 뒤 관리·운영하고 있었다. 경찰청장은 이용자들이 게시한 게시글들이 국가보안법에서 금지하는 행위를 수행하는 내용의 정보에 해당한다며 피고(방송통신위원회)에 이를 삭제하도록 명할 것을 요청하였다. 피고는 방송통신심의위원회의 심의를 거쳐 게시글이 국가보안법에서 금지하는 행위를 수행하는 내용의 불법정보에 해당한다며 원고들에게 이 사건 게시글의 삭제를 요구하였다. 그럼에도 원고들이 이 사

---

22) 서울행정법원 2013. 12. 19. 선고 2011구합39790 판결.

건 게시글을 삭제하지 아니하자, 피고는 원고들에게 「정보통신망 이용촉진 및 정보보호 등에 관한 법률」 제44조의7 제3항에 따른 취급 거부로서 이 사건 게시글을 삭제할 것을 명하였는데, 원고는 이 사건 처분이 위법하다는 이유로 그 취소를 구하는 소를 제기하였다.

이 사건에 관하여 서울행정법원은, 피고가 한 이 사건 처분이 적법하다고 판시하였는데, 특히 행정기관인 방송통신위원회로 하여금 자체적인 판단으로 게시글을 삭제하는 명령을 하는 것이 그 자체로 적법하지 않다는 원고의 주장에 관하여 다음과 같이 판시하였다. 즉, 위 법원은 "행정 목적의 실현을 위하여 취하는 규제수단에 대하여 사법적 체계나 요소를 어느 정도 적용할지는 기본적으로 제도 형성의 문제로서 입법자의 선택에 달려 있다. 법관에게 결정권한을 부여한다든지, 절차에 있어 사법적 요소들을 강화하면 법치주의적 자유보장이라는 측면에서는 장점이 있겠으나, 다른 한편 <u>경제, 환경, 도시계획, 보건처럼 복잡하고 전문적인 규제분야에서 정책입안자나 현장 정책집행자의 일관성 있고 전문적인, 목적지향적 관리가 가능하게 하려면</u>[23] 행정기관 스스로 행정목적 달성에 효율적인 제재 수단과 제재 수위를 1차적으로 선택할 수 있도록 하는 것이 <u>행정의 경험과 전문성, 책임성</u>을 더욱 살리는 길이 된다고 볼 수도 있다."고 판시하면서 "이 사건에서 ① 행정기관인 방송통신위원회로 하여금 정보통신서비스 제공자 또는 게시판 관리·운영자에게 유통금지 대상 정보의 취급을 거부·정지 또는 제한할 것을 명할 수 있도록 한 것은 다양한 유형의 정보가 사회에 미치는 부정적 효과 등에 관한 사실 수집과 평가를 이에 대한 <u>전문적 지식과 경험을 갖춘 기관이 담당하는 것이 더 바람직하다는</u> 정책적 결단에 터잡은 것인 점, ② 방송통신위원회는 집행부의 직접 통제에서 벗어난 <u>독립의 합의제 행</u>

---

23) 밑줄은 필자가 강조를 위하여 덧붙인 것이다. 이하 같다.

정기관으로서 그 구성에서도 상당 수준의 중립성을 보장받고 있는 점, ③ 제재조치의 절차에서 통지, 의견진술의 기회 부여 등을 통하여 당사자의 절차적 참여권을 보장하고 있는데다가, 행정소송을 통한 사법적 사후심사를 보장하고 있는 점 등을 종합적으로 고려할 때, 근거 법률조항이 일정한 행위의 금지를 규정하면서 그 시정을 요구하거나 명할 권한을 행정기관에 부여하였다고 하여 권력분립의 원칙에 반한다고 볼 수는 없다."고 판시하였다.

이 판결은, 사법심사에 있어 독립규제위원회인 방송통신위원회의 설립 근거와 목적, 그러한 정책적 결단의 배경, 방송통신위원회의 조직상, 기능상의 특징 등을 상세히 분석하고 언급하였다는 점에서 상당한 의미가 있는 판결이라고 본다.

3) 홈쇼핑 최다액출자자 변경 사건(2007)

또 하나의 의미 있는 하급심 판결[24]을 소개한다.

소외 홈쇼핑회사는 2001년 피고(방송위원회)로부터 방송채널사용사업의 승인을 받은 방송사업자였고, 당시 선정 심사에서 탈락되었던 피고 보조참가인은 그 후 소외 홈쇼핑회사의 최다출자자로부터 그 보유주식을 취득하였다. 이에 소외 홈쇼핑회사는 구 「방송법」 제15조 제1항 제3호에 따라 피고에게 소외 홈쇼핑회사의 최다액출자자를 피고 보조참가인으로 변경승인해 줄 것을 신청하였다. 피고는 위 최다액출자자 변경신청을 승인하였다. 위 홈쇼핑회사의 2대 주주인 원고는, 이 사건 처분으로 인하여 자신이 소외 홈쇼핑의 최다액출자자로 될 기회를 상실하자, 이 사건 처분의 절차법 및 실체법상 하자를 주장하면서 그 취소를 구하는 소를 제기하였다.

법원은 원고의 이 사건 처분의 하자 주장을 배척하였는데, 판시한

---

24) 서울행정법원 2007. 7. 13. 선고 2007구합5516 판결.

이유 중에서 합의제 행정기관의 의결절차와 절차적 하자에 대한 심사방법을 제시한 부분을 소개할 필요가 있다. 즉 이 사건의 1심 법원은 "피고와 같은 합의제 행정기관의 경우 그 의사결정은 민주적 방식(예컨대, 다수결의 원리)에 따라[25] 이루어져야 하는 것임은 당연하고, 그 이상으로 의사결정을 함에 있어서도 방송의 중대한 공익성과 그를 구현하기 위한 전문기관으로서 피고의 위치를 생각한다면 그를 위한 충분한 심의를 거쳐야 할 것이다. 다만, 위와 같은 의결을 거쳐 이루어진 처분의 법적 효력을 판단함에 있어서는 합의제 행정기관의 존립 자체를 무의미하게 하는 정도의, 즉 심의 자체를 아예 거치지도 아니하는 등의 방식으로 그것이 이루어진 것이 아닌 이상 그 법적 효력을 부인할 수는 없다. 이 사건 처분의 경우 적어도 그와 같은 의미에서의 최소한도의 심의는 거쳤다고 보이고, 법률에 근거한 방식으로 의결절차가 진행되기는 하였으므로, 원고의 심의 부존재 및 의결방식 자체의 위법 주장은 이유 없다."고 판시하였다.

위 법원이 제시한 판단 기준은 합의제 행정기관에서 의결을 거쳐 이루어진 처분은 "합의제 행정기관의 존립 자체를 무의미하게 하는 정도"가 아닌 한 법적 효력을 부인할 수 없는데, 존립 자체를 무의미하게 하는 것의 예시로 "심의 자체를 아예 거치지도 아니하는 등의 방식"을 들고 있다. 이에 따르면 심의를 거치기만 했으면 실질적으로 어떠한 결론이 나오든지 사실상 법원이 사법심사를 할 수 없다는 결론에 이르게 되는데 매우 강한 존중적 심사방식을 제시하였다고 볼 수 있다.

이 판결에 대한 항소심[26]에서도 합의제 행정기관의 의결절차와 절차적 하자에 대한 심사기준을 제시하였는바, 여전히 매우 두터운 존중이기는 하나 1심에 비하여 다소 그 존중의 정도를 낮추는 판시

---

25) 밑줄은 필자가 강조를 위하여 덧붙인 것이다. 이하 같다.
26) 서울고등법원 2008. 2. 19. 선고 2007누21053 판결.

를 하였다. 1심과 항소심의 판시를 비교하면 아래와 같다.

<1심> "피고와 같은 합의제 행정기관의 경우 … 의결을 거쳐 이루어진 처분의 법적 효력을 판단함에 있어서는 <u>합의제 행정기관의 존립 자체를 무의미하게 하는 정도의, 즉 심의 자체를 아예 거치지도 아니하는 등의 방식으로 그것이 이루어진 것이 아닌 이상 그 법적 효력을 부인할 수는 없다.[27]</u>"

<항소심> "피고와 같은 합의제 행정기관의 경우 … <u>의사결정이 적법한 의결절차를 거쳐 이루어진 것처럼 외형상 보일지라도 법령에서 정한 요건에 대하여 전혀 논의하지 않거나 극히 형식적으로만 평가하고 실질적인 내용에 관한 심의가 이루어지지 않았다면, 이는 의사결정의 외형만 갖추었을 뿐, 합의제 행정기관으로서 요구되는 실질적인 심의가 없는 상태에서의 의사결정으로서 합의제 행정기관이 의사결정에서 준수하여야 할 합의절차를 위반한 것이고, 이에 기초한 의사결정 역시 위법하여 취소되어야 한다.</u>"

즉, 1심은 합의제 행정기관의 존립 자체를 무의미하게 하는 정도의, 즉 심의 자체를 아예 거치지도 아니하는 등의 방식으로 그것이 이루어진 것을 한계로 삼은 반면, 항소심은 '실질적인' 심의가 없는 의사결정을 더 이상 그 판단을 존중하기 어려운 한계로 삼았다는 점에서 요건을 조금 더 엄격하게 본 것으로 해석할 수 있다. 상고심[28]

[27) 밑줄은 필자가 강조를 위하여 덧붙인 것이다. 이하 같다.
[28) 대법원 2011. 8. 25. 선고 2008두5148 판결.

은 이 점에 관하여 특별한 언급 없이 상고를 기각하였다.

이 사건은 방송위원회의 전문성뿐 아니라 합의제 행정기관의 특성을 십분 고려한 판결로서, 합의제 기관이 실질적인 심의를 한 후 의결을 거친 사안에 관하여는 사실상 실체적인 하자 심사의 여지를 거의 인정하지 않는 것으로 볼 수 있을 만큼 매우 두터운 존중적 심사를 하였다는 점에서 시사하는 바가 크다.

라. 소결

이상에서 우리나라의 대표적인 독립규제위원회인 공정거래위원회, 금융위원회, 방송통신위원회의 판단에 대한 사법심사 사례를 살펴보았다. 우리나라 판례가, 독립규제위원회에 대한 판단은 일률적으로 그 심사기준을 달리해야 한다는 명시적 판시를 한 바는 없었다. 그러나 구체적인 사안에서 위 각 독립규제위원회가 상당한 전문성을 가지고 있는 점, 독립적인 기구인 점, 합의제 원리를 통하여 판단이 이루어지는 점에 대하여 특별한 고려를 하고 있고 이러한 사정을 고려하여 심사기준과 강도를 다소 수정하려는 시도를 하고 있음을 귀납적으로 확인할 수 있었다.

3. 보론 - 그 밖의 사례

그 밖의 독립규제위원회로서 원자력안전위원회를 상대로 한 사건 및 규제기구는 아니지만 합의제 독립행정기관에서 한 판단에 대한 사법심사에 대한 사례가 있어 보론으로 이를 소개한다.

우선 원자력안전위원회[29]의 의결과 그에 의한 처분의 효력에 관

---

29) 「원자력안전위원회의 설치 및 운영에 관한 법률」에 따라 설치된 합의제 중

하여 다툰 사건에서, 합의제 행정기관의 특성을 고려하여 절차에 대한 사법심사를 엄격하게 할 것을 요구한 하급심 판결이 있다. 즉, 원자력안전위원회 구성원 중 일부가 위원 결격 사유를 가지고 있었던 사안에서 법원은 "피고는 위원회 회의를 통한 심의·의결의 방법으로 이 사건 원전의 건설허가 여부를 결정하는 합의제 행정규제위원회"라고 하면서 "위원 결격자가 합의제 행정규제위원회의 심의·의결 과정에 참여하는 경우 위원 결격자는 심의·의결 과정에서 다른 위원의 의견에 영향을 미쳐 전체의 의견을 좌우할 수 있"는데 "위원회의 독립성과 원자력안전규제 업무의 공정성 확보의 중요성"을 종합적으로 고려할 때 위원 결격자들이 의결에 참여한 이상, 그 의결은 위법하고, 문제되는 처분 또한 위법한 의결에 기초하여 이루어진 것으로서 위법하다고 판시하였다. 그러면서 결격사유 있는 위원 이외의 나머지 위원의 출석과 찬성만으로도 해당 의결과 같은 의결이 가능하였다고 볼만한 사정이 있다 하더라도 달리 볼 수 없다고 판시하였는바 독립규제위원회의 기관 특성과 합의제 기구로서의 심의절차의 중요성을 확인한 판결이라고 볼 수 있다.[30]

한편, 친일반민족행위진상규명위원회[31]의 판단에 관하여 친일반민족행위를 인정함에 있어서 요구되는 요건에 대한 판단은 "전문적인 지식을 바탕으로 하는 의사결정"이라는 점에서 "전문가로서의 자격요건을 만족하는 자로서 위 법[32]에 의하여 직무상 독립과 신분이

앙행정기관이다. 최초에는 대통령 소속이었으나 2013년 법 개정으로 현재는 국무총리 소속 기관이다.

[30] 서울행정법원 2019. 2. 14. 선고 2016구합75142 판결.

[31] 「일제강점하 반민족행위 진상규명에 관한 특별법」 제3조에 따라 대통령 소속으로 설치된 위원회로서 대외적으로 의견을 표명할 수 있는 행정청으로서의 지위를 가진 기구였다. 위 위원회의 활동기간이 2009. 11. 30. 만료됨에 따라 행정안전부가 그 지위를 승계하였다.

[32] 「일제강점하 반민족행위 진상규명에 관한 특별법」.

보장되어 있는 11인의 위원(국회가 선출한 4인, 대통령이 지명한 4인, 대법원장이 지명한 3인)으로 구성된 친일반민족행위진상규명위원회의 전문적 판단을 존중하는 것이 바람직하다"고 판시한 바 있다.[33]

---

33) 서울행정법원 2010. 12. 24. 선고 2009구합38787 판결.

제5절 소결

제5장에서 우리나라의 재량존중에 관한 일반 이론과 구체적 사례에 관한 논의를 살펴보았다. 우리나라에서도 행정기관의 재량을 존중하는 듯한 태도는 어렵지 않게 찾아볼 수 있다. 다만, 일반적인 심사기준으로서 자리매김한 것이라고 보기는 어렵고, 특수한 유형의 사안에서 '폭넓은 재량' 등의 기준을 통하여 완화된 심사기준을 적용한 것이라고 볼 수 있었다. 한편, 사안의 특수성을 제외하고, 행정기관 자체의 특성이 고려된 사법심사 기준이나 행정절차의 특성이 감안된 재량통제 기준의 경우 미국과 같은 정도로 구체화되었다고 보기는 어렵다.

또한, 아직까지 우리나라 대법원 판례상으로는, 독립규제위원회를 특별히 취급해야 한다는 수준의 논의까지는 이루어 지지 못한 것으로 보인다. 그렇지만 공정거래위원회, 금융위원회, 방송통신위원회의 처분등을 심사하면서 보다 심사기준을 완화한 태도를 보인 대법원 판결이나, 독립규제위원회의 특수성을 십분 고려한 하급심 판결을 어렵지 않게 발견할 수 있었다. 특히, 하급심 판결 중에서는 독립규제위원회의 독립성, 전문성, 합의제성을 매우 비중있게 고려한 판결도 있었다.

지금까지 검토한 내용을 바탕으로 할 때 독립규제위원회의 특수성을 고려한 개별적인 심사기준의 마련이 필요하다는 점과 그 심사기준은 일관되게 적용될 수 있어야 한다는 명제를 도출할 수 있었는바, 그 구체적인 기준을 마련하는 것은 장을 바꾸어 제6장에서 다루기로 한다.

제 6 장 독립규제위원회의 판단에 대한 구체적인 사법심사 기준·강도의 정립

제1절 개관

앞에서 독립규제위원회의 개념과 특징(제2장), 행정기관의 판단에 대한 사법심사 방식에 관한 미국의 논의(제3장), 미국 독립규제위원회의 판단에 대한 사법심사 기준과 강도(제4장), 우리나라에서의 행정판단에 대한 심사기준 및 독립규제위원회에 대한 구체적 판결례(제5장)를 순차로 살펴보았다. 제6장에서는 지금까지의 논의를 종합하여 독립규제위원회의 전문성을 보장하면서도, 독립규제위원회에 대한 적절한 사법적 통제가 이루어질 수 있는 방안을 고민해 보기로 한다. 그 과정에서, 앞서 본 미국 논의에서 얻은 시사점과 우리나라의 기존 법리를 조화롭게 고려할 예정이다.

행정판단에 대한 사법심사에 관하여 미국의 판례이론이 가지고 있는 특징은, ① 구체적인 사건 유형에 무관하게 일반적으로 적용 가능한 사법심사 기준이 있다는 점(미국 연방행정절차법 제706조, 쉐브론 기준 등), ② 권력분립·권력배분 등 행정부와 사법부의 기본적인 역할과 기능에 대한 고려를 바탕으로 사법심사 기준이 마련되었다는 점, ③ 행정기관의 판단을 비교적 존중함으로써 행정기관이 독자성과 책임성을 가지고 전문성에 기초한 권한행사를 할 수 있게 해왔다는 점, ④ 오랜 기간 동안 여러 판결을 통하여 엄격한 심사기준과 존중적 심사기준 사이의 적절한 사법심사 기준을 형성하여 왔고, 그에 관한 이론적 기반이 두텁다는 점 등을 들 수 있다.

한편 행정판단에 대한 사법심사에 관하여 우리나라 판례이론이 가지는 특징은, ① 구체적·개별적 사안에 적용되는 근거법령의 해석에 초점을 맞추어 온 점, ② 행정판단의 적법성 등 본안심사에 있어 일반적으로 적용 가능한 사법심사 기준에 관하여는 재량 하자에 관

한 이론 이외에는 비교적 발달하지 아니한 점, ③ 법원이, 행정의 재
량 판단이 폭넓게 존중되어야 하는 개별 영역(전문적·기술적 영역, 정
책적·미래예측적, 계획재량, 비대체적 결정)을 단계적으로 확인해 왔
고 그러한 영역이 상당한 정도로 축적되어 있는 점 등을 들 수 있다.

　　이하에서는, 우리나라 판례이론이 가진 장점에, 미국의 이론이 가
진 장점과 시사점을 가미하여, 독립규제위원회의 판단에 대한 바람
직한 사법심사 기준을 정립하고 이를 제언하기로 한다. 구체적으로
제2절에서는 사법심사에 관한 관점 전환의 필요성과 그 이유에 관하
여 다루고, 제3절에서는 독립규제위원회의 판단에 대한 사법심사 기
준의 재정립 필요성을 확인할 예정이다. 제4절에서는 제2, 3절의 논
의를 바탕으로 실제 우리나라에서 적용이 가능한 행정판단에 대한
심사기준을 가능한 범위에서 상세히 제시하는 시도를 하고, 제5절에
서는 이를 독립규제위원회에 구체적으로 적용해 볼 예정이다. 마지
막으로, 제6절에서는 새롭게 제안한 심사기준이 실제로 적용되기 위
하여 그 전제로서 갖추어져야 할 독립규제위원회의 운영상의 과제
를 다루기로 한다.

제2절 사법심사에 관한 관점의 전환

1. 관점 전환의 필요성
- 미시적 관점에서 거시적 관점으로

행정판단에 대한 사법심사 기준은, 일차적으로는 행정소송에서 사법부가 행정기관의 처분등의 위법 여부를 어떠한 기준 내지 방법으로 판단할지를 의미하는 것이다. 사법심사 기준은 행정구제법에서 다루어지는 쟁점이기는 하지만 사법심사 기준을 적절하게 정립하기 위하여는 단지 행정구제법의 관점에서만 접근해서는 안 되고 행정조직법, 행정작용법, 행정절차법 등 행정법 전반에 대한 관점이 유기적으로 고려되어야 한다. 아래에서 보듯이 사법심사 기준은 처분등을 한 행정기관의 특징, 당해 처분등이 가진 행정작용법적 성질, 그 처분등의 배경에 있는 행정절차적 요소에 깊은 영향을 받게 되기 때문이다. 나아가 보다 거시적인 시각에서 보면, 그렇게 정해진 사법심사 기준은 행정행위 발령 단계에서의 행정기관의 권한과 역할에 다시금 영향을 주는 상호작용을 하게 된다.

즉, 사법부의 심사기준이 완화되면 행정작용의 최종적인 판단권한이 행정부에 이전될 가능성이 커지고 따라서 행정기관이 보다 책임있는 행정에 나아갈 수 있는 발판이 조성된다. 이를 위해서는 행정 단계에서 이해관계인의 의견을 충분히 수렴할 수 있는 절차적 장치를 마련하는 것도 중요해진다. 반대로 사법부의 심사기준이 강화되면 행정작용의 최종적인 판단권한이 행정기관이 아닌 사법기관에 귀속되는 경향이 커지고 그렇게 되면 점차 행정부의 권한이 위축되는 결과에 이르게 된다. 이처럼 사법심사 기준은 여러 관련 요소와의 종합적인 고려하에서 보다 거시적인 관점을 포함하여 검토되어야 한다.

지금까지 우리나라의 사법심사 기준 내지 강도 문제는 대상적격, 원고적격 등 사법심사 가능성 문제에 비하여 덜 주목받아 왔고, 그 논의의 깊이도 충분하지 못하였다. 나아가 사법심사 기준 내지 강도의 설정 내지 변화가 행정기관 전체에 미치는 영향에 대한 고려도 부족하였다. 이제는 관점을 보다 거시적으로 전환할 필요가 있다. 이하에서는 행정판단에 관한 사법심사 기준을 설정함에 있어 필수적으로 고려해야 하는 관점을 몇 가지 살펴본 후, 이를 바탕으로 구체적으로 사법심사 기준을 정립해 보기로 한다.

2. 권한분배·권력분립 관점 고려 필요성

앞에서 본 사법심사 기준에 관련한 미국의 논의에서 얻을 수 있는 중요한 시사점 중의 하나는, 사법심사 기준은 반드시 권한분배와 권력분립의 관점을 고려하여 논의될 필요가 있다는 점이다. 사법심사 기준 설정에 관하여 제3장과 제4장에서 소개한 미국 판결의 대부분은, 사법심사 기준을 설정하고 제시함에 있어 입법부·행정부·사법부의 역할 및 그 권한의 범위를 그 판단이유에 포함시키고 있었고, 그와 함께 상호 견제 및 균형, 민주적 정당성과 책임성의 측면을 깊이 검토하고 있음을 알 수 있었다.

그에 비하여 제5장에서 소개한 판결을 비롯한 우리나라의 판결 중에서는 사법심사 기준 설정에 관하여 권한분배·권력분립의 관점을 고려하여 이를 판단의 근거로 삼은 사례를 찾기 어렵다. 구체적·개별적 사건에서 형량하여야 할 각종 요소와 사정을 구체적으로 적시하고 이를 종합적으로 감안한다는 측면에서는 상당히 긍정적이고, 한편으로는 행정소송법상의 주장책임과 증명책임의 원리에 따른 판단이라는 점에서 수긍할 수 있기는 하지만, 행정조직법이나 제도론 전반에 대한 고려가 부족하다는 비판을 피하기는 어렵다.

특히 행정소송의 사법심사에서 권한분배·권력분립이 필요한 이유는, 행정소송이 입법·행정·사법의 작용이 상호 교차하고 충돌하는 바로 그 지점이기 때문이다. 대부분의 행정소송에서 법원이 가장 먼저 판단하는 것이, 해당 행정처분의 근거가 되는 입법부의 결단으로서의 법률 내용은 무엇인지, 그 법률적 근거에 따른 행정기관의 해석과 판단이 무엇이었는지를 검토하는 것이라는 점만 보아도 이를 알 수 있다.

행정소송의 주된 기능이 권리구제기능인지 아니면 행정통제기능인지는 오랜 논쟁의 대상이지만, 둘 중 어느 하나만을 택하여야 하는 것은 아니다. 결국에 행정소송은 권리구제기능과 함께 행정통제기능을 모두 가지고 있어야 한다.[1] 사법심사 기준과 강도의 문제도 여기에서 출발해야 한다. 사법부가 행정부의 처분의 당부를 심사함으로써 그 권한을 통제하는 것은 권력분립의 근본이념에 따른 당연한 권한의 행사이기도 하지만, 그 범위가 적절하게 설정되지 아니하는 경우에는 권력분립의 기본이념인 '견제와 균형'을 달성할 수 없게 된다는 점을 늘 염두에 두어야 한다.

미국과 같이 우리나라에서도 원리적·원칙적으로 행정판단 존중원리를 두는 것이 마땅한지, 만약 그렇다면 범위는 어떻게 할 것인지는 특히 행정부와 사법부 사이의 권한분배를 어떻게 설정할지와 깊은 관련이 있다. 미국에서 행정판단 존중원리를 확립시킨 쉐브론 판결을 계기로 행정부의 권한이 더욱 커지는 경향을 보였다는 것도 이

---

[1] 박균성, "사법의 기능과 행정판례", 행정판례연구 제22-1집, 2017, 6면; 최계영, "항고소송에서의 본안판단의 범위", 특별법연구 제13권, 2016, 24면 참조.

러한 관점에 따르면 설명이 가능하다. 따라서 행정부가 그 전문성과 책임성을 가지고 행정을 할 수 있도록 하되, 법치행정의 한계를 벗어나는 경우에는 사법부에 의하여 견제될 수 있도록 적절한 사법심사 기준과 강도의 일반 기준을 설정해 둘 필요가 있다.

3. 심급별 역할 차이 고려 필요성

사법심사 기준에 관한 논의에서, 고려사항 중 하나로 반드시 포함하여야 할 것이 심급별 역할의 차이이다. 즉 법률심으로서의 대법원의 기능과 사실심으로서의 하급심의 기능 차이를 인식하는 것이다. 행정기관의 판단에 관한 사법심사의 기준과 강도는 해당 심급이 법률심인지 사실심인지에 따라 달라져야 하는 것이 마땅하다. 그럼에도 종래 사법심사 기준 논의에서 그러한 심급의 차이나 역할의 차이를 고려하지 않은 채 논의가 진행되어 왔다.

우리나라 「행정소송법」 제8조는 제2항에서 "행정소송에 관하여 이 법에 특별한 규정이 없는 사항에 대하여는 법원조직법과 민사소송법 및 민사집행법의 규정을 준용한다."고 규정하고 있는데, 행정소송법은 심급 및 상소에 관한 규정을 두고 있지 아니하므로 행정소송에서의 심급의 역할과 기능은 민사소송법에 정해진 것에 의하게 된다. 현재 우리 민사소송법상 1심은 사실심, 2심은 속심, 3심은 사후심이자 법률심으로 운영되고 있고 각 심급에 따른 역할이 각기 다르다. 속심은 1심의 심리와 관계없이 다시 한번 판단을 하는 복심과는 다르지만 여전히 사실심의 성질을 지니고 있다.

대법원은 법률심으로서 일반적으로 적용 가능한 법리를 선언하고 제시하게 된다. 행정판단에 일반적인 존중이 부여될 수 있는지 여부, 특히 폭넓은 존중이 인정되는 분야, 폭넓은 존중에도 불구하고 행정

의 자의를 억제하기 위한 적정한 수준의 한계 설정 문제, 사실인정
과 이익형량에 대하여 구체적으로 어떤 심사방법을 적용할 것인지
와 같은 법적 기준을 제시해야 한다. 반면 사실심인 하급심 법원은
대법원이 제시한 법적 기준을 활용하여 구체적인 사건에서 행정판
단에 사실오인이 있는지, 이익형량에 있어 문제가 있는지, 사실오인
이나 이익형량에 하자가 있더라도 공익적 필요에서 처분의 효력은
유지하는 사정판결(事情判決)을 할 것인지를 판단하게 된다.

이는 사법부 내부의 권한배분의 문제라고 볼 수도 있다. 즉, 권력
분립·권한배분을 통하여 폭넓은 존중이 부여되는 영역에 대한 심사
와 관련하여 법률심인 대법원은, 사실심인 하급심 법원이 행정과정
에 대하여 보다 구체적이고 세밀한 심사를 할 수 있는 보편적 방향
을 제시하여야 하는 것이다. 미국 역시 심급별 역할의 차이를 고려
하여 사법심사를 다소 달리하고 있다. 제3장에서 살펴본 바와 같이
쉐브론 판결에 대한 인용과 언급이 미국 연방대법원과 하급심 법원
사이에 크게 차이 나는 것 역시, 법리를 최종적으로 형성하는 대법
원과 형성된 법리를 기초로 이를 적용하는 하급심 사이의 역할 차이
에서 비롯된 것이다.

나아가, 행정판단에 대한 사법심사는 그 심사를 담당하는 법원이
사실심 법원인지 법률심 법원인지는 물론, 사법심사의 첫 단계가 1
심 법원인지 2심 법원인지에 따라서도 달라질 필요가 있다. 예컨대,
같은 독립규제위원회라고 하더라도 우리나라의 공정거래위원회는 그
판단에 대한 불복이 있으면 최초부터 2심에 해당하는 서울고등법원
의 전속관할에 속하는 반면[2] 금융위원회나 방송통신위원회는 그러한
특칙이 없어 처음부터 1심 법원에 의하여 판단을 받는 만큼 이러한

---

[2] 「독점규제 및 공정거래에 관한 법률」 제55조
  "제54조의 규정에 의한 불복의 소는 공정거래위원회의 소재지를 관할하
  는 서울고등법원을 전속관할로 한다."

요소도 사법심사 기준과 강도를 정함에 있어 고려될 수밖에 없다.

4. 원리적 행정존중 정립 필요성

제3, 4장에서 살펴본 바와 같이, 미국에서는 행정판단 존중원리가
오랜 기간에 걸쳐 판례를 통하여 형성되어 왔고, 쉐브론 판결 이후
그 법리 자체는 상당히 확고하게 정립되었다고 볼 수 있다. 나아가
그 적용 범위도 '쉐브론 0단계' 등의 이론을 통하여 어느 정도 구체
화되었다. 그러나 실제로는 구체적 사건에서 법원이 쉐브론 기준이
나 자의금지 기준을 적용할 것인지, 적용할 경우 그 존중의 범위를
어느 정도로 두텁게 볼 것인지에 대한 정확한 예측이 어렵다는 비판
도 여전히 존재한다.

그러한 불확실성이 나타나는 이유는 법원이 실제로 해당 사안을
심리해 본 이후에 비로소 행정판단 존중원리의 적용을 고민하는 경
우가 실제로 많았기 때문이다. 즉, 구체적인 사안을 심리한 다음 충
돌하는 법익을 교량하여 그 사안에 관하여 행정기관의 판단을 존중
할지 여부를 결정하는 것이다. 그러한 과정을 거쳐 존중에 이르게
되는 것을 소위 '인식적 행정존중'(epistemic deference)이라고 부르기도
한다. 이와 반대되는 용어로는 '원리적 행정존중'(doctrinal deference)이
있는데, 이는 사안의 구체적 내용과는 무관하게 일단 행정의 판단을
존중해 주되 그 판단이 합리적인 범위를 넘어선 경우 그 판단의 적
법성을 부인하는 심리구조로 이어지는 것이다.[3]

사법심사 기준에 관한 논의는 좁게는 행정소송의 피고가 되는 행
정기관에, 그리고 크게는 국민 일반에, 사법부가 행정부의 판단을 어

---

3) Paul Daly, A Theory of Deference in Administrative Law: Basis, Application and
Scope, Cambridge University Press (2012), 7 참조.

떠한 기준과 강도로 심사할지를 제시하는 것이다. 그 사법심사 기준과 강도가 적절하다면, 그러한 원리의 천명을 통하여 적법한 행정이 보장될 수 있는 장점이 있는바, 이하의 논의에 있어서는 '인식적 행정존중'의 차원이 아닌 '원리적 행정존중'의 정립을 위한 접근 필요성이 있다고 할 것이다. 인식적 행정존중은, 사안의 특수성과 개별성에 따른 심사를 의미하는 것으로서, 사법심사 기준 제시로서는 그 효용성이 상대적으로 낮기 때문이다.4)

---

4) 손태호, 「행정소송상 법해석의 행정존중에 관하여: 영미법상 논의를 중심으로」, 서울대학교 석사학위 논문, 2015, 9면 참조.

제3절 독립규제위원회의 판단에 대한 사법심사 기준·강도의 재정립을 위한 고려요소

1. 개관

법원이 사법심사를 할 때, 판단의 대상이 되는 행정행위를 한 기관이 일반행정기관인지 독립규제위원회인지에 따라 그 차이를 두어야 할 것인지를 규명하는 것이 본 연구의 주제이다. 지금까지 이를 위하여, 행정판단에 대한 미국의 사법심사 논의를 살펴보았고, 우리나라의 행정재량과 사법심사에 관한 논의를 검토하였으며, 어떠한 관점에서 사법심사의 기준 설정 문제를 다루어야 하는지에 관하여도 살펴보았다.

독립규제위원회의 행정처분이나 법해석에 관하여, 그 심사기준을 일반행정기관과 다르게 볼 수 있는지에 관하여는 여러 가지 견해가 있을 수 있다. 이하에서는 그러한 상정 가능한 여러 견해를 제시하고, 각 그 견해가 가지는 장·단점을 확인한 다음 바람직한 사법심사 모델을 제시하기로 한다.

2. 일반행정기관에 대한 사법심사 기준과의 관계

가. 제1설(강화된 사법심사 기준설)

제1설은, 일반행정기관보다 독립규제위원회에 대하여 더 엄격하고 철저한 사법심사 기준이 요청된다는 견해이다. 이 견해는 민주적 정당성과 행정의 책임성의 요소를 중요한 이유로 삼는다. 즉, 행정기관의 판단을 사법부가 심사함에 있어 이를 존중해야 한다면, 그 주된 이유는 권력분립의 이념과 권한배분의 원리 및 대통령을 정점으로 하는 행정부의 민주적 책임성과 정당성이라고 볼 수 있다는 점을 전제로 한다. 다시 말하면, 독립규제위원회가 일반행정기관에 비하여 민주적 책임성과 정당성이 낮기 때문에 더욱 엄격하고 철저한 사법심사가 요청된다고 보는 것이다. 이 견해에 의하면, 독립규제위원회는 선거에 의하여 민주적 정당성과 행정의 책임성을 확보하게 되는 계서제 행정기관이 아니고, 대통령의 지시나 명령으로부터 독립되어 있기 때문에 통제할 기제가 부족하며, 따라서 사법부가 더욱 엄격하게 독립규제위원회의 판단과 행위를 심사하여야 한다는 결론에 이르게 된다.

앞서 본 미국 연방대법원의 2009년 폭스 TV 사건에서 Breyer 대법관이 낸 소수의견이 바로 이러한 태도이다. 이 사건에서 Breyer 대법관은 독립규제위원회가 정치적인 감독을 덜 받도록 구성되어 있는 만큼, 법원에 의한 심사에서는 독립규제위원회의 판단에 더욱 엄격한 심사강도가 적용되어야 한다고 주장한 바 있다.

나. 제2설(완화된 사법심사 기준설)

제2설은 독립규제위원회가 한 판단 등은 일반행정기관이 한 것보다 더 두터운 존중을 받아야 하고, 사법심사 기준은 일반행정기관에 비하여 완화되어야 한다는 견해이다. 이 견해는 독립규제위원회가 가진 독립성과 전문성을 주된 근거로 들고 있다. 즉, 독립규제위원회는 해당 영역에 관한 고도의 전문성을 보유하고 있고, 그러한 고도의 전문성에 따른 판단이 법원에 의하여 엄격하게 심사된다면 독립규제위원회가 설립된 근본 취지에 반한다는 것이다.

이 견해는 앞서 본 미국의 폭스 TV 판결에서 Stevens 대법관이 한 주장과 맥이 닿아 있다. 위 판결에서 Stevens 대법관은, 독립기관은 행정부로부터 독립되어 있는 만큼, 행정부의 대리인이 아니라 의회의 대리인에 가깝다고 볼 수 있는 점, 독립기관은 해당 영역에 관한 전문성을 보유하고 있는 점 등을 기초로 임명·활동·의사표현에 있어 독립된 독립기관의 위원이 한 판단은 일반행정기관의 판단보다 더 존중되어야 하고, 따라서 사법심사의 기준은 완화되어야 한다고 주장한 바 있다. 이러한 Stevens 대법관의 의견이 제2설과 같은 내용이라고 할 수 있다.

또한, 앞서 본 우리나라의 독립규제위원회에 대한 몇 가지 구체적 판결례에서 독립규제위원회가 가진 전문성 등을 이유로 독립규제위원회의 권한 범위를 넓게 보고 특별한 사정이 없는 한 이를 취소하지 않아야 한다는 취지의 판결례가 일부 있어 이를 소개한 바 있었는데, 그 판결들의 요지는 결국 여기서의 제2설과 궤를 같이 한다고 볼 수 있다.

다. 제3설(동일한 사법심사 기준설)

제3설은, 일반행정기관과 독립규제위원회 사이에 특별히 다른 취급을 할 필요가 없다는 견해이다. 독립규제위원회 역시 행정기관의 일종이라는 것에는 차이가 없다는 점, 비록 독립규제위원회가 특수성을 가지고 있는 부분이 있지만 그러한 특수성이 사법심사 기준을 달리하는 것에까지 영향을 주는 것은 아니라는 점 등을 주된 이유로 한다. 다른 이유를 제시하면서 사법심사 기준이 동일하다고 보는 견해도 있는데, 독립규제위원회에는 일반행정기관에 비하여 사법심사를 더 엄격하게 해야 하는 요소(약화된 민주적 정당성 등)와 더 완화하여 심사하여야 하는 요소(고도의 전문성 등)가 병존하기 때문에 결론적으로 양 요소가 서로를 상쇄하여 일반행정기관과 결과적으로 동일하다고 보는 견해도 있다.

앞서 본 미국 연방대법원의 2009년 폭스 TV 사건에서의 다수의견 (4인 대법관 의견)은 동일한 사법심사 기준이 적용되어야 한다는 태도를 취하였다. 앞서 언급한 바와 같이, 이 사건에서 Scalia 대법관은, 통상 독립규제위원회가 가지는 대통령에 대한 약화된 책임성 (diminished agency accountability to the president)은 입법부에 대한 강화된 책임성(increased accountability to the legislature)과 동반되기 때문에, 법원은 행정판단 존중 여부를 고려함에 있어서 일반행정기관과 독립규제위원회에 차이를 두어서는 안 된다고 설시한 바 있다.

라. 제4설(절차와 실체 구별설)

독립규제위원회에 대하여는 형식적 흠결이나 절차적 하자에 대한 사법심사를 일반행정기관에 대한 그것보다 더욱 강하고 철저하게 해야 하는 대신, 실체적 흠결에 대한 사법심사에는 그 강도를 낮춰야 한다는 견해이다.

즉, 독립규제위원회의 합의제성에 보다 주목하는 견해로서, 다양한 전문가가 모여 합의제에서 토론하고 심의한 뒤에 결정한 것은 가급적 실체적 내용에 대하여는 사법심사가 제한되어야 한다고 본다. 다만 그 전제로서 해당 판단이 나오게 되기까지의 절차적 요소, 즉 위원 구성, 소집 통지, 표결 절차 등에 하자가 있는지는 더욱 철저히 심사하게 된다.

이 견해는 신중한 절차와 그 과정에서의 숙의를 통한 판단의 경우 그 판단의 실체적 정당성을 존중해야 한다는 것으로서, 이에 따르면 절차적으로 하자가 없는 경우라면 실체적 판단에 대하여 상당히 낮은 수준의 심사강도를 적용하게 된다. 다만, 실제로 합의제 행정기관에 대한 내부절차는 통상 각 개별법령에서 상세하게 규정되어 있고 독임제, 계서제로 구성된 행정기관에 비하여 절차규정이 더 복잡하기 때문에 절차를 제대로 지키지 못할 위험성이 더 크다고 평가되기도 한다.[1]

마. 검토

위에서 본 4가지 견해는 각기 합리성을 지니고 있다. 사법심사의 기준을 정하는 데에 있어 행정조직의 어떠한 요소를 가장 중요하게 바라보는지에 따라 취할 견해가 달라지는 것이다. 즉, 사법부의 행정기관 판단에 대한 심사기준 설정에 있어 가장 중요한 요소를 민주적 정당성이나 행정의 책임성으로 본다면 당연히 독립규제위원회에 대한 사법심사는 일반행정기관보다 엄격해야 한다는 결론으로 자연스럽게 이어진다. 한편 전문성 등을 가장 중요한 요소로 본다면 독립규제위원회에 대한 사법심사는 일반행정기관보다 완화된 기준을 적용하여야 한다는 귀결에 이르게 된다.

그런데 사법심사의 기준을 설정하는 데에 있어 어떠한 요소가 더 비중있게 고려되어야 하는지를 일률적으로 재단하는 것이 가능하지도, 적절하지도 않다. 각종 요소를 유기적, 종합적으로 고려할 수밖에 없다. 즉 구체적인 사안에 따라서는 민주적 정당성이나 행정의 책임성이 전문성보다 중요하게 고려되어야 하는 경우도 있고, 때로는 민주적 정당성이나 행정의 책임성이 다소 낮더라도 고도의 전문적 판단을 존중해야 하는 사안이 있을 수 있다. 결국, 독립규제위원회에 대한 사법심사 기준은 다양한 요소를 종합적으로 고려하는 것이 타당하다. 다만, 단순히 종합적으로 고려한다는 결론으로는 실천

---

[1] 서승환, 「합의제 독립규제기관의 민주적 정당성에 관한 연구」, 서울대학교 박사학위 논문, 2014, 146면.

적인 의미를 지니는 데에 한계가 있을 수밖에 없다. 따라서 고려가 필요한 주요한 요소와 상황을 상정하여 사법심사 기준을 체계화하고 계층화할 필요성이 도출된다. 그에 관하여는 항을 바꾸어 논한다.

3. 일도양단적 기준의 지양 및 사법심사 기준의 계층화

가. 사법심사 기준 계층화의 필요성

앞서 언급한 바와 같이 사법심사의 기준은, 존중주의와 엄격심사주의 사이에서 양자택일적으로 판단할 것이 아니라, 계층적인 재량심사의 기준을 마련함으로써 정립할 필요가 있다. 특히, 현대의 행정국가는 전통적인 모습의 독임제 행정청과 새로운 형태의 독립규제위원회 등이 병존하므로, 하나의 재량 판단 기준을 모든 사건에서 그대로 적용하는 것은 그 자체로 타당하지 않다. 나아가 행정기관의 독립성이나 전문성 등은 기관에 따라 다르고 같은 기관에서도 상황과 다루는 대상에 따라 다를 수밖에 없다는 점에서도 이를 일도양단적으로('행정판단을 존중해야 한다거나 그렇지 않다'는 식으로 또는 '독립규제위원회가 일반행정기관보다 더 판단존중의 여지가 크다거나 그렇지 않다'는 식으로) 볼 것이 아니라 여러 요소를 고려하여 판단할 수밖에 없다. 결국 사법심사와 행정판단 존중은 여러 단계의 고려가 이루어져야 하는 것이다.

유사한 취지로 미국에서도 어떤 재량존중 원칙이 적용될지 결정하는 데에 관하여 여러 단계가 있을 수 있다는 견해(hierarchically variable deference)가 유력하게 대두되고 있다.[2] 이 견해에 의하면 실

---

[2] Aaron-Andrew P. Bruhl, *Hierarchically Variable Deference to Agency Interpretations*, 89 Notre Dame L. Rev. 727 (2014), 757-758 참조.

제 사건에서 법원이 어떠한 정도로 행정재량을 존중을 할지 판단함에 있어, 우선 법원은 여러 가지 행정재량 존중원리(스키드모어, 쉐브론 등) 중에 어떠한 것을 적용할 수 있을지 검토하게 되는데, 그 단계에서 입법 형식(권한의 위임 여부), 해당 행정기관의 전문성, 민주적 책임성, 행정의 책임성 등을 종합하여 검토하여 최종적인 심사기준과 강도를 확정하게 된다.

그런데 실제로 개별, 구체적인 상황에 따라 위 각 요소의 적용 국면이 다소 달라진다. 예를 들어, 행정기관의 전문성은 헌법적 문제나 기본권 문제에 관하여는 그 적용이 후퇴할 수 있다. 헌법적으로 보호되는 권리의 존재는 행정기관에 비하여 법원에 우위가 있기 때문이다. 또 다른 예로서 국가 안보나 외교 정책의 문제에 관하여서는 전문적이고 정책적인 판단을 신속하고 효율적으로 해야 하는 만큼 법원에 의한 심사기준이 낮아질 수밖에 없다. 결국 법원이 구체적인 사건을 심리함에 있어서는 여러 가지 기준을 비교형량(balancing)할 수밖에 없다고 본다.

미국 연방대법원 판결에서도 그러한 아이디어를 엿볼 수 있다. 즉 Scalia 대법관은 크리스튼슨(Christensen) 사건의 보충의견에서 행정의 법률해석에 대한 존중은 쉐브론 기준이 적용되는 경우와 적용되지 않는 경우만 있을 뿐 그 이외의 존중 유형은 인정되지 않는다고 하였으나, 이에 대하여 Breyer 대법관은 크리스튼슨 사건의 반대의견에서, 쉐브론 존중주의와 스키드모어 존중주의는 '하나의 연속적이고 단계적인 존중'(single deference continuum) 선상에 있는 것으로서 그 정도에 차이가 있을 뿐이라고 주장하면서 Scalia 대법관의 견해를 반박하였는바,[3] 위 Breyer 대법관의 견해가 바로 사법심사 기준의 계층화 필요성과 그 관점을 같이 한다고 볼 수 있다.

---

3) 임성훈, 「불확정개념의 해석·적용에 대한 사법심사에 관한 연구: 한국·미국·독일법의 비교를 중심으로」, 서울대학교 박사학위 논문, 2012, 139면 참조.

나. 사법심사 기준 계층화의 시도

1) 대표적 견해의 소개

가) 서론

미국에서 사법심사 기준의 계층화를 제언하면서 이를 위하여 고
려해야 하는 요소로서 5가지를 들고 있는 견해[4]가 있는데, 이를 우
리나라에 그대로 적용할 것은 아니지만 일응의 기준 내지 참고자료
로 삼을 수 있다고 본다. 이 견해는, 쉐브론 판결이 종래 불분명하였
던 행정판단에 대한 사법심사의 기준을 상당히 구체화하여 나름대
로의 기준을 제시해 준 점에서는 매우 의미가 크다고 할 것이지만,
현재의 쉐브론 기준의 적용 단계(Step 0, Step 1, Step 2)는 다소 기계
적이고 형식적이므로 기존의 논의에 구체적인 사안의 성격을 충분
히 고려할 수 있는 요소를 가미하여, 그 판단존중의 범위와 사법심
사의 강도를 달리해야 한다고 본다. 이하에서는 위 견해에서 고려해
야 하는 요소로 든 5가지를 차례로 살펴본다.

나) 5가지 요소

위 견해[5]에서 제시하는 다섯 가지 요소는, (1) 헌법적으로 보호되
는 이익 내지 이해관계, (2) 당사자에 영향을 주는 이익 내지 이해관
계, (3) 해당 문제에 관한 행정기관의 전문성, (4) 해당 권한에 관한
의회의 위임 여부, (5) 위임받은 권한에 따른 행정기관의 권한행사의
적정성 등이다. 이하에서 하나씩 그 의미를 설명한다.

---

[4] Juan Caballero, *Administering the Spectrum of Deference in the Administrative Age*, 10 N.Y.U. J.L. & Liberty 810 (2016), 840 이하 참조.

[5] Juan Caballero, *Administering the Spectrum of Deference in the Administrative Age*, 10 N.Y.U. J.L. & Liberty 810 (2016), 857 이하 참조.

다) 각 요소의 의미

(1) 헌법적으로 보호되는 이익 내지 이해관계

우선 첫 번째 요소인 헌법적으로 보호되는 이익 내지 이해관계는, 문제가 된 사건에서 영향을 받는 '헌법적인 권리'가 있는지, 그 권리가 행정기관의 판단 내지 법원의 판단에 따라 어떠한 영향을 받게 되는 것인지를 고려해야 한다는 것이다. 행정기관의 판단을 존중한다는 원리가 궁극적으로 헌법상의 권력분립 원리에 기초를 두고 있다고 할 수 있지만, 그렇다고 하더라도 행정판단을 존중하는 것이 헌법상 기본권의 침해로 이어진다면 이를 더 이상 존중할 수 없다. 행정기관의 판단이 특정 개인이나 당사자의 헌법적 권리의 침해와 연관된다면, 그 행정기관의 판단은 엄격하게 심사될 수밖에 없는 것이다. 이는 헌법상 권리는 다른 권리에 비하여 두텁게 보호되어야 하기 때문이기도 하지만, 헌법상 권리에 관한 문제가 쟁점인 사건에서는 행정기관이 아닌 법원이 더 전문성을 보유하고 있기 때문이기도 하다.[6]

(2) 당사자에게 영향을 주는 이익 내지 이해관계

두 번째 요소는, 행정기관의 판단이 개인의 이해관계에 영향을 주는 것인지 여부 및 영향을 준다면 그 이해관계는 어떠한 성격의 것인지를 고려해야 한다는 것이다. 행정판단을 존중함으로써 얻을 수 있는 행정기관의 이익과 행정판단을 존중하지 않음으로써 얻게 되는 반대 당사자의 이익을 비교형량해야 한다는 것도 이 두 번째 요소의 내용으로 포함된다고 할 것이다. 외교적 문제, 국가안보 문제, 고도로 기술적인 문제 등과 같이 문제되는 이익 또는 이해관계의 내

---

[6] Juan Caballero, *Administering the Spectrum of Deference in the Administrative Age*, 10 N.Y.U. J.L. & Liberty 810 (2016), 851-855 참조.

용이 매우 특수한 사안에서 더욱 행정판단 존중의 범위가 넓어져야 한다고 본다면 이는 바로 이 두 번째 요소를 충분히 고려해야 한다는 의미로 볼 수 있다.[7]

한편, 법원이 행정기관의 판단을 존중함으로써 얻게 되는 정부 전체의 이익이나 해당 행정기관의 이익도 고려 요소가 될 수 있다고 본다. 특히, 해당 법규를 스스로 제정한 행정기관은, 자신의 해석이 그대로 유지되는 것에 대한 상당한 이익을 가지게 되고, 기존에 같은 방식으로 해석해 온 관행이 두텁게 형성되어 있다면, 그러한 점에 대한 이해관계가 더 커진다고 할 것이다.[8]

(3) 행정기관의 전문성

세 번째 요소는, 해당 문제에 관한 행정기관의 전문성이다. 심사 기준의 계층화에 있어 중요하게 고려되어야 하는 요소라고 볼 수 있다. 어떠한 관점에서는 모든 행정부처가 각기 자신이 담당하는 분야에서는 상당한 수준의 전문성이 있다고 할 수 있지만, 보다 기술적 지식이 필요한 영역, 보다 정무적 판단이 필요한 영역 등 전문성의 측면에서 볼 때 다양한 수준이 있을 수 있다. 대표적으로 과학기술, 환경, 특허, 외교 등의 분야는 다른 분야에 비하여 행정기관의 전문성이 보다 더 크다고 인정되어 왔다.[9]

법원이든, 학계든, 행정판단 존중원리의 주요한 이유로 행정기관의 전문성을 주로 들고 있는데, 이는 행정존중과 관련된 여러 사건에서(스키드모어, 쉐브론 등) 미국 연방대법원이 행정기관의 전문성

---

[7] 앞서 본 미국의 Curtiss-Wright deference가 대표적인 예라고 할 수 있다.

[8] Juan Caballero, *Administering the Spectrum of Deference in the Administrative Age*, 10 N.Y.U. J.L. & Liberty 810 (2016), 854 참조.

[9] Juan Caballero, *Administering the Spectrum of Deference in the Administrative Age*, 10 N.Y.U. J.L. & Liberty 810 (2016), 851-855 참조.

이라는 요소를 가장 중요한 요소 중 하나로 언급하였다는 점을 통해
서도 알 수 있다. 특히 미국 연방대법원은 행정기관의 전문성이라는
요소를 Mayo Foundation 사건10)에서 구체화하여 설시하였는데, 그
사건에서 법원은 '세법 규제에 관한 법원의 사법심사에 있어서도, 다
른 영역에서 법원이 행정기관의 전문성에 의존하는 심사를 하는 것
과 차이를 둘 이유를 발견할 수 없다'고 판시하면서, 행정기관의 전
문성을 행정판단에 대한 존중에 매우 중요한 영향을 끼치는 요소로
꼽았다.

  그렇지만, 이 견해에 의하더라도 행정기관의 전문성이라는 것이
행정기관이 담당하는 모든 영역에 동일한 수준으로 존재하는 것임
을 의미하지는 않는다. 점차 복잡해지는 현대사회의 각종 문제에 대
하여 행정기관이 담당하고 처리하는 업무의 양과 종류를 고려한다
면, 행정기관이 내리는 판단 모두에 대하여 충분한 전문성이 있다고
말하기는 어려운 측면이 있다.

  한편, 행정기관의 전문성이라는 요소는, 사법심사하는 법원과의
관계 속에서 파악되어야 한다. 예컨대 일반 법원이라면 행정부처의
전문성에 의지하여 그 판단을 존중하는 경향이 비교적 강하게 인정
될 수 있지만, 특허법원, 조세법원 등과 같은 특별법원은 스스로 해
당 분야에 관한 고도의 전문성을 가지고 있으므로 행정기관의 전문
성을 그대로 차용하거나 이에 의지하는 것이 적절하지 않다. 미국
조세법원이 미국 국세청(Internal Revenue Service, IRS)의 판단을 존중
하는 경우가 일반 법원이 일반행정기관의 판단을 존중하는 비율보
다 작다고 하는데 바로 그런 이유에서라고 할 것이다.11)

---

10) *Mayo Foundation for Medical Ed. and Research v. United States*, 562 U.S. 44
   (2010).

11) Linda Galler, *Judicial Deference to Revenue Rulings: Reconciling Divergent
   Standards*, 56 Ohio St. L.J. 1037, 1070 (1995). 위 글 중에는 "국세청은, 조세

(4) 의회의 위임

네 번째 고려 요소는, 의회가 해당 행정기관에 그러한 판단을 할 수 있는 권한 내지 재량권을 위임하였는지 여부에 관한 것이다.[12] 권력분립의 원리상 입법부에서 만든 법률을 기초로 하여 행정부에 의한 행정행위가 이루어지게 되는데, 입법부에서 행정부에 관련 재량을 부여한 것이 인정된다면 그러한 영역에서는 보다 넓은 재량이 인정되어야 하는 것은 충분히 수긍할 수 있다.

다만, 앞서 소개한 여러 판례에서도 알 수 있듯이, 의회가 명시적으로 그러한 권한을 행정부에 위임한 경우는 그리 많지 않다. 실제로는 묵시적으로 그 권한을 위임하였는지 여부가 문제되는 경우가 많은데, 그 해석이 법관이나 법률가들 사이에서도 의견이 다를 정도로 쉽지 않다는 점이 구체적인 사안을 해결함에 있어 어려운 문제이다.

쉐브론 판결이 행정판단 존중의 기준과 근거 및 그 적용 방식을 제시하였는데, 가장 중요한 고려 요소가 바로 의회가 행정기관에 해당 권한을 위임하였는지 여부, 위임 여부가 명확하지 않은 경우 이를 어떻게 볼 것인지에 대한 것이었음은 앞서 상세히 본 바와 같다. 같은 맥락에서, 의회의 위임 여부와 그 위임의 내용 및 범위는 행정판단에 대한 심사기준을 계층화함에 있어 아주 중요한 비중으로 고려될 수 있는 요소이다.

법원 판사나 실질적으로 조세 관련 경험을 갖춘 그 밖의 판사는 당연히 예외로 하고, 그 밖의 일반적 판사보다는 조세에 관한 전문가이다."라고 설명하고 있다["The IRS is more expert in the tax law than are judges, with the obvious exception of Tax Court judges (and any other judges who may happen to have substantial tax practice experience)"].

[12] Juan Caballero, *Administering the Spectrum of Deference in the Administrative Age*, 10 N.Y.U. J.L. & Liberty 810 (2016), 851-855 참조.

(5) 위임받은 권한에 따른 권한행사의 적정성

위 견해가 제시하는 다섯 번째 요소는, 의회가 어떠한 권한을 행정청에 위임하였다고 보았을 때, 그러한 위임에 따른 행정청의 권한행사의 절차와 실체가 적정했는지를 살피는 것이다.[13] 예컨대, 위임에 따라 행정청이 권한행사를 할 때 필요한 절차를 흠결하였다면, 그 판단이 해당 행정청의 전문성을 기초로 하여 이루어졌고 실체적으로도 그 판단을 존중할 수 있는 범위 내에 있는 것이더라도 위법한 권한행사가 아니라고 말할 수는 없다.

2) 위 견해에 대한 평가 및 시사점

위 견해는, 미국의 행정판단 존중원리를 일도양단적으로 파악할 것이 아니라 연속적인 계층 구조로 판단하였다는 점에 그 시사점이 있다. 나아가 미국의 기존 행정판단 존중원리를 출발점으로 삼은 다음 상당히 구체적인 수준까지 행정판단 존중의 기준과 고려요소를 분석한 것도 의미가 있다.

다만, 여전히 일반적이고 추상적인 요소에 의지하고 있는 측면을 부인할 수 없는 점, 조직법이나 권한배분의 원리를 넘어 각종 행정기관이 구체적으로 담당하고 있는 업무의 성격까지 폭넓게 고려하고 있지는 못한 점, 비록 나름대로의 기준과 유용성을 지니고 있으나 우리나라의 상황과는 다소 다른 국면이 있는 점 등에서 우리나라의 현실에 위 논의를 그대로 차용할 수는 없고 우리의 사정에 맞는 구체화된 심사방법과 기준을 제시할 필요가 있다. 이에 관하여는 항을 달리하여 우리나라에 적용 가능한 행정판단에 대한 사법심사 기준을 살펴보기로 한다.

---

[13] Juan Caballero, *Administering the Spectrum of Deference in the Administrative Age*, 10 N.Y.U. J.L. & Liberty 810 (2016), 851-855 참조.

제4절 행정판단에 대한
사법심사 기준·강도의 제시

앞서 소개한 사법심사 계층화의 아이디어는 차용하되 그 논의를 보다 보완하여 우리나라에서 적용 가능한 행정판단에 대한 심사기준 및 강도를 고찰해 보기로 한다. 이하에서 보듯이 행정판단에 대한 사법심사 기준과 강도는 다음의 네 가지 요소를 중심으로 고찰하는 것이 타당하다고 본다.

그 네 가지 요소는 기관적 요소, 사안적 요소, 작용법적 요소, 절차적 요소이다. 이 요소는 본 연구가 직접적으로 연구의 목적으로 삼은 독립규제위원회에 적용되는 것은 물론이고, 독립규제위원회 이외에도 일반행정기관에도 전반적으로 적용될 수 있다. 이하에서 각 항목에 관한 구체적인 내용을 소개하기로 한다.

다만, 주의할 것은 아래에서 보는 사법심사의 기준과 강도는 행정기관의 판단에 대한 사법심사에 관한 것으로서 행정소송에서만 적용이 된다는 점이다. 민사소송 및 형사소송은 각기 고유한 주장 및 증명책임의 구조와 법리에 따라 법원이 판단을 하는 것이다. 따라서 사법심사 기준과 강도를 낮춘다고 하더라도, 예컨대 형사사건에서 유죄로 인정되기 위한 검사의 공소사실에 대한 증명의 정도를 낮춘다는 등의 의미는 아니라는 점을 유의할 필요가 있다.

1. 사법심사의 기준·강도 결정을 위한 네 가지 요소

가. 기관적 요소

사법심사의 기준과 강도를 설정할 때 가장 먼저 고려해야 하는 요소는 '기관적 요소'라고 할 수 있다. 이는 해당 기관 자체가 지닌 특성에 관한 것이다. 즉, 구체적으로 다루게 될 사안에 무관하게 해당 기관의 일반적인 특성을 고려하는 것이 타당하다는 것이다. 기관적 요소에는, ① (기관과 관련한) 전문성, ② 민주적 정당성 및 책임성, ③ 독립성 등이 포함된다고 볼 수 있다.

우선 전문성은, 행정기관의 법해석이나 처분을 가급적 존중하는 방향으로 작용하는 요소이다. 여기서 말하는 전문성은 '기관'의 전문성이기는 하지만 아래에서 보는 '사안'의 전문성과도 밀접하게 관련이 있다. 쉽게 말하면, 해당 행정기관이 보유하고 있는 바로 그 전문성에 관한 분야가 특수하여 고도의 지식이나 경험을 요하는 경우를 의미한다고 할 수 있다. 예컨대, 국세청이라고 하면, 국세청이 보유하고 있는 조세 관련 분야는 전문성이 요구되는 분야이고, 그러한 전문성을 발휘한 국세청의 판단이 있다면 가급적 이를 존중할 필요성이 있다는 것이다.

한편, 기관의 전문성에 관하여는 그 전문성의 정도를 어떻게 확인할 수 있는지의 문제가 있다. 이에 관하여 여러 가지 방법이 있을 수 있으나, 특정한 법 영역에 관한 권한 내지 관할을 가지고, 이를 사실상 독점적으로 관장하고 있는 경우에 일응 해당 분야에 관한 전문성이 있는 기관이라고 볼 수 있다. 이를 쉽게 판단하는 방법 중 하나는, 어떠한 행정기관이 업무를 수행하면서 해석하고 적용하는 대상이 되는 법률이 그 행정기관에서만 주로 다루어지는지, 다른 행정기관에서도 일반적·보편적으로 다루어지는지를 살펴보는 것이다. 예컨대, 「국가공무원법」, 「행정심판법」 등은 이를 다루고 해석하며 적용하는 행정기관이 많지만, 「독점규제 및 공정거래에 관한 법률」은 공정거래위원회에서 주로 이를 다루고 해석하며 적용하므로, 공정거래위원회는 위 법률에 관하여 전문성을 지니고 있다고 볼 수 있다.

기관적 요소 중 민주적 책임성도 중요한 부분을 차지한다. 행정기관은 그 설치 근거에 있어 민주적 정당성을 지니고, 그 활동에 관하여 주권자에 대하여 민주적 책임성을 부담하게 된다. 그런데 행정기관에 따라 그러한 민주적 정당성과 책임이 직접적이고 뚜렷한 기관이 있는 반면, 여러 가지 이유로 약화되어 있는 기관이 있는데 그러한 요소는 사법심사의 정도에 반영된다. 예컨대, 국민 전체의 선거를 통하여 선출되는 행정부의 수반인 대통령은 가장 직접적이고 뚜렷하게 민주적 정당성을 지니고 있고, 따라서 민주적 책임성 역시 가장 강하다. 대통령의 임명에 의하여 꾸려지는 행정각부는, 대통령보다는 낮지만 여전히 대통령을 통하여 직접적으로 연결된 민주적 정당성과 책임성을 보유하고 있다. 반면, 행정부에 속하기는 하지만 대통령의 지시나 통제를 받지 않는 독립기관은 상대적으로 민주적 정당성이나 책임성이 낮다. 따라서 이러한 점에서는 사법부에 의한 사법심사 과정에서 오히려 더 강한 기준을 적용받을 여지가 있다.

독립성 또한 매우 중요하다. 앞서 제2장에서 언급한 것처럼, 독립성은 조직상의 독립성과 기능상의 독립성이 있는데, 조직상 독립성은 조직을 구성하고 운영하는 방식에 있어서 다른 국가권력의 영향력을 최소화한다는 측면이고, 기능적 독립성은 계서제적 통제권으로부터 벗어나 비교적 자유롭게 의사를 결정할 수 있다는 것이다. 한편, 여기서 말하는 독립성은 주로 행정부, 입법부나 그 밖의 정치적 영향력으로부터 독립하여 정책결정 등 각종 의사결정을 한다는 의미이다. 이론적으로는 사법부로부터의 독립까지 포함한다고 할 수 있을지는 모르나, 실질적으로 독립행정기관 내지 독립규제위원회 등의 사법부로부터의 독립성까지 중요한 요소로 삼고 있지는 않다.

독립성이 사법심사의 기준과 어떠한 관계가 있는지에 관하여 보건대, 우선 기관의 독립성은 민주적 정당성과 책임성을 약화시키는 측면이 있기 때문에, 사법심사의 기준과 강도를 완화하는 것에 제약이 되는 요소이다. 반면, 독립성이 보장되는 배경에는, 전문적인 지식과 경험을 행정이 충분히 이용할 수 있도록 뒷받침해주는 측면도 있으므로, 이러한 점에서는 사법심사를 자제해야 하는 요소로 작동하기도 한다. 이를 간략화하여 도표로 설명하면 아래와 같다.

[그림 6] 전문성, 독립성, 민주적 정당성·책임성 사이의 관계[1]

앞서 '전문성'과 '민주적 정당성·책임성'이 높은 기관에 대하여는 사법심사의 강도를 다소 낮출 수 있다고 보았는데, '독립성'은 전문성을 보장해 주고 이에 조력해 주는 기능을 함으로써 '전문성'과 방향성을 같이 하는 반면, 계서제·독임제에 비하여 '민주적 정당성·책임성'이 약하여 상호 긴장관계에 있다고 볼 수 있는바, '독립성'이라는 요소 그 자체는 사법심사 기준·강도의 강화 요소 또는 약화 요소로 일도양단적으로 분류하기 어렵다.

나. 사안적 요소

사법심사의 기준·강도와 관련하여, 기관적 요소 다음으로 고려할 수 있는 것은 '사안적 요소'이다. 다루는 사안이 어떠한 영역에 관한

---

[1] 필자가 내린 결론을 기초로 하여 직접 그린 것이다.

것인지, 그러한 사안의 특성에 따라 사법심사의 기준·강도가 달라질 수밖에 없다는 것은 비교적 분명하다.

제5장에서 살펴본 바와 같이, 사법심사의 기준·강도의 설정과 관련하여 종래부터 우리나라에서 가장 중요하게 보았던 요소가 바로 사안의 특수성이라고 할 수 있다. 즉, 5장에서 전문적·기술적 판단, 정책적·미래예측적 판단, 계획재량, 비대체적 결정 등이 판례에 의하여 행정판단 존중이 이루어진 유형이라고 보았는데 이러한 분류는 사안적 요소를 기초로 한 것이다.

사안의 특수성에 따라 심사기준과 강도를 나누어 본다고 할 경우, ① 판단존중의 여지가 없거나 작은 경우, ② 중간 영역의 경우, ③ 판단존중의 여지가 큰 경우로 분류할 수 있다. 우선 판단존중의 여지가 없거나 작은 영역은 사실관계의 확정에 관한 문제,[2] 일반법, 헌법, 공법, 기본권 등과 같이 보편적인 법원칙과 관련한 문제, 개인의 이해관계에 중대하게 영향을 미치는 행정행위 등이라고 할 것이다. 이러한 영역은 행정에서의 적법절차원칙이 철저하게 지켜져야 하는 영역이거나, 행정기관에 별다른 전문성이 인정되기 어렵거나, 또는 전문성이 인정되더라도 기본권 보장이나 그 밖의 공법상 원칙에 의하여 전문성이 후퇴되어야 하는 영역이라고 볼 수 있다. 이러한 사안에 관한 행정기관의 법해석이나 재량판단에 관하여는 사법심사도 비교적 엄격하게 이루어지는 것이 타당하다.

반대로 재량존중 여지가 큰 영역은 전문성이 크거나,[3] 신속한 판

---

[2] 사실관계의 판단은 증거법칙에 의하여 이루어져야 할 것이지 재량의 존중에 관한 문제가 애초에 아니라고 볼 여지도 있다.

[3] 이에 관하여 전문규제기관이 다루는 사안이 일반경쟁규제기관이 다루는 사안에 비하여 전문성이 있어 이를 사법심사에서 고려하여야 한다는 견해 (임성훈, 「불확정개념의 해석·적용에 대한 사법심사에 관한 연구: 한국·미국·독일법의 비교를 중심으로」, 서울대학교 박사학위 논문, 2012, 207면 이하)도 있는바, 필자와 같은 논지로서 소개할 필요가 있다. 즉, 이 견해에 의

단이 요구되는 것, 정무적 판단이 필요한 것(외교나 국가안보와 관련한 것 등), 정책결정적 행정행위(준입법적 작용), 미래를 예측하는 것과 관련된 것(중장기 계획, 규제[4] 등) 등이라고 할 수 있다. 제5장에서 본 바와 같이 법원은 이러한 영역[5]에 대한 사법심사를 비교적 자제하여 왔다. 이러한 영역은 법원이 충분한 전문적 지식을 가지고 있다고 보기 어려운 측면이 있는 데다가, 신속한 결정이 요구되는 측면도 있으며, 실제로 법원에서 사후적으로 그 당부를 엄격하게 심사하는 데에는 한계가 있는 것이 사실이다. 또는, 신속한 결정과 그 집행으로 사법심사 단계에서 이를 엄격히 심사할 필요성이나 그 실익이 적은 경우도 존재할 수 있다.

하면, 일반경쟁규제는 이미 형성되어 있는 시장을 경쟁적이고 개방적으로 유지하기 위한 것으로서, 시장구조에 대하여만 개입하고 경제과정에는 직접 개입하지 않으며, 시장의 경쟁을 저해하는 장애가 발생한 경우 이를 제거하는 데 일차적인 목적을 두고 있다. 반면, 전문규제는 일반경쟁규제의 한계가 나타나는 경우에 적용되는 유효경쟁이나 공익실현을 목적으로 함에 따라, 보다 장래예측적이고 정책적이며 시장형성적인 성격을 강하게 가진다. 수범자의 측면에서도, 일반경쟁규제는 시장에서 활동하는 모든 사업자를 대상으로 하는 반면, 전문규제는 당해 산업문야에서 활동하는 소수의 사업자를 상대로 한다는 점에서 전문규제의 경우 수범자의 예측가능성의 정도도 높은 것으로 볼 수 있다. 위에서 든 여러 사정을 고려할 때 일반경쟁규제에 관한 사안보다 전문규제에 관한 사안에 더 두터운 존중이 이루어질 필요가 있다고 보는데 타당한 견해라고 생각한다.

[4] 규제와 관련하여, 규제에 폭넓은 재량이 부여될 수 있음을 전제로 하여 최근 독일에서는 '규제재량'(Regulierungsermessen)이라는 개념이 형성되었다. 독일연방행정법원은 최근 연방망규제청의 규제재량을 명시적으로 승인하면서 연방망규제청이 행사한 규제재량에 대한 사법심사의 범위가 매우 제한적일 수 있다고 판시하기도 하였다(김태오, "방송통신 규제기관의 최종결정권과 사법심사", 성균관법학 제26권 제3호, 2014, 117면 참조).

[5] 제5장에서는 이를 단계별로 나누어 전문적·기술적 판단 영역(2-1 단계), 정책적·미래예측적 판단 영역(2-2 단계), 계획재량 영역(2-3 단계), 비대체적 결정 영역(2-4 단계) 등으로 구분한 바 있다.

한편, '전문성'이 큰 영역이 판단존중의 여지가 크다고 보았을 때, 여기서 말하는 '전문성'을 어떻게 이해할 수 있는지의 문제가 남는다. 어떠한 영역이 전문성이 요구되는 영역으로서, 행정기관의 판단이 더 두텁게 존중될 수 있는지의 구획 획정이 쉽지 않다. 우선 판결로 인정된 전문성이 인정되는 분야로는, 각종 의료나 보건과 관련된 분야,6) 과학·기술 분야,7) 방송통신 분야,8) 금융·투자 분야9) 등이 있는데10) 일응 이와 같은 의료, 과학기술, 방송통신, 금융 분야는 전문성이 인정되는 분야로 볼 수 있다.11)

다른 실무적 관점에서 전문분야를 확인할 수 있는 하나의 예시적 기준으로서 「전문재판부의 구성 및 운영 등에 관한 예규」12)에 제시된 행정재판과 관련된 전문재판부 구성을 참고할 수 있다. 이 대법원예규는 '별표'에서 전문재판부의 종류 및 담당 사건을 다음과 같이 유형화하고 있는데 여기에 열거되어 있는 분야는 일응 재판에 있어 전문성이 요구되는 분야라고 볼 여지가 있다.13)

---

6) 대법원 2016. 1. 28. 선고 2013두21120 판결, 대법원 1990. 10. 23. 선고 90다카13120 판결 참조.
7) 대법원 2010. 2. 11. 선고 2009두6001 판결, 대법원 2014. 5. 29. 선고 2012두25729 판결 참조.
8) 대법원 2005. 1. 14. 선고 2003두13045 판결 참조.
9) 대법원 2007. 7. 26. 선고 2006다20405 판결; 대법원 2007. 10. 25. 선고 2005다10364 판결; 대법원 2005. 5. 27. 선고 2005다6303 판결 참조.
10) 그 밖에 시험 영역에 있어 '국어학이나 논리학'을 전문분야가 아니라고 본 판결도 있다(대법원 2001. 4. 10. 선고 99다33960 판결).
11) 정책의 문제 전반에 관하여 행정부가 사법부에 비하여 전문성이 있다고 주장하는 견해도 있으나(이성엽, 「행정부의 법령해석권 정립에 관한 연구: 미국 행정부의 독자적 법령해석권 논의를 중심으로」, 서울대학교 박사학위논문, 2012, 16면 참조) 정책 문제라고 하여 언제나 행정부가 사법부에 비하여 우월한 전문성이 있다고 보기는 어렵다고 본다.
12) 전문재판부의 구성 및 운영 등에 관한 예규(재일 98-3)(재판예규 제1783호) [대법원 종합법률정보(glaw.scourt.go.kr)에서 확인 가능].
13) 다만, 재판을 함에 있어 전문적 지식이나 경험이 필요한 것은 아니고, 사건

[표 10] 행정 전문재판부 유형14)

	전문재판부	담당 사건(예시)
행 정	공정거래	과징금납부명령취소, 시정명령취소, 공정거래위원회를 피고로 하는 사건
	노 동	부당노동행위구제, 부당해고구제, 부당징계구제 재심판정취소, 노동조합설립신고반려처분취소, 중앙노동위원회위원장을 피고로 하는 사건
	난 민	난민불인정처분취소등 난민 관련 사건, 출입국관리사무소를 피고로 하는 사건
	도시정비	조합설립인가취소, 사업시행계획인가취소, 관리처분계획인가취소 및 인가거부처분취소
	보 건	건강보험료부과처분취소, 국민건강보험료체납보험료청구취소, 의사면허자격정지처분취소, 요양급여비환수결정취소
	산 재	요양급여등부지급처분취소, 요양연기불승인처분취소, 장해연금지급거부처분취소, 상병보상연금청구불승인처분취소, 장해등급결정처분취소
	조 세	(법인세, 소득세, 부가가치세, 상속세 등) 부과처분취소 및 경정처분거부처분취소, 제2차납세의무자 지정결정등취소, 중복세무조사취소
	주 민	일반선거인이 제기하는 선거소송, 일반투표인이 제기하는 국민투표 무효소송, 지방자치단체 주민이 제기하는 주민소송
	토지수용	토지수용보상금청구, 토지수용보상금증액, 수용재결을 거친 경우의 대집행계고처분취소, 토지수용으로 인한 영업손실보상, 토지수용재결처분취소

한편, 앞서 본 판단존중의 여지가 큰 영역과 작은 영역에서 언급

수가 많고, 유형이 일률적이어서 그 처리의 효율성을 위하여 전문(전담)재
판부를 두는 경우도 있을 수 있어서, 여기에 열거되어 있다고 하여 항상
전문성이 있다고 볼 수 있는 것은 아니다.
14) 전문재판부의 구성 및 운영 등에 관한 예규(재일 98-3)(재판예규 제1783호)
[대법원 종합법률정보(glaw.scourt.go.kr)에서 확인 가능].

되지 않은 영역은 대체로 중간 단계의 영역이라고 볼 수 있다.

다. 작용법적 요소

사법심사 기준·강도를 설정함에 있어 고려해야 하는 또 다른 요소는 '작용법적 요소'이다. 판단의 대상이 되는 처분이나 행정행위가 가진 행정작용법적의 성질에 주목한다는 의미이다. 예컨대, 심사의 대상이 되는 행정행위가 요건재량에 관한 것인지 또는 효과재량에 해당하는 것인지, 수익처분인지 제재처분인지, 준입법작용인지 준사법작용인지 등 행정작용법적 특성에 따라 이를 구별하는 것이다. 다시 말하면, 요건재량이 효과재량보다 심사강도가 약하고, 수익처분이 제재처분보다 심사강도가 약할 가능성이 높다고 보는 것이다. 또한, 준입법작용이 준사법작용보다 더 행정기관의 판단을 두텁게 존중할 여지가 크다.

우리나라에 위와 같은 작용법적 요소를 기준으로 하여 사법심사 강도를 매우 세분화한 주장이 있는데,[15] 행정행위의 작용법적 유형을 매우 정치하게 나누고, 그에 따라 적절한 심사강도를 수치적으로 표현하여 강도를 쉽게 비교할 수 있도록 제시해 주었다는 점에서 큰 의미가 있다. 이에 따르면, 침익처분이 수익처분에 비하여 심사강도가 높고, 특히 제재처분의 요건재량, 즉 요건부분에 사용된 불확정개

---

15) 박정훈, "재량행위의 개념·구별기준 및 심사방식: 이론과 실무를 위한 재량행위 사유형론", 서울행정법원 실무연구회 발표자료, 2011, 14면. 이 주장은, 사안적 요소를 침익처분과 수익처분으로 크게 나누고 행정처분의 구조에 따라 이를 분류하여 사법심사강도를 세분화한 것이 특히 유용하다. 행위의 작용법적 성질 이외의 요소를 별도로 고려하지 않았다는 점에서 이 기준을 그대로 활용하는 데에는 일부 한계가 있기는 하나, 여기에서 제시한 기준에 그 밖의 요소를 추가한 종합적인 기준을 마련하는 데에 중요한 출발점 내지 참고자료가 된다고 본다.

념을 적용하여 제재처분을 내린 경우에 가장 심사강도가 높으며, 계획재량이 가장 심사강도가 낮다고 본다.

라. 절차적 요소

나아가, 문제가 되는 행정행위가 이루어진 것과 관련한 행정절차적 요소도 사법심사의 기준과 강도를 결정하는 데 중요한 요소가 된다. 즉, 어떠한 행정처분이 도출되는 과정에서 얼마나 충실한 절차를 거쳤는지가 사법심사의 기준과 강도를 정하는 데 고려되어야 한다는 것이다. 예컨대, 사법심사의 대상이 되는 어떠한 행정행위에 관하여 그 행정행위 전에 이해관계인이나 대중으로부터 의견을 수렴하는 절차를 충분히 거쳤는지 여부, 독임제 기관에서 한 결정인지 위원으로 구성된 합의제에서 심의와 의결을 통하여 결정한 것인지 여

[표] 행정작용법적 성질에 따른 심사강도

유형			심사 강도
제1유형 (침익처분)	제1-a유형 (제재처분)	제1-a-x유형(제재처분의 요건재량)	100
		제1-a-y 유형(제재처분의 효과재량)	75/50
	제1-b 유형 (제1차침익처분)	제1-b-x유형(제1차침익처분의 요건재량)	75
		제1-b-y유형(제1차침익처분의 효과재량)	50
	제1-c유형(계획결정)		25
제2유형 (수익처분)	제2-x 유형(수익처분의 요건재량)		67.5
	제2-y유형(수익처분의 거부재량)		50
	제2-x-y형(수익처분의 요건 → 효과 결부재량)		40
	제2-y-x유형(수익처분의 효과 → 요건 결부재량)		30

출처: 박정훈, "재량행위의 개념·구별기준 및 심사방식: 이론과 실무를 위한 재량행위 사유형론", 서울행정법원 실무연구회 발표자료, 2011, 14면.

부, 합의제에서 내려진 결정의 경우 그 회의가 대중에 공개된 것인지 비공개된 것인지 등을 종합적으로 확인할 필요가 있는 것이다.

절차적 요소는, 독자적 의미를 지니기도 하지만, 다른 요소와 밀접하게 관련되어 있기도 하다. 예컨대, 독립규제위원회는 기관적 요소로서 합의제를 당연히 전제하게 되는데, 합의제 행정기관은 단독제에 비하여 보다 토론과 숙고의 기회를 가질 수 있어 절차적 측면에서도 판단존중의 여지가 크다고 할 수 있다.

한편, 독립규제위원회가 아니라 독임제·계서제 행정기관 내에서도 내부적 절차로 자문기구로서의 합의체 위원회를 두고 그 위원회의 심의를 거친 의견을 가급적 존중하도록 하는 경우가 최근에 많은데, 이러한 경우에는 기관적 요소가 아닌 절차적 요소로서 사법심사 기준·강도 설정에 고려될 수 있다.

마. 기타 요소

앞에서 본 네 가지 요소의 중요성에는 미치지 못하더라도, 그 밖의 요소로서 사법심사 기준·강도의 설정에 있어 고려될 필요가 있는 것들이 있다. 대표적으로, 사법심사를 하는 법원과의 관계에 관한 요소를 들 수 있다. 예컨대, 해당 행정행위를 처음으로 심사하는 법원이 1심 법원인지 항소심 법원인지[16]에 따라 사법심사의 강도가 달라질 수 있다. 1심을 거쳐 항소심에서 사법심사를 하는 경우와 달리 곧바로 항소심에서 처분에 대한 당부의 심사가 이루어지는 경우라면 앞선 경우보다는 사법심사의 강도가 상대적으로 강해질 수밖에 없다.

또한, 심사를 담당하는 법원이 전문법원인지 일반법원인지, 혹은

---

16) 예컨대, 공정거래위원회는 「독점규제 및 공정거래에 관한 법률」 제55조에 의하여 그 처분에 대한 일차적 사법심사가 항소심인 서울고등법원에 전속하게 된다.

전문법원의 단계가 아니더라도 전문재판부에서 심리가 이루어지는지 아닌지 등도 고려될 수 있다. 이는 상대적인 개념이다. 즉, 때로는 행정기관의 전문성이 사법심사의 기준·강도 설정에서 고려되기는 하지만, 이를 심사하는 법원이 오히려 더 전문성을 갖춘 전문법원일 경우에는 행정기관이 자신의 전문성을 원용하는 데에 한계를 가질 수밖에 없게 된다.

2. 각 요소의 정리 및 종합

위에서 든 네 가지 요소를 정리하면 다음 표와 같다.

[표 11] 사법심사 기준·강도 설정과 관련된 제반 요소

	행정기관의 판단(재량) 존중에 친한 요소	행정기관의 판단(재량) 존중에 친하지 않은 요소
기관적 요소	- 전문분야를 담당하는 기관 - 민주적 정당성·책임성이 높은 기관 - 합의제 기관	- 일반 행정분야를 담당하는 기관 - 민주적 정당성·책임성이 낮은 기관 - 독임제 기관
사안적 요소	- 전문적 지식이 필요한 사항 - 미래 예측 관련 사항 - 정책 관련 사항 - 신속한 결정이 필요한 경우 - 행정행위가 미치는 영향력이 큰 경우(국민 다수에게 일반적 영향을 미치는 경우 등)	- 일반 행정 관련 사항 - 행정행위가 미치는 영향력이 작은 경우
작용법적 요소	- 수익적 행정행위 - 요건부분의 재량(불확정개념) - 계획재량 - 준입법 관련 사항	- 침익적 행정행위 - 효과부분의 재량 - 준사법 관련 사항
절차적 요소	- 내부 위원회(심의기구 또는 자문기구)17)를 통한 결정의 경우 - 절차(공청회, 행정예고, 입법예고) 등을 충실히 거친 경우	- 특별한 절차 없는 행정행위
기타 요소	- (전문법원이 아닌) 일반법원에서 심사하는 경우	- (일반법원이 아닌) 전문법원에서 심사하는 경우 - 해당 행정판단에 대하여 곧바로 항소심에서 다투도록 하는 경우
[참고] 위 각 요소는 일반적인 경향성을 중심으로 한 예시로서 실제로 행정판단(재량)에 대한 사법심사기준을 설정함에 있어서는 다양한 요소를 종합적, 입체적으로 고려하여야 함		

---

17) 이 위원회는 대외적인 의사표시를 할 수 있는 독립규제위원회와는 성격이 다르다. 따라서 이를 절차적 요소로 분류하였다.

제5절 위 기준의 독립규제위원회에의 적용

앞서 든 네 가지 요소는 행정기관 전체에 일반적으로 적용되는 것이다. 그렇다면, 다시 본 연구의 주제로 돌아와서, 앞서 본 일반원칙을 독립규제위원회에 구체적으로 적용하여 보기로 한다.

1. 기관적 요소의 적용

우선 기관적 요소를 적용해 본다. 즉, 독립규제위원회는 전문적인 영역에 대한 규제를 담당하기 위한 합의제 기관인바, 앞서 본 기관적 요소에 관하여 볼 때 독립규제위원회의 판단에 관한 존중의 여지가 비교적 크다. 즉, 독립규제위원회는 일반행정기관에 비하여 전문성이 인정될 여지나, 합의제로서 숙고를 통한 판단이 이루어질 여지가 크다고 할 수 있다. 이를 도식화해 보면 아래와 같다.

[그림 7] 일반행정기관과 독립규제위원회의 판단존중·사법심사 강도 비교[1]

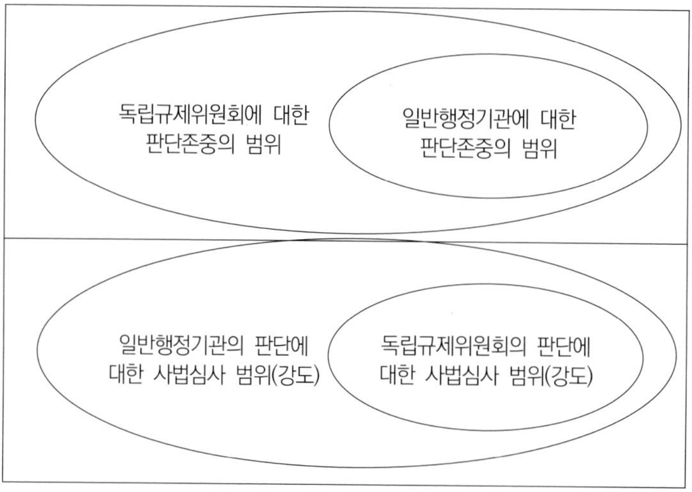

독립규제위원회에 대한
판단존중의 범위

일반행정기관에 대한
판단존중의 범위

일반행정기관의 판단에
대한 사법심사 범위(강도)

독립규제위원회의 판단에
대한 사법심사 범위(강도)

한편, 독립규제위원회라고 하여 모든 독립규제위원회에 동일한 정도의 판단존중이 이루어진다고 볼 것은 아니다. 기관적 요소를 구성하는 전문성, 독립성, 민주적 정당성·책임성 등이 각 기관마다 다소 다르기 때문이다. 우리나라의 독립규제위원회를 예로 들면, 공정거래위원회는 일반경쟁규제기관인 반면, 금융위원회와 방송통신위원회는 특정 분야에 관한 규제업무를 전담하는 전문규제기관이라고 볼 수 있으므로 금융위원회와 방송통신위원회가 해당 분야에 관하여는 보다 더 판단존중의 여지가 크다고 볼 수도 있다. 제5장에서 본 바와 같이 우리나라 판례 역시, 공정거래위원회보다 방송통신위원회 등 전문규제기관에 더 두텁게 그 판단을 존중하는 경향을 보이고 있음을 알 수 있다.

마찬가지로, 일반행정기관 사이에서도 기관적 특성에 따른 차이

---

[1] 이 그림은 두 기관 사이의 비교를 위하여 필자가 그린 것이다.

가 있을 수 있다. 일반행정기관 사이에서, 독립성이나 민주적 정당
성·책임성의 차이는 대체로 유의미하다고 보기 어렵다. 그러나 기관
의 전문성 차이는 사실상 존재한다. 예컨대, 우리 판례도 특정 분야
에 관하여는 '전문성'이 요구된다는 취지를 직·간접적으로 밝힌 바
있는데, 외교 관계(국가적 사업 추진 관련), 의료·보건,[2] 환경,[3] 식품
의약품,[4] 조세,[5] 특허[6] 등의 분야가 이에 해당한다고 볼 수 있고, 이
러한 분야를 다루는 행정기관(외교부, 환경부, 식약처, 국세청, 특허
청)은 다른 부처에 비하여 일응 전문성의 요소를 더 두텁게 인정받
는다고 볼 수 있다.

합의제 요소도 독립규제위원회에 적용해 볼 수 있다. 독임제에 비
하여, 전문가들 사이의 합의를 통하여 의견을 교환하고 필요한 경우
표결까지 하는 경우에 보다 행정판단 존중 여지가 크다. 독립규제위
원회를 구성하는 위원 수가 기관별로 또는 기관 안에서도 구성에 따
라 차이가 있는데(공정거래위원회 전원회의는 9인,[7] 소회의는 3인,[8]

---

[2] 대법원 2016. 1. 28. 선고 2013두21120 판결, 서울행정법원 2011. 10. 13. 선
고 2010구합44290 판결 참조.
[3] 대법원 2015. 11. 26. 선고 2013두765 판결 참조.
[4] 대법원 2014. 12. 24. 선고 2012다13583 판결 참조.
[5] 서울고등법원 1987. 5. 25. 선고 86구660 판결 참조.
[6] 헌법재판소 2012. 8. 23. 선고 2010헌마740 결정 참조.
[7] 위원장 1인, 부위원장 1인, 상임위원 3인, 비상임위원 4인.
[8] 통상 상임위원 2명, 비상임위원 1인으로 구성된다. 전원회의는 ① 공정거래
위원회 소관의 법령이나 규칙·고시 등의 해석적용에 관한 사항, ② 이의신
청에 대한 재결, ③ 소회의에서 의결되지 아니하거나 소회의가 전원회의에
서 처리하도록 결정한 사항, ④ 규칙 또는 고시의 제정 또는 변경, ⑤ 경제
적 파급효과가 중대한 사항 기타 전원회의에서 스스로 처리하는 것이 필요
하다고 인정하는 사항을 다루고(「독점규제 및 공정거래에 관한 법률」 제37
조의3 제1항) 소회의는 그 외의 사건으로서 일반사건, 승인·인정·인가사항,
집행정지의 결정, 과태료, 관계기관에 협조의뢰 사항(고발, 입찰참가자격제
한 및 영업정지요청, 약관법상 시정요청) 등을 다룬다.

금융위원회는 5인,[9] 금융위원회 산하의 증권선물위원회는 5인,[10] 방송통신위원회는 5인[11]), 일응 더 많은 위원이 참여하는 경우 그리고 상임위원이 많은 경우[12]에 그 판단에 대한 존중 여지가 더 크게 인정된다고 볼 수 있다. 다만, 이는 반드시 일률적인 것은 아니고 위원의 구성(전문가 여부 등)이나 숙의의 정도 등에 따라 달라질 수 있다고 할 수 있다.

2. 사안적 요소의 적용

다음으로 사안적 요소를 독립규제위원회에 적용해 본다. 독립규제위원회가 담당하는 업무가 일반행정기관이 담당하는 업무에 비하여 더 높은 수준의 전문적 지식을 필요로 하는 점, 정책결정을 비롯한 준입법적 작용을 통하여 규제정책의 입안을 담당하는 점, 비교적 많은 당사자(개인이나 관계 회사 등)에 행정행위의 영향력이 미치는 점 등에 비추어 볼 때, 사안적 요소의 측면에서도 독립규제위원회가 일반행정기관에 비하여 판단존중을 인정받을 여지가 크다.

독립규제위원회 내에서도, 또한 일반행정기관 내에서도 사안적 요소의 특성에 따른 판단존중의 차이를 확인할 수 있다. 구체적으로 문제되는 사안에 따라 다를 수 있겠으나, 일반적으로는 전문규제기관이라고 볼 수 있는 금융위원회나 방송통신위원회가 일반경쟁규제

---

[9] 위원장 1인, 부위원장 1인, 상임위원 2인, 비상임위원 1인.
[10] 위원장 1인, 상임위원 1인, 비상임위원 3인.
[11] 위원장 1인, 부위원장 1인, 상임위원 3인.
[12] 일반적으로 독립규제위원회에서는 전원 상임위원 체제를 가장 이상적으로 생각하고 있고 그것이 독립규제위원회의 설치 목적과 기능에 부합할 수 있으나 조직의 비대화 우려 등을 이유로 관계부처에서 반대하는 경우도 심심치 않게 볼 수 있다.

기관이라고 불리는 공정거래위원회에 비하여 다루는 사안에서 요구되는 전문성이 높다고 볼 수 있다. 또한, 금융산업이나 방송통신산업에 관련한 사안이 국민 개개인과 보다 더 밀접한 관련을 가지고 있다고 볼 수 있다. 이러한 점에서 금융위원회나 방송통신위원회가 공정거래위원회에 비하여 사안적 요소의 측면에서 더 넓은 판단존중을 인정받을 가능성이 크다.

나아가, 사안적 요소로서 특별히 취급되어야 하는 대표적인 영역으로, 방송통신위원회의 소관 업무 중 '방송' 부분이 있다. '방송'은 언론의 자유라는 기본권과 밀접한 관련을 맺고 있고, 그 사회의 정치, 경제, 문화에 중대한 영향을 미치며, 사회 구성원의 의사를 전달함으로써 건전한 민주주의의 발전에 기여한다는 점으로 말미암아, 보다 세심하고 특수하게 취급되어 왔다. 방송통신위원회가 방송과 통신에 관한 규제기능을 통합하여 보유하고 있으면서도 방송에 관한 업무는 국무총리의 행정감독으로부터 명시적으로 제외하고 있다는 점을 보아도 그러하다.13)

한편, 기관적 요소에서 본 기관의 전문성과 사안적 요소에서 본 사안의 전문성과는 상호 깊은 관련이 있으나 항상 일치하는 것은 아니다. 예컨대, 일반적으로 외교부는 기관적 전문성이 있다고 할 수 있으나, 외교정책과 관련이 되지 않은 행정행위에 대한 사법심사의 경우에는 그러한 전문성을 두텁게 고려하여서는 아니 된다. 즉, 외교부 공무원의 개인적 비위행위에 대한 징계처분에 대한 사법심사를 하는 경우라면, 비록 피고가 외교부장관이고 외교부가 일반적으로 기관적 전문성을 인정받는다고 있더라도 이에 관하여는 외교적 판단과 동일하게 존중할 필요가 있다고 보기는 어렵다.

---

13) 이에 관하여는 제2장 제3절에서 상세히 다룬 바 있다.

3. 작용법적 요소·절차적 요소·기타 요소의 적용

다음으로 작용법적 요소의 적용에 관하여 본다. 독립규제위원회가 하는 행정작용의 종류가 매우 다양한데, 행정작용의 종류에 따라 사법심사 기준이 달라질 수 있을 것이다. 예컨대, 금융위원회는 금융기관의 설립 등에 대한 인가·허가 등의 수익적 처분을 하기도 하고, 금융기관에 대한 검사와 감독을 통한 제재라는 침익적 처분을 하기도 한다. 방송통신위원회도 마찬가지이다. 수익적 처분으로서 방송사업자에 대한 승인처분을 하기도 하고, 침익적 처분으로서 방송규정의 위반을 원인으로 사업자에게 행정벌을 가하기도 한다. 금융위원회나 방송통신위원회 모두 장래를 위한 규제정책을 펴고 이를 위한 행정규칙을 제정하기도 하며, 일차적으로 부과된 침익적 처분에 대한 불복이 있는 경우 그 당부를 심사하기도 한다.

이때 심사의 대상이 된 행정작용을 살펴, 그 처분등이 ① 수익적 처분이거나 준입법적 행정행위이거나 불확정개념을 해석하는 요건 부분의 재량에 해당하는 경우에는 앞서 본 작용법적 요소의 특수성에 따라 사법심사의 기준이 다소 완화될 가능성이 크다. ② 반대로 침익적 처분이거나 준사법적 행정행위이거나 효과재량과 관련된 것이라면 상대적으로 사법심사의 기준이 다소 엄격할 가능성이 크다.

나아가 절차적 요소의 측면도 독립규제위원회에 적용해 볼 수 있다. 예컨대, 국민적 관심사에 관련된 중요한 규제정책의 문제가 있어, 독립규제위원회가 심의하기 전 공식·비공식의 절차를 추가적으로 거친 경우,[14] 그러한 절차 이후에 이루어진 독립규제위원회의 판

---

14) 일례로 가계통신비 문제가 국민적 관심사로 떠오르자, 바람직한 방안을 논의하기 위하여 이동통신사와 국회가 추천한 전문가, 시민단체, 소비자단체 등 약 20명으로 '가계통신비 정책협의회'를 구성하여 통신비에 관한 정책과 규제 문제 등에 관한 숙의 절차를 거친 사례가 있는데(https://www.mk.

단에 대하여는 사법심사에 있어 더 신중을 기할 필요를 부정하기 어려울 것이다. 사업자나 이해관계자들 사이의 이해충돌을 조율하기 위한 절차나, 다수의 일반 대중으로부터 의견을 청취하기 위한 공청회[15] 등을 충실히 거쳤는지, 그 과정에서 수렴한 의견이 반영되었는지는 절차적 요소로서 사법심사의 기준과 강도에 영향을 미칠 가능성이 있다.

그 밖의 요소도 독립규제위원회에 적용해 볼 수 있다. 예컨대, 공정거래위원회는 그 처분에 대하여 곧바로 항소심인 서울고등법원에서 사법심사를 받기 때문에 서울행정법원과 같은 1심 법원의 심사부터 받게 되는 금융위원회나 방송통신위원회에 비하여 심사의 강도를 다소 높일 필요가 있다.[16]

---

co.kr/news/business/view/2017/11/746620/ 2022. 12. 27. 확인), 만약 이처럼 별도의 공식·비공식 절차를 거친 사안에서는 사법심사에 있어서도 존중의 범위가 더 두터워질 수 있을 것이다.

[15] 「행정절차법」 제22조 제2항은 "행정청이 처분을 할 때 다음 각 호의 어느 하나에 해당하는 경우에는 공청회를 개최한다"라고 규정하고 있고 제2호에는 "해당 처분의 영향이 광범위하여 널리 의견을 수렴할 필요가 있다고 행정청이 인정하는 경우"를 규정하고 있다.

[16] 최근 공정거래위원회의 처분에 대한 불복소송을 고등법원에 제소하도록 하는 특례 규정을 삭제해야 한다는 주장이 제시되고 있고(국회입법조사처, 「2018년 국정감사 정책자료 Ⅰ」, 90면 이하), 3심제로 하는 것을 골자로 하는 법률안도 발의된 바도 있다[20대 국회의 「독점규제 및 공정거래에 관한 법률」 일부개정법률안(손금주 의원 대표발의, 의안번호 2001326)은 위 법 제55조를 "제54조(소의 제기)의 규정에 의한 불복의 소는 공정거래위원회의 소재지를 관할하는 서울고등법원을 전속관할로 한다."에서 "제54조(소의 제기)의 규정에 의한 불복의 소는 서울행정법원 전속관할로 한다."로 개정하는 것을 주된 내용으로 한 것이었는데 임기만료로 폐기되었고, 21대 국회에서도 2020. 9. 2. 「독점규제 및 공정거래에 관한 법률」 일부개정법률안(황희 의원 대표발의, 의안번호 2103471)이 발의되었는바, 이는 위 법 제55조를 "제54조(소의 제기)의 규정에 의한 불복의 소는 서울행정법원 및 대전지방법원의 전속관할로 한다."로 개정하는 것을 주된 내용으로 하고 있다.

한편 우리나라에는 전문법원으로서의 특허법원,17) 서울행정법원이 설치되어 있고, 항소심에서도 특정 사건 유형을 전담으로 하는 전담재판부가 설치되어 있으므로, 일부 전문분야에 있어서는 사법절차에서 해당 행정기관이 전문성을 주장하기 어려운 경우도 있다. 예컨대, 특허청의 처분에 대한 특허법원의 심사, 국세청의 처분에 대한 행정법원 내지 고등법원의 조세전담재판부의 심사, 공정거래위원회의 처분에 대한 서울고등법원 공정거래전담재판부의 심사의 국면 등에서 그러하다. 다만, 전문법원이나 전담재판부로부터 심사를 받을 수 있는지의 문제는 당사자의 입장에서는 우연적 요소에 달려 있는 경우도 있을 수 있다는 점에서18) 아주 중요한 요소로 고려할 것은 아니라고 보는 시각도 있을 수 있다.

4. 독립규제위원회의 판단에 대한 사법심사 모델

위에서 본 네 가지 요소 중 다소 일률적으로 도식화시키기 적절하지 않은 절차적 요소를 제외한 나머지 세 가지 요소를 통합하여 구체적으로 독립규제위원회 등에 적용해 보면 아래 [그림 8]과 같다.

---

17) 특허심판원의 판단을 다투어 특허법원에 제기된 사건은 행정소송의 특성을 지니고 있다고 볼 것이다.

18) 예컨대, 행정사건의 경우 처분청이 서울에 소재하는 경우 전문법원인 서울행정법원의 판단을 받을 수 있지만, 서울 이외의 지역에서 처분을 내린 경우에는 일반 지방법원 행정부의 판단을 받아야 한다는 점에서 우연적 요소에 달려있는 측면이 있다.

[그림 8] 행정기관 유형과 사안의 특수성에 따른 사법심사 모델[19)]

	전문 영역		일반 영역	
독립 규제 위원회	① 전문 독립규제위원회(제1유형) - 금융위, 방통위 -		② 일반 독립규제위원회(제2유형) - 공정위 -	
	정책·제도 관련 준입법적 행위 전문분야 해당	제재처분 관련 준사법적 행위 전문분야 미해당	정책·제도 관련 준입법적 행위 전문분야 해당	제재처분 관련 준사법적 행위 전문분야 미해당
	가장 강한 존중	**강한 존중**	**강한 존중**	**중간 존중**
독임제 행정 기관	③ 전문성 보유 독임제 행정기관(제3유형) - 외교부, 환경부, 식약처, 특허청 등(예시) -		④ 일반 독임제 행정기관(제4유형)	
	정책·제도 관련 준입법적 행위 전문분야 해당	제재처분 관련 준사법적 행위 전문분야 미해당	정책·제도 관련 준입법적 행위 전문분야 해당	제재처분 관련 준사법적 행위 전문분야 미해당
	강한 존중	**중간 존중**	**중간 존중**	약한 존중

즉, 기관적 요소를 기준으로 하여 독립규제위원회와 독임제 행정기관을 나누고, 각 기관별로 전문적 영역을 다루는 기관과 그렇지 않은 기관을 나누어 '전문 독립규제위원회'를 제1유형으로, '일반 독립규제위원회'를 제2유형으로, 전문성 보유 독임제 행정기관을 제3유형으로, 일반 독임제 행정기관을 제4유형으로 나누었다. 제1유형의 대표적인 예는 금융위원회와 방송통신위원회라고 할 수 있겠고, 제2유형의 대표적인 예는 공정거래위원회라고 할 수 있다. 제3유형에 해당하는 대표적인 기관은 외교부, 환경부, 식약처, 특허청 등이

---

19) 앞서 살펴본 것을 실제 사안에서 적용하기 쉽게 유형화하기 위한 목적에서 필자가 그린 것이다.

라고 할 수 있는데 여기에 열거한 부처만 이에 해당한다고 볼 것은 아니다. 제1 내지 3유형에 해당하지 않는 독임제 행정기관이 제4유형에 해당한다고 할 수 있다.

다음으로 사안적 요소와 작용적 요소를 종합하여 볼 때 '정책·제도 관련', '준입법적 행위', 해당 기관의 전문분야에 해당하는 행정행위 등은 보다 강한 재량 존중이 존중될 수 있다. '제재처분 관련', '준사법적 행위' 또는 해당 기관의 전문분야와 별달리 관계가 없는 분야에 관한 행정행위 등에는 사법심사 단계에서 보다 낮은 재량 존중 기준이 적용될 수 있다.

이해의 편의를 위하여, 「금융위원회 설치 등에 관한 법률」에서 열거한 금융위원회의 소관 사무를 예를 들어 설명하기로 한다. 위 법률 제17조는 금융위원회의 소관 사무를 다음과 같이 정하고 있다.

1. 금융에 관한 정책 및 제도에 관한 사항
2. 금융기관 감독 및 검사·제재(制裁)에 관한 사항
3. 금융기관의 설립, 합병, 전환, 영업의 양수·양도 및 경영 등의 인가·허가에 관한 사항
4. 자본시장의 관리·감독 및 감시 등에 관한 사항
5. 금융소비자의 보호와 배상 등 피해구제에 관한 사항
6. 금융중심지의 조성 및 발전에 관한 사항
7. 제1호부터 제6호까지의 사항에 관련된 법령 및 규정의 제정·개정 및 폐지에 관한 사항
8. 금융 및 외국환업무 취급기관의 건전성 감독에 관한 양자 간 협상, 다자 간 협상 및 국제협력에 관한 사항
9. 외국환업무 취급기관의 건전성 감독에 관한 사항
10. 그 밖에 다른 법령에서 금융위원회의 소관으로 규정한 사항

금융위원회는 독립규제위원회 중 전문규제기관이므로 앞서 본 분류에 의할 때 제1유형에 속한다. 나아가 금융위원회의 업무에 관한 위 각 호 중 제1, 3, 6, 7호는 위 사안적·작용적 요소 중 정책·제도와 관련된 내용이거나 준입법적 행위 또는 수익적 행정행위와 관련된 내용으로서 더 강한 존중이 적용될 여지가 있고(앞서 본 분류에 의할 때 '가장 강한 존중' 영역), 제2, 4, 9호는 구체적인 업무 감독이나 제재처분 등과 관련된 것으로서 전자에 비하여는 존중의 여지가 다소 적다고 볼 수 있다('강한 존중' 영역). 물론 이는 대략적인 적용의 방식을 설명하기 위한 것이고, 구체적인 행정행위의 모습을 감안하여야 판단존중의 정도를 정확하게 확인할 수 있다. 이러한 구체적 적용을 통하여 앞서 제시한 사법심사 모델의 활용 메커니즘을 일응 확인할 수 있다는 점에서 의미가 있다.

5. 독립규제위원회 판단에 대한 심사기준과 강도의 제언

앞서 논의한 독립규제위원회와 그 판단의 특수성을 종합하여, 독립규제위원회의 판단에 대한 사법심사 기준과 강도의 문제에 관하여 다음과 같이 제언하고자 한다.

"특정 영역의 규제에 요구되는 전문성을 확보하고 외부로부터의 영향력을 차단하여 규제에 관한 공정한 판단을 할 수 있도록 고안된 독립규제위원회의 지위와 특성을 고려할 때, 독립규제위원회가 적법한 절차와 실질적인 심의를 거쳐 내린 정책적·규제적 판단은 특별한 사정이 없는 한 존중되어야 한다. 다만 그 내용이 헌법과 법령을 위반하였거나, 현저하게 그 재량을 일탈남용하였음이 분명하거나, 독립규제위원회의 설립 취지에 비추어 볼 때 구성 및 심의가 형식적으로 이루어졌다고 볼 수 있는 경우에는 그 판단에 대한 일응의 존중이 더 이상 유지될 수 없다."

제6절 독립규제위원회의 판단존중을 위한
현실적 전제

　지금까지 독립규제위원회의 처분, 법해석 등에 대한 사법심사 기준·강도에 대하여 살펴보았고, 그 취급에 있어 독립규제위원회와 일반행정기관을 달리할 필요가 있다는 점을 확인하였다. 그런데 위 논의의 전제는 모두 독립규제위원회가 일반행정기관과 다른 조직적, 기능적, 절차적 특수성이 있다는 점에 있다. 따라서 실제로 독립규제위원회가 그러한 설립 취지에 따라 제대로 기능하고 있는지에 관하여는 전제 충족의 차원에서 별도로 확인하여야 할 필요가 있다.

1. 독립성의 측면

　우선 독립성의 측면에서 본다. 독립규제위원회가 설립된 것은 행정부와 입법부의 영향을 받지 않고 전문적인 분야의 규제에 관한 결정을 자율적으로 하도록 하기 위함이었다. 그런데 현재 우리나라의 독립규제위원회가 그 설립 취지대로 독립적으로 운영되고 있는지에 관하여는 다소 의문이 있다. 즉, 독립규제위원회가 행정부의 수반인 대통령으로부터 철저히 독립하여 위원들끼리의 합의와 숙의를 거쳐 독자적으로 결론을 내고 있다고 보기 어려운 측면이 있는 것이다.
　예컨대, 우리나라에서 대통령이나 국무총리가 독립규제위원회에 각종 정책에 관한 지시를 내리는 것을 어렵지 않게 확인할 수 있고, 나아가 공정거래위원장, 금융위원장, 방송통신위원장은 국가의 중요

정책이나 전 정부적 차원에서 심의가 필요한 내용을 다루는 국무회의에 출석하는 경우도 많다.[1] 나아가 독립규제위원회에서 심의와 의결을 통하여 결정되어야 할 사항이 대통령의 지시에 의하여 사실상 결론이 내려진다는 오해의 시각도 존재한다.[2]

이에 더하여 독립규제위원회의 독립성을 보장하기 위한 필수적 전제로서, 위원 구성의 독립성이 충분히 보장되고 있는지도 다시 한번 살펴볼 필요가 있다. 즉, 위원의 임명에 있어 제청권이 국무총리나 위원장에게 있는 공정거래위원회나 금융위원회는, 대통령과 국회에 의하여 지명되고 임명되는 방송통신위원회에 비하여 위원 구성의 독립성이 다소 낮을 수밖에 없는데[3] 독립규제위원회의 가장

---

[1] 「국무회의 규정(대통령령)」 제8조는 "① 국무회의에는 대통령비서실장, 국가안보실장, 대통령비서실 정책실장, 국무조정실장, 국가보훈처장, 인사혁신처장, 법제처장, 식품의약품안전처장, 공정거래위원회위원장, 금융위원회위원장, 과학기술혁신본부장, 통상교섭본부장 및 서울특별시장이 배석한다. 다만, 의장이 필요하다고 인정하는 경우에는 중요 직위에 있는 공무원을 배석하게 할 수 있다. ② 의장이 필요하다고 인정할 때에는 중앙행정기관인 청(廳)의 장으로 하여금 소관 사무와 관련하여 국무회의에 출석하여 발언하게 하거나 관계 전문가를 참석하게 하여 의견을 들을 수 있다." 라고 규정하고 있다. 나아가 「독점규제 및 공정거래에 관한 법률」 제38조 제2항(위원장은 국무회의에 출석하여 발언할 수 있다), 「금융위원회의 설치 등에 관한 법률」 제4조 제6항(위원장은 국무회의에 출석하여 발언할 수 있다), 「방송통신위원회의 설치 및 운영에 관한 법률」 제6조 제2항(위원장은 필요한 경우 국무회의에 출석하여 발언할 수 있으며, 그 소관사무에 관하여 국무총리에게 의안의 제출을 건의할 수 있다)에도 출석의 근거가 있다.

[2] "5개월전엔 '담합'이라던 공정위, 대통령 한마디에 입장 뒤집어"(동아일보 2018. 12. 5.자 기사: http://news.donga.com/3/all/20181205/93155186/1, 2022. 12. 27. 확인) 참조. 이에 대한 공정위의 반론은 http://www.ftc.go.kr/www/ selectReportUserView.do?key=11&rpttype=2&report_data_no=8001(2022. 12. 27. 확인) 참조.

[3] 공정거래위원회, 금융위원회, 방송통신위원회의 구성과 위원 임명방식에 관하여는 제1절에서 상세히 살펴본 바와 같다.

중요한 특징이 독립성이라고 할 때 그 취지를 살릴 수 있는 운영이 이루어져야 독립규제위원회의 판단에 폭넓은 존중을 인정할 수 있다고 할 것이다.

2. 전문성의 측면

전문성 측면에서의 과제도 있다. 독립규제위원회와 위원들이 실제로 전문성을 어느 정도 가지고 있는지에 관하여도 의문이 존재하는 것이 사실이다. 공정거래위원회, 금융위원회, 방송통신위원회 모두, 위원 중 상당수가 정부부처에서 오랜 기간 근무한 고위공무원이고, 그 밖의 전문가가 차지하는 비율이 그리 높지 않다는 점이 문제점으로 지적된다.

예컨대, 공정거래위원회 설치 이후 2018년경까지의 위원장과 위원 구성을 분석한 자료에 의하면, 19명의 위원장 중 행정고시 출신 공무원이 14명, 민간인 학자나 교수 출신이 5명이고, 부위원장은 전원 공무원 출신이었으며, 상임위원 32명 중 단 1명을 제외하고는 전원 공무원 출신이었다.[4] 이러한 위원 구성의 현실을 살펴볼 때 과연 독립규제위원회가 설립 취지대로 전문성이 구현되고 있는지에 관하여 진지하게 점검해 볼 필요가 있다.

3. 합의제의 측면

합의제의 측면에서도 보완할 부분이 많다. 법적으로는 합의제 조

---

[4] https://news.sbs.co.kr/news/endPage.do?news_id=N1004982562(2022. 12. 27. 확인)

직인 위원회가 최고의사결정기관으로 되어 있으나, 실제로는 사무처 및 그 산하 개별 국이나 과가 조사절차나 기타 정책수립 빚 법적용과정에서 결정적인 역할을 담당하고 있는 경우가 많다는 점이 가장 개선되어야 하는 점이다.

실제로 독립규제위원회의 회의록과 의결 내용을 보면, 위원들 사이의 심도 깊은 논의와 토론을 통하여 결론에 이르는 것은 거의 찾아보기 어렵고, 사무처에 의하여 준비된 의안에 반대 없이 동의하여 의결하는 경우가 대부분이다. 사무처는 위원들 사이에 동등한 관계를 전제로 한 합의제와는 전혀 다른 전형적인 상명하복 행정조직형태인 데다가 위원장 직속 기구라는 점에서, 사무처에서 의안을 선정하고 그에 대한 의결안을 구성한 다음 이에 대한 가·부 판단만을 하는 현재의 독립규제위원회 운영의 모습은 기존 1명이 담당하던 독임제 행정기관에서의 의사결정을 단지 여러 명이 함께 하는 것 이외에 별다른 독자적 의미를 지니지 못한다고 볼 여지도 있다.[5]

4. 그 밖의 측면

사법심사의 강도를 낮추기 위한 전제로서 갖추어야 할 무엇보다 중요한 것은 행정기관이 실체적·절차적 적법성을 유지하면서 행정행위를 할 수 있도록 제도화하는 것이다. 행정기관의 처분등에 관하

---

[5] 한편 이와 관련된 문제로서 위원회와 사무처의 분리도 중요하다. 위원회와 사무처와의 분리는, 준사법적 기능과 관련된 조사주체와 결정주체의 직능분리(separation of functions)를 의미한다. 즉, 검사가 기소하고 이와 철저하게 분리되어 있는 독립된 사법부가 심판하는 것처럼, 독립규제위원회도 준사법기능을 수행하는 경우에는, 위원회와 사무처가 철저히 분리되어야 하는데, 현재의 운영상황은 위원회와 사무처의 철저한 분리가 담보될 수 있는지에 관하여 의문점이 있다.

여 사법심사를 하는 것은 권력분립원리에 의하여 사법권이 행정권
에 대한 견제를 하는 것이고, 이를 통하여 행정에서의 적법절차원리
가 구현되고 국민의 기본권이 두텁게 보장될 수 있다. 사법심사의
강도를 낮추면 행정기관의 행정행위가 최종적으로 그대로 유지될
가능성이 높아지게 되는데, 행정행위가 실체적·절차적으로 적법하
지 않고 국민의 기본권을 침해할 가능성이 높다면, 사법부로서는 해
당 행정행위가 독립규제위원회에 의하여 이루어졌든지 일반행정기
관에 의하여 이루어졌든지와 관계없이 사법심사 강도를 높여 적절
한 사법적 통제를 할 수밖에 없다.

제7절 소결

제6장에서는 제2 내지 5장에서 본 비교법적 연구와 기존의 연구를 종합하여 독립규제위원회의 판단에 대한 사법심사 기준과 강도에 관한 제언을 하였다. 즉, 행정기관의 행정행위에 대한 사법심사는 기관적 요소(해당 행정기관이 단독제인지 합의제인지, 독립성·전문성이 있는지 등), 사안적 요소(다루는 사안이 전문성, 정무적 판단 등을 요하는 것인지) 작용적 요소(수익적 행정행위인지 침익적 행정행위인지, 요건재량인지 효과재량인지 등), 절차적 요소(특별한 사전절차가 있었는지, 공청회 등 광범위한 절차를 거쳤는지, 합의제일 경우 위원들 사이의 숙의와 토론을 얼마나 충실히 거쳤는지 등) 등을 종합적으로 고려해서 심사기준을 계층화할 필요성이 있다는 결론에 이르렀다. 이러한 기준을 바탕으로 할 때 독립규제위원회 중 전문규제위원회(제1유형)는 가장 판단존중의 여지가 크고, 일반경쟁규제위원회(제2유형)와 전문성 보유 독임제 행정기관(제3유형)은 그보다는 낮지만 여전히 판단존중 여지가 크며, 다루는 사안이 비교적 일반적인 독임제 행정기관(제4유형)은 판단존중 여지가 크지 않을 수 있다는 결론을 도출할 수 있었다.

요컨대, 독립규제위원회의 설립 목적, 기능, 전문성, 독립성, 합의제 등을 두루 고려할 때, 독립규제위원회가 한 판단이나 법해석에 관하여는 그것이 합리적인 범위 내에 있지 않다는 것이 명백하지 않은 이상 가급적 이를 존중하여야 한다고 볼 수 있을 것이다. 이러한 유형화를 통해, 적정한 범위에서 사법심사를 하고 이로써 독립규제위원회의 설립취지를 살릴 수 있을 것으로 기대된다. 다만, 이를 위하여서는 우선 독립규제위원회가 그 설립 취지에 맞게 국회와 대통령으로부터 독립적으로 운영되어야 하고 전문성을 최대한 살릴 수 있는 방식으로 의사결정이 이루어져야 할 것이다. 그러한 전제가 충족되지 않고 독립규제위원회에 대한 사법심사 기준만 낮아지는 것은 적절하지 않다.

위와 같은 독립규제위원회의 판단존중의 전제가 충족되고 사법심사의 강도가 낮아지면, 독립규제위원회가 설치된 본래의 목적에 맞게 행정에서의 전문성이 확보되고, 행정부와 입법부 또는 정치권으로부터 독립한 바람직한 정책결정이 이루어질 수 있으며, 사법심사 기준과 독립규제위원회의 처분기준이 예측 가능해져 국민의 기본권 보장에 도움이 될 수 있고, 전문적이고 신속한 대응이 필요한 행정 분야에서의 적절하고 전문적인 대응도 가능해질 수 있으리라 기대된다. 나아가 국가의 권력과 행정작용을 입법·행정·사법으로 나누어 서로 견제와 균형을 이루도록 한 권력분립의 기본원리도 이를 통하여 충실하게 달성될 수 있을 것으로 예상된다.

제 7 장 요약 및 결어

　본 연구는 첨예하게 대립되는 현대사회의 이해관계 조정과 사회
환경의 급변에 신속히 대응하면서도, 의회와 대통령의 개입과 정치
적 영향력을 차단하려는 목적에서 등장한 독립규제위원회를 대상으
로 하여, 독립규제위원회의 각종 행정행위나 판단에 관한 사법심사
의 기준과 강도가 종래의 일반행정기관의 행정행위에 대한 그것과
다른 특수성이 있는지를 확인하는 과정을 거쳤다.

　사법심사의 기준과 강도에 관하여 독립규제위원회를 별도의 연구
대상으로 삼은 것은, 독립규제위원회가 독립성과 높은 수준의 전문
성을 보유하고 있는 점, 전통적 방식의 독임제가 아닌 합의제 행정
기관이라는 점, 준입법권·준사법권을 보유하는 등 통합된 권한을 행
사한다는 점 등 일반행정기관과 다른 뚜렷한 특징을 가지고 있기 때
문이다. 본 연구를 통하여 독립규제위원회가 주로 담당하는 규제는,
복잡한 이해관계 충돌을 조절해야 하고, 다수의 이해관계인이 받는
영향을 충분히 고려해야 하며, 전문적 지식을 바탕으로 이루어져야
한다는 점에서 전통적인 사법심사 기준 및 강도와는 다소 차이를 둘
필요성이 있음을 확인하였다.

　이 주제에 관한 고찰을 위하여, 독립규제위원회가 최초로 발생하
였고 현재도 활발하게 기능하고 있으며, 독립규제위원회의 처분과
법해석에 대한 각종 판결 및 심사기준·강도에 관한 논의가 축적되어
있는 미국의 논의를 우선 살펴보았다. 미국에서는 성문법에 의한 사
법심사 기준이 기능하고 있는 이외에도, 행정기관의 판단에 관하여
사법부가 그 판단을 가급적 존중해야 한다는 쉐브론 판결을 비롯하

여 사법심사 기준 및 강도와 관련된 여러 판결이 오랜 기간에 걸쳐 누적되어 왔다.

위와 같은 미국의 '행정판단 존중원리'가 과연 일반행정기관이 아닌 독립규제위원회에 대하여도 그대로 적용될 수 있는지에 관한 논의를 나아가 살펴보았다. 이에 관하여는, 독립규제위원회에도 그대로 적용될 수 있다는 견해, 독립규제위원회의 특수성에 비추어 판단 존중의 범위가 더 넓어야 한다는 견해, 독임제에 비하여 민주적 정당성이나 책임성이 약하므로 사법심사 기준이나 강도가 더 높아져야 한다는 견해 등이 있었다. 미국 연방법원 판결례를 통하여, 미국 법원은 연방거래위원회(FTC), 증권거래위원회(SEC), 연방통신위원회(FCC) 등에 최소한 일반행정기관과 동일하거나 때로는 넓게 그 판단을 존중하는 경향을 보이고 있음을 알 수 있었다.

다음으로 미국과의 비교를 위하여, 우리나라의 사법심사 기준과 강도에 관한 논의를 다루었다. 우리나라에는 판례이론으로, 개별·구체적 사안에서 행정부에 '폭넓은 재량'이 인정된다는 판시를 함으로써 행정기관의 판단을 존중한 사례 등이 있었으나, 일반적·보편적으로 적용될 수 있는 본안의 심사이론이 제대로 정립되어 있지 않았다. 일반행정기관에 대한 심사기준과 강도의 이론이 발달하지 않았던 만큼, 독립규제위원회에 특별히 적용되어야 하는 기준이 있는지 여부에 관한 논의도 활발히 이루어지지 아니하였다. 다만, 우리나라에서도 사안적 특수성, 작용법적 특수성, 절차적 특수성을 고려하여 일정한 경우에는 사법심사의 기준과 강도를 낮추고 가급적 그 판단을 존중해야 한다는 판시를 한 판결들이 있었고, 이를 통하여 행정부에 대한 통제와 그 권한의 존중 사이에 적절한 조화점을 찾기 위한 시도를 하고 있었음을 알 수 있었다.

위와 같은 비교법적 연구와 기존의 연구를 종합하여 볼 때, 행정기관의 행정행위에 대한 사법심사는 기관적 요소(해당 행정기관이

독임제인지 합의제인지, 독립성·전문성의 정도가 강한지 약한지 등),
사안적 요소(다루는 사안이 전문적·기술적 판단이나 정책적·미래예
측적 판단 등을 요하는 것인지, 행정계획이나 비대체적 결정 등 그
사안의 성질상 재량의 정도가 넓은 영역에 해당하는지 등), 작용법적
요소(수익적 행정행위인지 침익적 행정행위인지, 요건재량의 행사인
지 효과재량의 행사인지 등), 절차적 요소(특별한 사전 절차가 있었
는지, 공청회 등 광범위한 절차를 거쳤는지, 기관 내에 심의기구 내
지 자문기구로서 별도의 위원회를 거친 판단인지 등), 그 밖의 요소
(사법심사를 담당하는 전문성을 지닌 특별 법원인지 일반 법원인지
등)를 종합적으로 고려해서 심사기준과 강도를 계층화할 필요성이
있다는 결론에 이르렀다. 이러한 기준을 바탕으로 할 때 독립규제위
원회 중 전문규제위원회(제1유형)는 가장 그 판단 존중 여지가 크고,
일반경쟁규제위원회(제2유형)와 전문성을 보유한 일반행정기관(제3
유형)은 그보다는 낮지만 여전히 판단 존중 여지가 크며, 다루는 사
안이 통상적이고 조직법적으로도 특수성이 없는 일반행정기관(제4
유형)은 판단 존중 여지가 상대적으로 크지 않는다는 결론을 도출할
수 있었다.

 이러한 유형화를 거쳐 행정판단에 대한 사법심사를 적절한 기준
과 강도로 실시하게 되면, 전문적인 규제기능을 충실히 수행하는 독
립규제위원회가 그 설립 취지에 따라 기능할 수 있을 것으로 기대된
다. 다만, 이를 위하여서는 그 전제로서 우선 독립규제위원회가 그
설립 취지에 맞게 국회와 대통령으로부터 독립적으로 운영되어야
하고, 전문성을 최대한 살릴 수 있는 방식으로 기능하여야 하며, 위
원들간의 진정한 숙의와 토론을 통한 판단이 이루어져야 함을 지적
하였다. 이러한 전제가 갖추어지지 않은 상황에서 단지 사법부가 행
정판단에 대한 사법심사 기준과 강도만을 낮출 경우, 이는 행정부에
대한 적절한 사법적 통제가 이루어지지 못하게 되는 결과에 이르게

되어 권력분립원칙에도 반하게 될 뿐 아니라 국민의 기본권 보호에
도 소홀함이 생길 우려가 있기 때문이다.

본 연구에서 확인한 미국 등의 비교법적 사례, 우리나라의 각종
판례이론, 이를 바탕으로 한 사법심사 기준과 강도에 관한 제언을
통하여 독립규제위원회가 그 설치 목적에 맞게 운영되어 적절한 규
제를 실시하고, 이를 통하여 다양하고 복잡한 이해관계를 원활하게
조절하며, 궁극적으로 국민의 권익 보호에 이바지할 수 있기를 기대
한다. 더 나아가 적절한 사법심사 기준과 강도가 확립된다면, 사법부
와 행정부가 각기 헌법이 예정한 대로, 그리고 주권자인 국민을 위
한 방식으로 조화롭게 서로를 견제하면서 균형을 이룰 수 있을 것으
로 기대된다.

참고문헌

I. 국내문헌

가. 단행본

공정거래위원회, 「공정거래 백서」, 2022.
공정거래위원회, 「공정거래위원회 30년사」, 2010.
국회입법조사처, 「2018년 국정감사 정책자료 I」, 2018.
김동희, 「행정법 I(제24판)」, 박영사, 2018.
김종석 외, 「독립규제위원회의 발전방향」, 한국경제연구원, 2004.
박균성, 「행정법론(상)(제19판)」, 박영사, 2020.
박정훈, 「행정소송의 구조와 기능」, 박영사, 2008.
법원행정처, 「2022 사법연감」, 2022.
사법정책연구원, 「규제개혁과 사법심사에 관한 연구」, 2017.
서보국 외, 「독립행정기관의 설치·관리에 관한 연구」, 한국법제연구원, 2012.
이원우, 「경제규제법론」, 홍문사, 2010.
이원우 편, 「방송통신법연구 V - 방송통신시장의 환경변화와 규제정책」, 경인문화사, 2008.
이원우 편, 「정보통신법연구 I - 통신시장에 있어서 전문규제기관과 일반경쟁규제기관의 관계」, 경인문화사, 2008.
이원우 편, 「정보통신법연구 II - 통신법의 집행 절차 및 불복제도」, 경인문화사, 2008.
이원우 편, 「정보통신법연구 III - 통신법상 이용자보호 및 공정경쟁을 위한 규제제도의 주요쟁점과 개선방향」, 경인문화사, 2008.

나. 학위논문

김소연, 「독립행정기관에 관한 헌법학적 연구: 프랑스의 독립행정청을 중심으로」, 서울대학교 박사학위 논문, 2013.

김혜진, 「프랑스법상 독립행정청에 관한 연구: 개념과 조직, 권한을 중심으로」, 서울대학교 석사학위 논문, 2005.

백윤기, 「미국 행정소송상의 엄격심사원리(The Hard Look Doctrine)에 관한 연구: 한국판례와의 비교분석을 중심으로」, 서울대학교 박사학위 논문, 1995.

서승환, 「합의제 독립규제기관의 민주적 정당성에 관한 연구」, 서울대학교 박사학위 논문, 2014.

손태호, 「행정소송상 법해석의 행정존중에 관하여: 영미법상 논의를 중심으로」, 서울대학교 석사학위 논문, 2015.

이성엽, 「행정부의 법령해석권 정립에 관한 연구: 미국 행정부의 독자적 법령해석권 논의를 중심으로」, 서울대학교 박사학위 논문, 2012.

이은상, 「독일 재량행위 이론의 형성에 관한 연구: 요건재량이론에서 효과재량이론으로의 변천을 중심으로」, 서울대학교 박사학위 논문, 2014.

임성훈, 「불확정법개념의 해석·적용에 대한 사법심사에 관한 연구」, 서울대학교 박사학위 논문, 2012.

조원경, 「행정소송에서의 불확정개념에 대한 사법심사강도: 독일법·프랑스법·영국법·미국법의 비교법적 고찰을 통한 우리나라 판례의 검토」, 서울대학교 석사학위 논문, 2003.

추효진, 「미국 행정법상 '실질적 증거 심사'에 관한 연구: 행정에 대한 '존중'을 중심으로」, 서울대학교 석사학위 논문, 2013.

홍진영, 「행정청이 행한 법률해석의 사법심사 방법론에 대한 고찰: 규칙과 기준의 관점에서 본 Chevron 판결을 중심으로」, 서울대학교 석사학위 논문, 2013.

다. 논문

강승식, "미국에서의 독립규제위원회와 권력분립", 한양법학 제13집, 2003.

강재규, "헌법상 기능적 권력분립론의 행정법적 수용에 관한 연구", 공법연구 제41집 제1호, 2012.

강현호, "계획적 형성의 자유의 통제수단으로서 형량명령", 토지공법연구 제66집, 2014.

계경문, "방송통신위원회의 법적 지위와 권한", 외법논집 제33집 제2호, 2009.

고민수, "독립행정위원회의 헌법적 정당성: 방송위원회의 법적 지위의 체계 정당성을 중심으로", 한국행정학회 추계학술대회 발표논문집, 2005.

권순형, "미국 행정소송의 기본이론들과 관련 문제들", 외국사법연수논집 제 105집, 법원도서관, 2004.

권영성, "헌법과 방송위원회의 위상", 고시연구 제25권 제5호, 1998.

김근세 외, "한국 행정위원회의 역사적 변화 분석", 한국행정연구 제16권 제2호, 2007.

김남진, "합의제 행정기관 설치 조례와 승인유보", 법률신문 제2535호, 1996.

김성수, "행정조직법상 거버넌스와 민주적 정당성, 행정의 책임성", 법학연구 제58권 제2호, 2017.

김소연, "독립행정기관의 헌법적 체계화에 관한 연구", 법조 제62권 제9호, 2013.

김수진, "합의제 행정기관의 설치에 관한 조례 제정의 허용 여부", 행정판례연구 제15-2집, 2010.

김유환, "행정위원회제도에 관한 연구: 미국의 독립규제위원회에 관한 논의를 배경으로", 미국헌법연구 제5호, 1994.

김은주, "미국 행정법에 있어서 Chevron 판결의 현대적 의의", 공법연구 제37권 제3호, 2009.

김재선, "미국 연방 독립규제위원회 행정입법에 대한 입법평가 의무화 논의에 관한 연구", 한국법제연구원, 2018.

김종보, "도시계획변경거부의 처분성", 특별법연구 제8권, 2006.

김종보, "행정법학의 개념과 그 외연 - 제도 중심의 공법학 방법론을 위한 시론", 행정법연구 21호, 행정법이론실무학회, 2008.

김춘환, "미국 연방대법원의 Overton Park 사건에 관한 판결의 검토", 토지공법연구 제18집, 2003.

김태오, "방송통신 규제기관의 최종결정권과 사법심사", 성균관법학 제26권 제3호, 2014.

김태오 외, "방송통신분야에서의 규제재량권 확보와 규제불확실성 해소방안", 정보통신정책연구원, 2014.

김태호, "방송통신시장 경쟁규제에서 일반경쟁규제기관과 전문규제기관 간의 권한 배분", 경제규제와 법 제1권 제2호, 2008.

김춘환, "미국 연방대법원의 Overton Park 사건에 관한 판결의 검토", 토지공법연구 제18집, 2003.

김현준, "행정계획에 대한 사법심사: 도시계획소송에 대한 한·독 비교검토를 중심으로", 공법학연구 제16권 제3호, 2015.

노기현, "행정법상 재량행위에 대한 사법심사기준의 변천에 관한 연구: 일본
　　의 학설과 판례의 논의를 중심으로", 공법학연구 제14권 제3호, 2013.
문병효, "규제재량과 행정법원의 통제", 공법학연구 제15권 제1호, 2014.
박균성, "미국 행정입법제도의 시사점: 사법적 통제를 중심으로", 행정법연구
　　제46호, 2016.
박균성, "사법의 기능과 행정판례", 행정판례연구 제22-1집, 2017.
박재윤, "행정조직형태에 관한 법정책적 접근", 행정법연구 제26호, 2010.
박정훈, "비교법의 의의와 방법론", 법철학의 모색과 탐구: 심헌섭 박사 75세
　　기념 논문집, 법문사, 2011.
박정훈, "재량행위의 개념·구별기준 및 심사방식: 이론과 실무를 위한 재량
　　행위 사유형론", 서울행정법원 실무연구회 발표자료, 2011.
박정훈, "행정소송의 기능과 구조: 행정소송실무를 위한 방법론적 각성", 사
　　법연수원 특별실무법관연수, 2003.
서성아, "독립규제기관의 독립성과 조직성과에 관한 연구", 한국행정학회 학
　　술발표논문집, 2010.
서성아, "독립규제기관의 독립성이 조직성과에 미치는 영향: 공정거래위원
　　회를 중심으로", 한국행정학보 제45권 제2호, 2011.
송시강, "행정재량과 법원리: 서론적 고찰", 행정법연구 제48호, 2017.
안동인, "비례원칙과 사법판단권의 범위: 행정재량권의 통제원리로서의 비
　　례원칙을 중심으로", 행정법연구 제34호, 2012.
안정민, "미국 연방통신위원회의 설립과 운용과정: 독립규제기관의 성격과
　　그 통제수단을 중심으로", 언론과 법 제7권 제1호, 2008.
오준근, "처분기준을 설정·공표하지 아니한 합의제 행정기관의 행정처분의
　　효력", 인권과 정의 제378호, 2008.
이광윤, "독립행정청의 법적 성격: 금융감독위원회를 중심으로", 행정법연구
　　제10호, 2003.
이봉의, "공정거래위원회의 재량통제", 규제연구 제11권 제1호, 한국경제연
　　구원 규제연구센터, 2002.
이상규, "Overton Park 사건: 환경행정과 사법심사", 고려대학교 판례연구 5
　　집, 1991.
이성엽, "우리 행정조직법상 합의제 규제기관의 현황과 개선방향", 한국행정
　　법학 제6호, 2014.
이성엽, "한국의 ICT 거버넌스 재설계 방안에 관한 시론적 연구: 단일행정부
　　이론과 독립규제위원회 이론을 중심으로", 행정법연구 제34호, 2012.

이영창, "환경소송에서 행정청의 내량에 대한 사법심사의 방법과 한계", 사법논집 제49집, 2009.

이원우, "경제규제와 공익", 법학, 서울대학교 법학연구소, 2006.

이원우, "행정입법에 대한 사법적 통제방식의 쟁점", 행정법연구, 2008.

이원우, "행정조직의 구성 및 운영절차에 관한 법원리: 방송통신위원회의 조직성격에 따른 운영 및 집행절차의 쟁점을 중심으로", 경제규제와 법 제2권 제2호, 2009.

이원우, "현대적 민주법치국가에 있어서 행정통제의 구조적 특징과 쟁점", 행정법연구 제29호, 2011.

이현수, "합의제 중앙행정관청의 조직법적 쟁점: 민주적 책임성의 관점에서", 공법연구 제41집 제3호, 2013.

이회창, "독립규제위원회의 쟁송재결기능", 법률신문, 906호, 1971.

이회창, "미국의 독립규제위원회와 그 분쟁재결기능", 법과 정의(경사 이회창 선생 화갑기념논문집), 1995.

임성훈, "행정에 대한 폭넓은 존중과 사법심사기준", 행정법연구 제52호, 2018.

장경원, "합의제행정기관의 설치와 조례제정권", 행정판례연구 제22-2집, 2017.

장경원, "EU행정법상의 재량에 관한 연구", 행정법연구 제23호, 2009.

전 훈, "독립행정청에 관한 소고: 프랑스 독립행정청(AAI) 이론을 중심으로", 토지공법연구 제49집, 2010.

정하명, "미국 행정법상의 독립규제위원회의 법적 지위", 공법연구 제31집 제3호, 2003.

조성국, "경쟁당국 조직 및 사건처리절차에 관한 법률적 쟁점: 미국 연방거래위원회를 중심으로", 경쟁법연구 제15권, 한국경쟁법학회, 2007.

조성국, "독립규제기관의 사건처리절차의 개선방안: 미국 FTC의 사건처리절차를 중심으로", 행정법연구 제16호, 2006.

조소영, "독립규제위원회의 전문성 제고를 위한 시스템에 관한 연구: 방송통신위원회의 기능과 역할을 중심으로", 공법학연구 제10권 제1호, 2009.

조홍식, "기후변화의 법정책: 녹색성장기본법을 중심으로", 법제, 제631호, 2010.

최계영, "항고소송에서의 본안판단의 범위", 특별법연구 13권, 2016.

최계영, "행정부에서의 이익충돌", 저스티스 제159호, 2017.

최계영, "헌법소원에 의한 행정작용의 통제", 공법연구 제37집 제2호, 2008.

최병선, "규제행정기관과 관료의 행태에 관한 연구", 행정논총, 제29권 제1호, 1991.

최봉석, "미국 행정법상 행정행위의 특성과 절차법적 통제", 미국헌법연구 제26권 제3호, 2015.

최송화, "우리나라의 행정상 위원회제도에 관한 연구", 서울대학교 법학 특별호 제2권, 1972.

최진욱, "미국 독립규제위원회 제도의 위상과 시사점", 행정법학 제6호, 2014.

허성욱, "행정재량에 대한 사법심사기준에 관한 소고", 공법연구 제41집 제3호, 2013.

황의관, "미국 독립규제행정청 개념 및 법적위상에 관한 연구", 토지공법연구 제65집, 2014.

황태희, "독립적 규제기관으로서의 독일 연방망규제청의 조직과 권한", 행정법연구 제18호, 2007.

홍준형, "금융행정의 법적 구조와 개혁방향", 공법연구 제29집 제2호, 2001.

2. 외국문헌

가. 단행본

Daly, Paul, A Theory of Deference in Administrative Law: Basis, Application and Scope, Cambridge University Press (2012).

Eskridge Jr., William N. et al., Cases and Materials on Legislation and Regulation: Statutes and the Creation of Public Policy (5th ed.), West Academic Publishing (2014).

Hickman, Kristin E. et al., Federal Administrative Law: Cases and Materials (2nd ed.), Foundation Press (2014).

Pierce Jr., Richard J., Administrative Law, Foundation Press (2008).

Scalia, Antonin, A Matter of Interpretation: Federal Courts and the Law, Princeton University Press (1997).

Strauss, Peter L. at al., Gellhorn and Byse's Administrative Law: Cases and Comments (11th ed.), Foundation Press (2011).

Wade, William, & Forsyth, Christopher, Administrative Law (11th ed.), Oxford University Press (2014).

Ward, Peter C., Federal Trade Commission: Law, Practice and Procedure, Law Journal Press (2019).

나. 논문

Asimow, Michael, The Scope of Judicial Review of Decisions of California Administrative Agencies, 42 UCLA L. Rev. 1157 (1995).

Bamberger, Kenneth A., Normative Canons in the Review of Administrative Policymaking, 118 Yale L.J. 64 (2008).

Breyer, Stephen, Judicial Review of Questions of Law and Policy, 38 Admin. L. Rev. 363 (1986).

Bruhl, Aaron-Andrew P., Hierarchically Variable Deference to Agency Interpretations, 89 Notre Dame L. Rev. 727 (2014).

Caballero, Juan, Administering the Spectrum of Deference in the Administrative Age, 10 N.Y.U. J.L. & Liberty 810 (2016).

Criddle, Evan J., Chevron's consensus, 88 B.U. L. Rev. 1271 (2008).

Duffy, John, Administrative Common Law in Judicial Review, 77 Tex L. Review, 113 (1998).

Elliott, E. Donald, Chevron Matters: How the Chevron Doctrine Redefined the Roles of Congress, Courts and Agencies in Environmental Law, 16 Vill. Envitl. L.J. 1 (2005).

Eskridge Jr., William N., et al., The Continuum of Deference: Supreme Court Treatment of Agency Statutory Interpretations from Chevron to Hamdan, 96 Geo. L.J. 1083 (2008).

Friedman, Barry, The Birth of an Academic Obsession: The History of the Countermajoritarian Difficulty, Part Five, 112 Yale L.J. 153 (2002).

Gifford, Daniel J., The Emerging Outlines of a Revised Chevron Doctrine: Congressional Intent, Judicial Judgment, and Administrative Autonomy, 59 Admin. L. Rev. 783 (2007).

Gossett, David M., Chevron, Take Two: Deference to Revised Agency Interpretations of Statutes, 64 U.CHI. L. Rev. 681 (1997).

Himelrick, Richard G., Judicial Deference to SEC Precedent, 9-WIR PIABA B.J. 61 (2002).

Horwitz, Robert, Judicial Review of Regulatory Decisions: The Changing Criteria, Political Science Quarterly, Vol. 109, No. 1 (1994).

Kagan, Elena, Presidential Administration, 114 Harv. L. Rev. 2245 (2001).

Karnezis, Kristine Cordier, Construction and Application of "Chevron Deference" to Administrative Action by United States Supreme Court, American Law Reports (2005).

Kelley, William K., Avoiding Constitutional Questions as a Three-Branch Problem, 86 Cornell L. Rev. 831 (2001).

Kerr, Orin S., Shedding Light on Chevron: An Empirical Study of the Chevron Doctrine in the U.S. Courts of Appeals, 15 Yale J. on Reg. 1 (1998).

Levin, Ronald M., The Anatomy of Chevron: Step Two Reconsidered, 72 Chicago-Kent L. Rev. 1253 (1997).

Lipton, Bradley, Accountability, Deference and the Skidmore Doctrine, 119 Yale L.J. 2096 (2010).

Lyons, Daniel A., Tethering the Administrative State: The Case Against Chevron Deference for FCC Jurisdiction Claims, 36 Journal of Corporation Law 823 (2011).

Manning, John F., Constitutional Structure and Judicial Deference to Agency Interpretations of Agency Rules, 96 Colum. L. Rev. 612 (1996).

May, Randolph J., Defining Deference Down: Independent Agencies and Chevron Deference, 58 Admin. L. Rev. 429 (2006).

Merrill, Thomas W., Judicial Deference to Executive Precedent, 101 Yale L.J. 969 (1992).

Mullor, Joan Solanes, Why Independent Agencies Deserve Chevron Deference, InDret, Vol 4. (2010).

Nagy, Donna M., Judicial Reliance on Regulatory Interpretations In SEC No-action Letters: Current Problems and a Proposed Framework, 83 Cornell L. Rev. 921 (1998).

Nelson, Caleb, Statutory Interpretation and Decision Theory, 74 U. Chi. L. Rev. 329 (2007).

Oglesby, Kristin E., Granting Chevron Deference To IRS Revenue Rulings: The "Charitable" Thing to Do, 78 Louisiana L. Rev. 632 (2018).

Oster, Jan S., The Scope of Judicial Review in the German and U.S. Administrative Legal System,, 9 German L.J. 1267 (2008).

Pierce, Jr. Richard J., Democratizing the Administrative State, 48 Wm. & Mary L. Rev. 559 (2006).

Scalia, Antonin, Judicial Deference to Administrative Interpretation of Law, 1989 Duke L.J. 511 (1989).

Schuck Peter H., & Elliott, E. Donald, To the Chevron Station: An Empirical Study of Federal Administrative Law, 1990 Duke L.J. 984, 1026 (1991).

Schuurmans, Ymre E., Review of Fact in Administrative Law Procedure: A European Community Law Perspective, Review of European Administrative Law Vol. 1. (2008).

Shane, Peter M., Ambiguity and Policy Making: A Cognitive Approach to Synthesizing Chevron and Mead, 16 Vill. Envtl. L.J. 19 (2005).

Sprigman, Christopher, Standing on Firmer Ground: Separation of Posers and Deference to Congressional Findings in Standing Analysis, 59 U. CHI. L. Rev. 1645 (1992).

Sunstein, Cass R., Beyond Marbury: The Executive's Power to Say What the Law is, 115 Yale L.J. 2580 (2006).

찾 아 보 기

국문초록

　본 연구는 우리나라의 공정거래위원회, 금융위원회, 방송통신위원회로 대표되는 독립규제위원회의 판단에 대한 사법심사 기준과 강도에 관하여 다룬다. 독립규제위원회는 첨예하게 대립하는 현대사회의 다양한 이해관계를 조정하고 공익을 달성하는 데에 필요한 규제기능을 담당하기 위하여, 대통령을 최정점으로 하는 전통적인 계서제의 행정조직으로부터 독립하여 설립된 합의제 행정기관이다. 독립규제위원회는 독립성, 전문성, 합의제를 주된 특징으로 한다.

　독립규제위원회는 일반행정기관과 다른 조직상·기능상 특수성이 있으므로 사법심사에 있어서도 그 특수성이 충분히 반영될 필요가 있다. 그런데 종래 우리나라에서는 독립규제위원회의 판단에 대한 사법심사 기준과 강도가 일반행정기관의 판단에 대한 사법심사 기준과 강도와 동일해야 하는지 여부 등에 관하여 깊이 있는 연구가 이루어진 바 없었다. 실제로 일반행정기관의 판단에 대한 사법심사 기준과 강도에 관한 이론이 특별한 고민 없이 독립규제위원회에 그대로 적용된 판결례도 적지 않았다.

　독립규제위원회의 판단에 대한 사법심사 기준과 강도에 관하여, 독립규제위원회가 가장 먼저 설립되었고 독립규제위원회의 판단과 법해석에 대한 각종 판결례가 축적되어 있는 미국의 논의를 살펴봄으로써 의미 있는 시사점을 얻을 수 있다. 미국에서는 행정기관의 판단에 대한 사법심사에 있어, '연방행정절차법'(Administrative Procedure Act) 제706조에 규정된 사법심사 기준과 '스키드모어'(Skidmore), '쉐브론'(Chevron) 판결 등 판례에 의하여 형성된 사법심사 기준이 함께 기능하고 있다. 미국의 사법심사 기준과 강도에 관한 중요한 특징 중 하나는, 일정한 한계 내에서는 사법기관이 행정기관의 판단을 가급적 존중할 필요가 있다는 점을 법원이 명시적으로 밝히고 있다는 점이다. 이러한 '사법적 존중'(judicial deference)을 핵심 내용으로 하는 법원리를 '행정판단 존중원리'라고 부를 수 있다.

미국 독립규제위원회의 판단에 대하여도 일응 위에서 본 행정판단 존중원리가 적용된다. 다만, 이를 그대로 적용하는 것은 아니다. 미국 연방법원이 독립규제위원회의 판단에 대한 사법심사를 하면서 그 심사기준과 강도에 관하여 설시한 다수의 판결을 살펴보면, 일반행정기관의 판단에 대한 심사기준과 강도 이론을 출발점으로 삼으면서도, 각종 독립규제위원회의 특수성을 고려하고 독립규제위원회와 일반행정기관 사이의 조직상·기능상 차이점을 구체적으로 감안하고 있음을 알 수 있었다.

미국의 논의를 참고로 하면서도 우리나라에서 활용되고 논의되어 온 전통적인 사법심사 기준과 강도의 법리가 가진 특징과 장점을 살펴볼 필요도 있다. 우리나라의 사법심사 기준과 강도의 논의는, 구체적·개별적 사안에 적용되는 근거법령의 해석에 초점이 맞추어져 온 점, 재량 남용 등 재량 하자에 관한 이론 위주로 논의가 전개되어 온 점, 행정의 재량 판단이 폭넓게 존중되어야 하는 개별 영역이 법원에 의하여 단계적으로 확인되어 왔다는 점에 주된 특징이 있다. 독립규제위원회의 판단에 대하여는 사법심사 과정에서 그 특수성을 고려하려는 시도가 없었던 것은 아니지만, 일반행정기관과 구별되는 사법심사 기준과 강도이론이 우리나라에서 뚜렷하게 정립된 상태라고 말하기는 어렵다.

미국의 사례와 우리나라의 사례를 비교해 보고, 미국의 논의로부터의 시사점을 검토해 봄으로써, 우리나라 행정소송에서도 독립규제위원회의 특수성이 충분히 고려될 수 있는 사법심사 기준과 강도의 정립이 필요하다는 것을 확인할 수 있었다. 독립규제위원회의 조직상·기능상 독립성, 합의제라는 특수성 및 해당 분야에 관한 전문성 등을 고려할 때, 법원이 독립규제위원회의 판단을 심사대상으로 삼을 때에는 보다 넓은 재량의 여지가 있음을 인정하거나, 그 판단에 더 두터운 존중을 할 필요성이 크다는 결론에 이를 수 있었다.

다만, 독립규제위원회가 한 모든 판단에 대하여 법원이 일률적으로 두터운 존중을 할 것이 아니라, 독립성·전문성의 강약, 절차와 사안의 특수성의 정도를 구체적으로 고려해야 할 것이고 그러한 고려를 통하여 사법심사의 기준과 강도가 유형에 따라 '가장 강한 존중', '강한 존중', '중간 존중', '약한 존중'과 같이 단계적으로 나뉠 수 있음을 확인하였다. 이를 종합하여 본 연구에서는 기관의 특수성 등을 고려한 구체적 사법심사 기준과 심사모델을 제시하였다.

이러한 유형화를 거쳐 행정판단에 대한 사법심사를 적절한 기준과 강도로 설정하게 되면, 전문적인 규제기능을 충실히 수행하는 독립규제위원회가 그 설립 취지에 보다 부합하게 기능할 수 있을 것으로 기대된다. 다만, 독립규제위원회에 대한 특수한 사법심사 기준과 강도 이론이 적용되기 위하여서는 그 전제로서 우선 독립규제위원회가 그 목적에 맞게 국회와 대통령으로부터 독립적으로 운영되어야 하고, 전문성을 최대한 살릴 수 있는 방식으로 기능하여야 하며, 위원들 간의 진정한 숙의와 토론을 통한 판단이 이루어져야 함을 지적하였다. 이러한 전제가 갖추어지지 않은 상황에서 단지 사법부가 행정판단에 대한 사법심사의 기준과 강도만을 낮출 경우, 이는 행정부에 대한 적절한 사법적 통제가 이루어지지 못하게 되는 결과에 이르게 되어 권력분립원칙에도 반하게 될 뿐 아니라 국민의 기본권 보호에도 소홀함이 생길 우려가 있기 때문이다.

본 연구에서 확인한 미국 등의 비교법적 사례, 우리나라의 각종 판례이론, 이를 바탕으로 한 사법심사 기준과 강도에 관한 제언을 통하여 독립규제위원회가 그 설치 목적에 맞게 운영되어 적절한 규제기능을 담당하고, 이를 통하여 다양하고 복잡한 이해관계를 원활하게 조절하며, 궁극적으로 국민의 권익 보호에 이바지할 수 있기를 기대한다. 더 나아가 본 연구가 제안한 바와 같이 적절한 사법심사 기준과 강도가 확립된다면, 사법부와 행정부

가 각기 헌법이 예정한 대로, 그리고 주권자인 국민을 위한 방식으로 조화
롭게 서로를 견제하면서 균형을 이룰 수 있을 것으로 기대된다.

주요어: 독립규제위원회, 독립규제기관, 독립행정기관, 사법심사, 심사강도, 심
사기준, 행정판단 존중원리, 합의제, 독립성, 전문성, 공정거래위원회,
금융위원회, 방송통신위원회, 연방거래위원회, 증권거래위원회, 연방
통신위원회, 쉐브론, 스키드모어, 자의금지 기준, 연방행정절차법

Independent Regulatory Commissions
and Judicial Review

Jemin Ryu

This study examines the standards of judicial review of decisions by independent regulatory commissions in Korea such as the Fair Trade Commission (corresponding to the Federal Trade Commission in the U.S.), the Financial Services Commission (corresponding to the Securities and Exchange Commission in the U.S.), and the Korea Communications Commission (corresponding to the Federal Communications Commission in the U.S.). Independent regulatory commissions are collegiate agencies which are independent from the traditional framework of departmental organization under the President. These commissions have integrated functions. They not only execute regulations (an executive function), but also frame regulations (a quasi-legislative function), and hear appeals against their decision or sanction (a quasi-judicial function). The three primary features of independent regulatory commissions are independence, expertise, and a collegiate system.

In the U.S., independent regulatory agencies such as the Federal Trade Commission and Federal Communication Commission play significant roles in regulating the market system. Likewise, the role of independent regulatory commissions in making regulatory policy in Korea has recently increased. With this evolution in the roles of independent regulatory commissions, the number of judicial cases challenging their actions has been on the increase. However, the standard of review applicable to decisions of independent regulatory commissions is not defined in statutory law and has not been well developed in Korean court cases.

In the meanwhile, in the United States, doctrines defining the standard of judicial review are relatively well developed. In the U.S., there are two types of standards of review. The first includes statutory standards defined by the Administrative Procedure Act (APA) § 702 and the second involves standards created by federal court cases such as Chevron,[1] Skidmore,[2] and Brand X[3] Cases. One of the most important features of the standards of review applied to agency actions in the U.S. is that U.S. Courts tend to accord 'judicial deference' to agency decisions or regulatory interpretations. When federal courts review decisions by independent regulatory commissions, the courts consider the characteristics of the independent regulatory commission and render considerable deference to the commission's decision. See FCC v. Fox Television Stations, Inc[4].

In contrast, when Korean courts review an administrative agency's decision or action, the courts largely focus on the interpretation of specific statutes and seldom give deference to the agency's decision. In Korea, it is hard to conclude that there is a general principle or doctrine regarding judicial deference concerning administrative agency actions. Rather, Korean courts are likely to review an agency's action under a de novo standard. This standard of review in Korea limits the agencies in exercising their authority.

---

[1] Chevron U.S.A., Inc. v. NRDC, 467 U.S. 837 (1984).

[2] Skidmore v. Swift & Co., 323 U.S. 134 (1944).

[3] National Cable & Telecommunications Ass'n v. Brand X Internet Services, 545 U.S. 967 (2005).

[4] 556 U.S. 502 (2009).

In this context, this dissertation proposes a new principle that could be applied in Korean courts following the model of the 'U.S. deference doctrine'. In other words, this study suggests that if an agency has a high level of expertise or an agency's action is made through prudent internal procedures or deliberation, the judicial body should render 'deference' to those actions or decisions of the administrative body. In particular, when Korean courts review the decisions or actions of independent regulatory commissions, it is highly desirable to adopt a deferential review because of the commissions' expertise and collegiate system.

Key Words : Independent Regulatory Commission, Independent Regulatory Agency, Independent Agency, Chevron, Skidmore, Administrative Procedure Act, APA, Standard of Review, Deference, Deferential Review, Federal Trade Commission, Securities and Exchange Commission, Federal Communications Commission

● 학술원 우수학술 도서

▲ 문화체육관광부 우수학술 도서